Comment te dire ?

Savoir parler aux tout-petits

Comment te dire ?

Savoir parler aux tout-petits

Marie-Noëlle Clément

Philippe Duval

40, avenue Saint-Jacques – 91600 Savigny-sur-Orge

ISBN : 979-10-90398-27-6

À Serge, qui m'a appris pourquoi dire

À Merlin et Adriane, avec qui je découvre chaque jour comment…

INTRODUCTION

Ce livre s'adresse aux parents d'enfants de moins de 6 ans, mais aussi à toutes les personnes qui interviennent auprès du tout-petit, par lien familial ou professionnel : grands-parents, frères et sœurs, professionnels de la petite enfance et de l'école maternelle. Comment parler des événements de la vie à un tout-petit ? Et tout d'abord, est-ce important de lui en parler ?

Trop souvent encore, on considère qu'il n'est pas nécessaire d'informer les plus jeunes, surtout avant l'âge de 4 ou 5 ans, des événements qui jalonnent la vie de leur entourage, et donc directement ou indirectement la leur. Pourquoi cette idée ?

La première raison que l'on en donne est en général que le tout-petit ne maîtrise pas encore le langage, ou pas très bien. Les adultes pensent donc qu'il serait incapable de comprendre l'information qui lui serait donnée.

La seconde raison est que le monde du tout-petit paraît bien loin de celui des adultes. Pourquoi alors l'encombrer avec des nouvelles qui ne le concernent pas au premier chef, dont au mieux il pourrait se désintéresser, et au pire s'inquiéter ?

Ainsi, le plus souvent, les adultes remettent à plus tard le fait de faire part de certaines choses à leur enfant, un « plus tard » indéterminé qui se transforme bien souvent en… jamais ! Car moins on prend l'habitude de s'adresser tôt à son enfant, plus cela devient difficile de le faire. Mais comment parler aux tout-petits ?

Communiquer avec le tout-petit : une nécessité

Le regard que la société porte sur les plus jeunes a considérablement évolué au fil des siècles. Étymologiquement, le mot

« enfant » vient du latin *infans,* et désignait dans l'Antiquité romaine « celui qui ne parle pas ». Ce n'est qu'à 7 ans que l'*infans* devenait *puer,* l'âge de raison signait alors l'entrée dans le monde de la parole signifiante. Ajouté à cela le fléau de la mortalité infantile qui sévit jusqu'au début du XXe siècle, et l'on comprendra aisément que la question qui nous occupe dans ce livre était très loin des préoccupations des siècles passés. Avant 5 ou 6 ans, c'est-à-dire avant qu'on ait quelque assurance qu'ils allaient vivre et se développer, les enfants étaient peu considérés et investis. Quant à leur parler, à déterminer sous quelle forme et avec quel contenu, ce n'était pas le propos !

Les progrès de la médecine aidant, les bébés survécurent en nombre, et c'est au cours du siècle dernier qu'on s'intéressa de plus près à leur développement, leur éducation, leurs besoins. L'idée d'envisager la notion de Sujet avant l'âge de 3 ans continua pourtant de faire débat, jusqu'à ce que le travail des psychanalystes de l'enfance ne permette plus de remettre ce principe en question, notamment grâce aux personnalités emblématiques de Françoise Dolto en France (1908-1988) et de Donald Woods Winnicott en Angleterre (1896-1971).

Le bébé est un être de langage

Depuis que le tout-petit est considéré comme une personne à part entière[1], on se préoccupe de lui parler. Mais comment s'y prendre ? La question demeure et tout parent y est confronté à un moment ou à un autre. Parler aux plus jeunes est une nécessité… à défaut d'être une évidence ! Certains trouvent tout naturellement le chemin de cette communication, dès le plus jeune âge. Pour d'autres en revanche, du fait de leur histoire, de l'éducation qu'ils ont reçue ou de leur personnalité propre, c'est plus difficile.

1 *Le bébé est une personne* est un documentaire emblématique réalisé par Bernard Martino en 1984.

Dolto soutenait l'idée que l'être humain est un être de langage, et ceci dès sa conception[2]. Ainsi, déjà dans la vie utérine, la parole structure l'enfant à venir. La parole, mais aussi la communication sensorielle pourrait-on ajouter, en référence au travail des haptothérapeutes durant la grossesse.

L'haptonomie consiste à développer une communication à trois – père, mère, bébé – en utilisant le « toucher affectif » : un toucher non technique mais fin, respectueux et généreux, qui va solliciter l'enfant à travers le ventre de la mère, et auquel il va peu à peu répondre, en venant se lover entre les mains de ses parents. Dans les règles, l'haptonomie est pratiquée avec un professionnel, mais beaucoup de jeunes parents s'y adonnent comme Monsieur Jourdain[3] faisait de la prose : de manière intuitive, comme une façon d'entrer en contact avec leur petit à travers des caresses accompagnées de paroles. Et en effet, chez les bébés, la communication s'enracine dans le corps, dans les éprouvés sensoriels, que les mots des parents vont venir nommer et structurer. Le bébé apprécie particulièrement d'être touché, massé, caressé, mais il ne viendrait à aucun parent l'idée de « papouiller » son enfant en silence, sans accompagner cela de mots, ou tout au moins de cette prosodie particulière que l'on utilise dans les premiers mois de la vie : le mamanais.

Le rôle du mamanais

Traduit de l'anglais *motherese,* le mamanais est cette forme langagière universelle et transculturelle que toute personne en situation de prendre soin d'un bébé tend à utiliser spontanément. Il est caractérisé par une simplification du vocabulaire et de la syntaxe, des phrases courtes ou des mots isolés, l'usage de diminutifs, de répétitions, de formes interrogatives et exclamatives, le tout avec une prosodie chantante, une tonalité élevée,

2. Françoise Dolto, (1994), *Les étapes majeures de l'enfance,* Paris, Gallimard.
3. Personnage principal de la célèbre pièce de théâtre de Molière : *Le Bourgeois gentilhomme,* (1670).

une hyperarticulation et une accentuation des voyelles. « *Le mamanais dépasse les frontières de la communication verbale et s'intègre dans une communication multimodale* »[4], c'est-à-dire que gestes et mimiques accompagnent la prosodie et en partagent certaines caractéristiques (exagération, répétition, enthousiasme), sans oublier le contact visuel et tactile établi avec le bébé. Cette communication multimodale encourage l'interaction et soutient le message verbal et la compréhension en fonction de l'âge et des besoins. Les bébés y réagissent avec ravissement, regardent, sourient, rient, se tortillent, ce qui invite l'adulte à continuer. Le mamanais fait entrer enfants et parents dans un espace émotionnel partagé qui engage les uns et les autres dans la relation.

Or c'est bien là l'élément fondamental à considérer : le tout-petit, véritablement interconnecté avec ses proches, est une « éponge à émotions ». Ainsi, tout ce que les adultes vivent autour de lui avec quelque peu d'intensité, il s'en imprègne, l'absorbe. Vécues dans son corps et à travers sa sensorialité, les émotions peuvent être source d'angoisse si elles restent « hors sens ». Et c'est le rôle du langage que de venir structurer et mettre du sens sur ces émotions éprouvées. Françoise Dolto disait ainsi qu'« il est important de parler au bébé, non pas parce qu'il comprend les mots, mais parce qu'il les vit »[5].

Une façon d'intégrer le bébé à la famille

S'adresser très tôt à son enfant pour lui faire part de tout ce qui le concerne est une habitude qui engage parents et enfants dans une relation de qualité : une relation où le tout-petit est considéré comme sujet à part entière de son histoire personnelle et familiale. Au fond, on pourrait presque dire que peu importent la manière et les mots – nous reviendrons ensuite sur ce point

4. Catherine Saint-Georges, (2011), *Dynamique, synchronie, réciprocité et mamanais dans les interactions des bébés autistes à travers les films familiaux*, Thèse de doctorat, Paris, Université Pierre et Marie Curie.
5. *Op. cit.*

pour le nuancer –, l'essentiel est *l'intention* qui institue le bébé à sa place de sujet.

Savez-vous quel est le reproche majoritairement formulé par les adolescents aujourd'hui à l'encontre de leurs parents ? Est-ce que leurs parents sont trop sévères ? Est-ce qu'ils ne leur laissent pas suffisamment de libertés ? Non, de façon surprenante, le reproche le plus souvent exprimé est que les parents ne parlent pas assez avec eux ! Or ce n'est évidemment pas quand les enfants atteignent l'âge de 13 ou 14 ans que la communication peut commencer à circuler au sein d'une famille. Si de véritables habitudes d'échanges n'ont pas été prises auparavant, il est impossible de rattraper les choses à cette période si fragile de l'adolescence.

Aujourd'hui, demain ou… à la Saint-Glinglin !
Quand parler à un tout-petit ?

Le besoin de communiquer naît avec l'enfant. Très vite, le nourrisson répond aux sollicitations de son entourage et recherche les interactions. La recherche PREAUT sur le dépistage des signes précoces de l'autisme permet d'ailleurs d'avancer que pour un bébé, dès l'âge de 4 mois, le fait de ne pas chercher à susciter l'attention de son parent pourrait représenter un signe prédictif du développement d'un trouble autistique, notamment caractérisé par une altération grave des facultés de communication.[6]

Ainsi, les bébés sourient quand leurs proches leur sourient ou s'adressent à eux, et ils répondent à leurs paroles en babillant… L'enfant manifeste d'emblée le besoin qu'on lui parle et

---

6. L'Association PREAUT a été fondée en 1998. Elle a pour objet la recherche et la formation sur les troubles du spectre autistique, ainsi que la mise en place et la coordination de réseaux transdisciplinaires pour assurer le suivi des enfants avec autisme. La recherche PREAUT sur la validation d'indicateurs cliniques précoces de l'autisme a démarré en 2006 et se poursuit à l'heure actuelle. Ses résultats intermédiaires ont été publiés en décembre 2011 dans *Les Cahiers de PREAUT,* n°8 : *Remarques cliniques sur les résultats intermédiaires de la recherche PREAUT (2006-2010),* sous la direction de Graciela Cullere Crespin (Paris, Erès).

qu'on l'écoute. Et point n'est besoin d'avoir de grandes nouvelles à annoncer : si nous ne parlions que lorsque nous avons quelque chose à dire, nous resterions silencieux la plupart du temps ! Parler à son enfant de tout et de rien, mettre des mots sur ce que l'on vit ensemble, lui dire qu'on a pensé à lui pendant cette journée passée à notre travail : ce bavardage quotidien contribue à créer du lien et à établir un flux de communication sur lequel on pourra prendre appui, à d'autres moments, pour parler d'événements plus fondamentaux.

Beaucoup d'adultes pensent qu'il n'est pas nécessaire de donner une information à un jeune enfant si celui-ci n'est pas en mesure de la comprendre, autrement dit tant que son langage n'est pas suffisamment développé. L'essentiel n'est pourtant pas que le bébé comprenne les mots qui lui sont dits, même si, l'enfant grandissant, il faut en effet veiller à s'adapter à ses possibilités de compréhension. L'essentiel est que le parent s'habitue à lui parler, se familiarise avec ses propres mots de telle manière qu'il n'y ait pas un *avant* sans parole, et un *après* avec la nécessité d'annoncer quelque chose d'important qui apparaîtrait alors comme une véritable montagne à franchir. Si les choses sont régulièrement verbalisées par les adultes dans la vie familiale et font partie du quotidien de tous, alors il ne s'agira pas de « convoquer » l'enfant pour lui faire une révélation, ce qui est bien sûr particulièrement rebutant. Si l'on a pour habitude de parler de la vie dans les échanges de tous les jours, il devient évidemment plus aisé d'en aborder aussi les aspects douloureux lorsque c'est nécessaire.

Pourquoi dire ?

Au-delà de l'importance de cet échange continu qui contribue à établir une relation parents-enfants de qualité et à poser les bases nécessaires à la construction de l'enfant comme sujet, il faut en venir à la question qui nous occupe ici, à savoir pourquoi faut-il informer le tout-petit des événements de la vie ?

La mort d'une personne de la famille, l'arrivée d'un petit frère ou d'une petite sœur, une maladie chez un proche, la question des origines, la séparation des parents… en quoi est-il important d'en dire quelque chose aux plus jeunes et même aux bébés ?

Il convient tout d'abord de se demander si cela concerne l'enfant et en quoi. Ce peut être à plusieurs titres :

– soit parce que l'événement en question va avoir une conséquence directe sur son quotidien (c'est le cas par exemple lors d'un déménagement, de la reprise de travail de la maman, d'une nouvelle naissance, de la mort ou de la maladie grave d'un proche, d'un divorce) ;

– soit parce que cet événement affecte ses parents et génère chez eux des émotions que l'enfant va percevoir et dont il va s'imprégner ;

– soit parce que cet événement concerne sa propre origine.

Dès lors que l'enfant est concerné, directement ou indirectement, il est fondamental de lui délivrer une information. Celle-ci va lui permettre de mieux comprendre les changements qui affectent son quotidien ou l'humeur de ses parents, voire de structurer son rapport au monde lorsque la question intéresse son origine.

Mais il y a aussi quantité de sujets qui ne concernent l'enfant à aucun titre, qui font partie de la vie des adultes et n'ont pas à être partagés, sauf à mettre l'enfant à une place qui n'est pas la sienne : ce sont notamment tous les sujets qui concernent la vie amoureuse ou sexuelle des parents. Le droit de savoir des enfants s'arrête à la porte de la chambre des parents !

Comment dire ?

Les principes de base du « pourquoi dire ? » étant posés, revenons à présent sur le « comment dire ? ».

Françoise Dolto postulait que tout est langage, les mots bien sûr, mais aussi les regards, les mimiques, les gestes. Afin que l'enfant reçoive un message cohérent, il est fondamental que les mots soient en accord avec la mimogestualité, et donc avec les émotions qui s'expriment préférentiellement – et parfois à notre insu – par ce biais. Dolto s'était fait l'apôtre du « parler-vrai » à l'égard d'un enfant. Ceci sous-entend le fait de ne pas mentir aux enfants car, disait-elle, « on ne peut mentir à l'inconscient, il connaît toujours la vérité ». Mais parler vrai, c'est aussi parler de manière authentique, en accord avec son état émotionnel. Et c'est enfin *dire ce que l'on fait* et *faire ce que l'on dit*, car si les faits sont en contradiction avec les paroles, ce sont les faits qui priment, quel que soit l'âge de l'enfant, mais particulièrement chez les plus jeunes. Derrière les mots, il y a un langage du corps, et c'est celui-ci que parlent les tout-petits.

Il n'y a pas de mode d'emploi universel sur la manière de parler aux bébés et aux jeunes enfants : il revient à chacun de trouver ses propres mots, en accord avec ce qu'il est et ce qu'il ressent. Toutefois, il est important d'avoir à l'esprit quelques repères :

1) Il vaut toujours mieux parler simplement à un enfant, c'est-à-dire avec des phrases courtes, affirmatives, au présent car il n'a pas de notion de la temporalité avant l'âge de 3 ans.

2) S'adresser à l'enfant en se plaçant physiquement à son niveau lui évitera de se sentir impressionné. Imaginons en effet qu'un géant de trois mètres cinquante nous parle depuis sa hauteur : il y a de quoi à être effrayé non ?! C'est à peu près ce que vit un enfant de 3 ans face à un adulte… Pensons donc à nous

asseoir à côté de lui s'il est assis ou couché, ou à nous accroupir devant lui s'il est debout.

3) Joindre le geste à la parole peut aider le tout-petit dans sa compréhension. Par exemple, dire à un bébé « On va manger ! » si l'on reste assis à lire sans mettre la table va le plonger dans l'incompréhension.

4) Mettre son discours en accord avec ses émotions : ne pas dire que tout va bien si l'on est triste, car alors l'enfant se sentira perdu.

5) À défaut de trouver des mots qui nous sont propres dans certaines situations difficiles, on peut toujours s'aider de livres destinés aux plus jeunes. La prosodie de la lecture contée n'est pas celle du parler quotidien, or les tout-petits sont très sensibles aux modulations vocales et au rythme qui les soutiennent dans leur compréhension du monde. Il existe des ouvrages pour enfants sur la plupart des sujets, mais mieux vaut les lire tout d'abord seul pour vérifier qu'ils sont clairs et pertinents.

6) Enfin, l'idéal est de pouvoir aborder les aspects difficiles ou douloureux de l'existence dans le cadre d'un échange plus large et continu avec son enfant. On complique considérablement la chose en donnant à la parole tenue l'allure d'une révélation. Il est toujours important de dédramatiser, d'insister sur le caractère universellement partagé des aléas de l'existence. Il est difficile pour un enfant d'apprendre la séparation de ses parents, mais si on lui rappelle que son cousin Simon ou sa copine Louise sont dans la même situation, alors il se sentira moins seul et moins angoissé.

Ce livre propose des pistes pour savoir comment parler aux plus jeunes des diverses situations que les adultes ont en général de la difficulté à aborder. Dix-huit thèmes sont déclinés. Ils vont des situations les plus quotidiennes (par exemple la perte du « doudou », la propreté, la visite chez le médecin...), à celles qui sont susceptibles d'induire un changement dans la vie de l'enfant (un déménagement, la reprise du travail de la maman, une naissance, une séparation parentale...), sans oublier les questions fondamentales sur la différence des sexes, les origines, la mort. Enfin, des problématiques plus rares mais particulièrement douloureuses sont également traitées : une maladie grave touchant un membre de la famille ou l'enfant lui-même, une situation de handicap, l'incarcération d'un parent...

Chaque thématique est annoncée par un titre générique, puis détaillée sous plusieurs angles dans le corps du chapitre. Par exemple, dans le chapitre « Comment te dire... que ton petit chat est mort », il s'agit bien sûr d'évoquer la question essentielle de la mort, celle d'un animal domestique, mais aussi celle d'un parent proche. « Comment te dire... que ta sœur est différente » parle de l'annonce d'un handicap dans la famille, mais aussi de celui qui peut toucher l'enfant lui-même.

Enfin, précisons que l'objet de cet ouvrage n'est pas de livrer un « prêt à dire » valable pour tous. Il incombe à chacun de découvrir sa propre voix sur le chemin de la communication avec un jeune enfant. Toutefois, après avoir posé pour chaque thème quelques principes de base, je me suis systématiquement prêtée à l'exercice, à titre d'exemple, et pour montrer qu'il est effectivement possible de parler à un tout-petit de tous les sujets qui le concernent – y compris ceux qui paraissent *a priori* inaccessibles. Ce ne sont que mes mots, mais c'est ainsi que pour ma part je dirais les choses. En espérant que chacun réalise à cette lecture qu'il n'est au fond pas si difficile de parler aux plus jeunes, pourvu qu'on s'y essaie, car ils savent à la fois respecter nos hésitations et nous encourager à aller plus loin. C'est au prix de se risquer à cet échange que nous construisons avec eux une relation de confiance et de qualité, de nature à les soutenir dans leur développement et leur éveil au monde.

Comment te dire…
… ma mauvaise humeur !

Annabelle est la maman d'un enfant de 26 mois prénommé Basile. Après deux années de congé parental, elle a repris son emploi au sein d'une équipe de recherche en géologie. En son absence, le responsable de son laboratoire est parti à la retraite et a été remplacé par une nouvelle personne. C'est dans ce contexte qu'Annabelle vit une situation qui s'apparente à un véritable harcèlement moral : elle ne parvient pas à retrouver sa place dans une équipe où tout semble s'être organisé sans elle ; aucune nouvelle mission ne lui est confiée et toutes ses initiatives sont découragées par sa supérieure, qui met systématiquement en doute ses capacités à mener à bien son travail ; elle ne participe à aucun déplacement sur le terrain car cette personne dit qu'il est difficile de compter sur la maman d'un jeune enfant qui peut à tout moment tomber malade. Annabelle se sent véritablement « mise au placard », doute de ses compétences et tend à se déprimer. Elle rentre chez elle dans des états émotionnels qui peuvent aller de la colère à la tristesse. Elle s'épanche beaucoup auprès de son conjoint, qui est très à l'écoute, mais en présence de Basile elle met un point d'honneur à paraître gaie et enjouée. Comme elle ressent une grande fatigue, jouer avec son fils lui est parfois pénible, d'autant que Basile est un petit garçon très moteur. Or, dans ces moments-là précisément, il semble redoubler de sollicitations à son égard, et comme s'il cherchait à « réveiller » sa mère, il s'agite dans tous les sens. Annabelle se sent dépassée, excédée par le comportement de son enfant, et elle peut sans préambule se mettre à crier et sortir de la pièce en claquant la porte. Le scénario est alors régulièrement le même. Basile pleure avec force, et Annabelle, se sentant très coupable, revient prendre son fils dans ses bras et le serre, en pleurant elle aussi, et en disant que « tout va bien, il n'y a pas de problème, tout va bien… »

Les statistiques le disent : les femmes les plus fatiguées sont celles qui ont des enfants en bas âge, de 18 mois à 3 ans. Entre le travail professionnel et/ou celui de la maison, les courses, les nuits parfois hachées, le manque de temps pour leurs propres loisirs, leur vie quotidienne est toujours éreintante, et parfois frustrante. Elles ont donc toutes les raisons d'être énervées, sans compter les circonstances ou événements particuliers qui peuvent se greffer sur un quotidien déjà chargé.

Mettre son discours en accord avec ses émotions

Chacun a sa vie, avec ses aléas, ses moments de bonheur et de douleur. Les parents rentrent parfois contrariés après leur journée au bureau, et même les professionnels qui travaillent dans l'accueil des plus jeunes peuvent avoir du mal à laisser leurs problèmes personnels au seuil de leur lieu de travail. Pour permettre aux tout-petits de se repérer dans leur relation au monde et à autrui, il est fondamental que les adultes prennent l'habitude de nommer les émotions qui les habitent, qu'elles soient positives ou négatives. L'erreur à ne pas commettre serait en effet de ne verbaliser que les affects problématiques, ou de ne parler que pour dire des choses importantes : ce n'est pas parce que tout va bien qu'il n'y a rien à dire ! On s'habitue bien mieux à communiquer avec les enfants quand on parle de tout, et même des petits riens du quotidien qui semblent se passer de commentaires. C'est la fonction « phatique » du langage, celle qui joue un rôle dans l'interaction sociale, indépendamment du contenu informatif d'un énoncé. Un énoncé phatique sert à assurer que la communication « passe bien » et que l'on est bien ensemble, même si l'on n'a pas d'information précise à échanger.

Alors, comment parler de ses émotions à un tout-petit ? Les bébés saisissent mieux les choses et progressent plus vite dans leurs capacités de compréhension si l'on accompagne les mots avec une intonation et des mimiques adéquates. Il n'est pas absurde de théâtraliser son discours. On peut dire : « Je suis content(e) ! » en forçant l'exclamation et en affichant un grand sourire, ou bien « Je suis triste… » avec une intonation traînante, en mimant les larmes qui coulent et que l'on essuie. Le message est ainsi plus clair pour les petits.

Inversement, afficher un discours positif au moment où l'on ressent une émotion douloureuse, c'est perturber l'enfant dans la construction de ses repères. Déjà tout bébé, il peut sentir cette discordance entre la tonalité de la voix et l'expression du visage. Et plus grand, une fois entré dans le langage, il continuera de saisir avec son extraordinaire acuité d'enfant quelque chose de l'émotion de son parent, et se trouvera troublé que cette perception soit démentie par les mots. Doit-il se fier à ce qu'il ressent ? Doit-il croire la parole de l'adulte ? C'est toujours la deuxième option que l'enfant choisit, car il n'est pas encore assez assuré dans sa compréhension du monde pour privilégier la première. Si cette situation se répète trop souvent, il risque de perdre toute confiance en sa capacité de comprendre le monde qui l'entoure… puis peu à peu dans la parole des adultes. Françoise Dolto avait une très belle expression pour qualifier cela : « parler vrai ». Pour elle, ce n'était pas seulement ne pas dire de mensonges à un enfant. C'était aussi parler en accord avec ses émotions : ne pas dire que tout va bien si ça va mal, ne pas dire qu'on est content si l'on est triste, ne pas dire qu'on est en pleine forme si l'on se sent épuisé. Car déclarer qu'il n'y a aucun problème pour rassurer un tout-petit alors que l'on est préoccupé ne compte pas. Ce qu'il ressent, c'est l'émotion de son parent, quelles que soient les paroles à visée correctrice prononcées. On aide beaucoup son enfant, dès le plus jeune âge, si l'on pose sur ses émotions des mots synchrones avec elles. Ainsi, peu à peu, il prend confiance dans la perception qu'il a du monde et dans les adultes qui l'accompagnent.

Mais si l'on exprime des émotions désagréables, il ne faut jamais oublier de préciser à l'enfant qu'il n'en est pas responsable. Les plus jeunes, en effet, se perçoivent comme situés au centre du monde... Ils suscitent les soins, l'attention et l'émerveillement de leurs parents, de leurs grands-parents, de leurs « nounous ». Alors quoi de plus logique que de se sentir immédiatement responsables des émotions qui viennent habiter leur entourage ? Que leur mère soit joyeuse et ils pensent que c'est grâce à eux, que leur père soit triste et ils pensent également en être la cause, que leur assistante maternelle soit un peu « ailleurs » et ils ont le sentiment qu'ils ont fait quelque chose de mal et qu'elle est fâchée contre eux.

Reprenons l'exemple d'Annabelle. Si l'on rentre du travail épuisé(e) et préoccupé(e), on peut dire à son bébé ou à son jeune enfant : « Je suis très heureuse de te retrouver, mais j'ai beaucoup de problèmes à mon travail et cela me rend triste. Ce n'est pas à cause de toi. Toi tu es mon bonheur, mais je suis très fatiguée ce soir et je n'ai pas très envie de jouer. » Chacun doit trouver ses propres mots, mais cela suppose tout d'abord d'accepter de n'être pas le parent ou le professionnel parfait que nous pouvons souhaiter incarner. Parents comme professionnels, nous sommes avant tout des hommes et des femmes qui traversent des hauts et des bas. Jouer avec son enfant et être d'humeur joviale n'est pas une obligation. Qu'on le veuille ou non, les enfants sont très tôt confrontés au fait qu'ils vivent dans un monde complexe. Ils perçoivent que leurs parents peuvent avoir des difficultés dans leur vie d'adulte, ce qui les rend parfois indisponibles. Pouvoir passer le relais dans ces moments-là est bien sûr idéal. C'est même la meilleure manière de s'occuper de son enfant quand on est d'humeur trop sombre !

Dans le cadre des consultations qu'elle avait sollicitées pour être aidée, Annabelle s'est rapidement approprié l'idée que nommer ses émotions dans le contexte difficile qu'elle traversait d'une part, et pouvoir passer le relais à son mari d'autre part, étaient plus constructifs pour Basile que d'incarner une fiction qui se fissurait systématiquement et finissait dans les cris et dans les larmes. Elle a d'ailleurs très vite noté que son fils s'était beaucoup apaisé, présentant moins d'agitation et de crises de pleurs.

Les professionnels de la petite enfance aussi

Carole est éducatrice de jeunes enfants dans une crèche. Aujourd'hui, la structure est une véritable ruche : c'est la fête de fin d'année, entre les toasts et la préparation de la tombola, il y a beaucoup à faire ! Les enfants sont surexcités, les adultes débordés, et voici qu'au beau milieu de cette journée particulière, la fille de Carole lui téléphone en larmes : d'ordinaire très bonne élève, elle pense avoir totalement raté son oral de français au baccalauréat ; elle a mal compris les attentes de l'examinateur, et sa présentation était hors sujet. Elle est inconsolable, et Carole raccroche triste et contrariée. C'est le moment que choisit la petite Béatrice pour tirer sur la nappe de la table où vient d'être installé un plateau de pâtisseries… Tout est par terre ! Carole explose littéralement et gronde la petite fille avec une véhémence excessive. Béatrice se met à pleurer à gros sanglots. Elle est très angoissée, et doit sans doute penser que sa bévue est à la hauteur de la réaction de Carole. Heureusement, Denise, l'autre éducatrice de l'unité, n'est pas loin et vient immédiatement à la rescousse. Elle propose à Carole d'aller prendre l'air un moment, puis de rester en cuisine tandis qu'elle-même s'occupera des enfants. Carole refuse tout d'abord, rétorquant que « ça va aller ! ». Mais Denise insiste avec bienveillance, et finalement chacun s'en porte mieux…

Le travail des professionnels qui s'occupent d'enfants en bas âge est difficile : le manque de personnel dans les crèches et les écoles, le niveau sonore des lieux d'accueil, la demande constante des petits à leur égard peuvent les mener à des états d'épuisement et d'agacement, pour ne pas dire plus.

Ces états d'énervement sont normaux. Ils ne doivent pas susciter de culpabilité, mais ils doivent être verbalisés, vis-à-vis des collègues et auprès de l'enfant. Dire « Je suis énervée, laisse-moi un peu tranquille ! » permet d'éviter les débordements, et les enfants, même très jeunes, sont capables de comprendre cela au ton employé.

Les professionnels ont non seulement le droit, mais le devoir de nommer l'humeur dans laquelle ils se trouvent, vis-à-vis des enfants dont ils s'occupent et également à l'attention de leurs collègues. Il ne s'agit pas de raconter sa vie privée ou ses problèmes de couple, mais on peut préciser par exemple : « Je ne me sens pas bien aujourd'hui. Ce n'est pas à cause de vous, c'est parce que j'ai des problèmes dans ma maison. C'est plutôt Denise qui va jouer avec vous. Moi je vais préparer le repas et ranger la salle. »

De 1976 à 1978, Françoise Dolto a accepté de participer à une émission quotidienne sur France Inter intitulée « Lorsque l'enfant paraît »[7]. Elle y répondait à des questions adressées par des auditeurs. À l'occasion du courrier d'une maman exprimant l'énervement qu'elle pouvait parfois ressentir à l'égard de sa petite fille, et l'envie qu'elle avait alors de lui donner une fessée, l'animateur Jacques Pradel demandait à Dolto si elle avait elle-même « pratiqué la fessée » à l'égard de ses propres enfants. Voici ce qu'elle répondit : *« Jamais. (...) Je bousculais mes enfants par moments en leur disant "Attention, aujourd'hui je suis panthère noire !" Ils souriaient et disaient : "Attention ! Maman panthère noire, ça va barder !" et ils s'en allaient dans une autre pièce. Il y a*

7. Ces émissions ont été retranscrites dans les trois tomes de *Lorsque l'enfant paraît*, (2007), Paris, Points Essais.

des jours où on est énervé, bien sûr : il faut le dire aux enfants, les prévenir, et les mettre hors de la pièce où l'on se trouve. »

Seul(e) mais pas solitaire !

Cependant, les réalités sociales, familiales ou professionnelles, sont telles qu'il n'y a parfois pas d'autre pièce où mettre l'enfant, et pas de relais possible à portée de main ou de voix.

Nommer la « panthère noire » qui se réveille parfois en toute mère ou en toute personne s'occupant de jeunes enfants est un premier pas salutaire.

Mais quand on s'occupe seul(e) d'un tout-petit, il est aussi important de réfléchir à se créer un petit réseau : rencontrer des parents ou d'autres assistantes maternelles au jardin, à la crèche ou à l'école, se faire connaître de ses voisins, rejoindre des forums Internet pour les parents isolés... Il existe également aujourd'hui de nombreuses structures dédiées à aider et soutenir les parents, à favoriser les échanges entre eux. Parmi elles les maisons vertes, créées justement par Françoise Dolto, se sont multipliées dans les villes et les campagnes. Il s'agit de lieux d'accueil pour les tout-petits accompagnés d'un parent ou d'un adulte responsable, dans lesquels les enfants peuvent jouer et les adultes échanger entre eux ou avec des professionnels. On rencontre ainsi dans ces espaces nombre de jeunes mamans ou d'assistantes maternelles qui évitent de rester seules avec un tout-petit dans des moments où elles se sentent fragiles, à côté d'autres personnes qui y recherchent plutôt un lieu de socialisation pour les enfants ou un lieu d'échange pour trouver des réponses à leurs questions.

Le paradoxe n'est qu'apparent : plus on est seul(e), moins il faut être solitaire… et plus il faut être solidaire !

Comment te dire…
… qu'on a perdu ton « doudou »

À la crèche ce matin arrivent à quelques minutes d'intervalle Claire, 12 mois, accueillie pour la première fois, et Émilie, 18 mois, habituée de la structure.

La maman de Claire est manifestement anxieuse de la confier en ce premier jour. Elle serre sa fille dans ses bras, s'extasie de manière un peu forcée sur tous les merveilleux jouets à disposition dans la salle… tout en cherchant du regard avec inquiétude le visage de la puéricultrice qui va recevoir sa petite ! La voici justement. Elle s'appelle Denise, et elle a un bon sourire. Après avoir fait visiter l'unité, Denise invite Claire et sa maman à s'installer autour d'une table pour recueillir quelques informations sur les habitudes de la petite fille. « Avez-vous pensé à apporter son doudou ? » demande Denise. « Bien sûr ! » répond la maman de Claire, avec le sentiment, à ce moment-là, d'être une « bonne mère », une mère qui a pensé aux besoins de son enfant. La question posée par Denise lui a permis de s'assurer que les meilleures conditions étaient réunies afin que cette première séparation se passe au mieux. Elle a aussi contribué à adoucir le sentiment de culpabilité qui habite toute maman au moment où il s'agit de confier son enfant pour la première fois à une personne étrangère et d'en être séparée pour quelques heures ou une journée.

Mais voici qu'arrive Émilie, 18 mois, qui fréquente la crèche depuis une année déjà. Sa mère est aux quatre cents coups : hier soir elles sont allées faire quelques courses, et en arrivant à la maison, plus de doudou ! Elles ont refait tout le chemin en sens inverse, sont repassées au supermarché, dans les rayons, à la caisse, ont demandé à l'accueil du magasin, mais le doudou est resté introuvable… Émilie a beaucoup pleuré, et le moment du coucher a été particulièrement compliqué : elle ne voulait pas dormir, a rappelé sa maman à de nombreuses reprises ; celle-ci l'a prise dans ses bras, bercée, et pour apaiser Émilie elle lui a raconté une fable... « Les doudous, parfois, ont envie de prendre des vacances. Le tien est sûrement parti visiter la ville, voir la Tour Eiffel, Notre-Dame de Paris et les illuminations de Noël, et quand il reviendra, il aura plein de choses à raconter ! »

C'est ainsi que ce jour-là, Émilie passa une grande partie de la journée le nez collé à la fenêtre, dans l'attente d'un hypothétique retour du doudou voyageur...

Le « doudou » est ce que l'on appelle un « objet transitionnel », terme introduit par Donald Woods Winnicott dans les années cinquante pour désigner un objet qui a une valeur élective pour le nourrisson et le jeune enfant.[8] Winnicott décrit ainsi la tendance fréquente pour l'enfant, entre 4 et 12 mois, à s'attacher à un objet particulier, dont la texture est préférentiellement douce et le contact mou (un morceau de tissu, un coin de couverture, un petit animal ou un petit objet malléable). L'enfant le serre, le suçote, le frotte sur son visage, particulièrement au moment de l'endormissement. Cet objet garde longtemps sa valeur élective avant de la perdre progressivement. Le recours à un objet transitionnel est selon Winnicott un phénomène normal qui permet de faire la transition entre la première relation orale à la mère, qui est de nature fusionnelle, et la véritable relation d'objet où le bébé reconnaît la mère comme distincte de lui.

Un compagnon de tous les instants

Les nouveaux-nés, dès leur naissance, sont enclins à utiliser leur pouce, leurs doigts, leur poing, pour satisfaire les pulsions orales et aussi pour trouver un apaisement. Winnicott utilise les

8. Donald W. Winnicott, (2010), *Les objets transitionnels*, Paris, Petite Bibliothèque Payot. Cet ouvrage comprend notamment un article de 1951, « Objets transitionnels et phénomènes transitionnels », initialement publié *in De la pédiatrie à la psychanalyse*, (1969), Paris, Payot.

expressions d'« objet transitionnel » et de « phénomènes transitionnels » pour désigner la zone d'expériences qui est intermédiaire entre ces parties du corps du nourrisson, et un objet radicalement extérieur à lui, tel qu'une peluche ou un jouet dur. Si le doudou constitue une partie presque inséparable de l'enfant (à la différence du futur jouet), il est également la première possession de « quelque chose qui n'est pas moi ».

Le phénomène transitionnel est une défense contre l'angoisse. Il peut perdurer plusieurs années, s'éteindre progressivement, et réapparaître dans un moment dépressif ou de fragilité psychoaffective.

Pour Winnicott, les phénomènes transitionnels appartiennent au domaine de l'illusion. Qu'est-ce que cela signifie ? Le célèbre pédiatre anglais a qualifié de mère « suffisamment bonne » celle qui s'adapte sur un mode actif aux besoins de l'enfant. Elle n'est d'ailleurs pas nécessairement sa propre mère, toutefois cette adaptation active requiert un dévouement et un intérêt inlassables pour l'enfant qui font que la mère est généralement la mieux placée pour être cette personne. Ainsi, au début, en s'adaptant totalement aux besoins de son enfant, la mère lui permet d'avoir *l'illusion* que son sein fait partie de lui (ou la tétine du biberon qu'elle lui présente). Tout se passe alors comme si le sein était sous « contrôle magique » : l'enfant a faim, il pleure, appelle, et le sein apparaît, comme s'il était capable de le créer lui-même. *« Si la mère s'adapte suffisamment bien aux besoins de l'enfant,* écrit Winnicott, *celui-ci en tire l'illusion qu'il existe une réalité extérieure qui correspond à sa capacité personnelle de créer.* »[9] C'est la période de la toute-puissance infantile, à laquelle succédera une période de *désillusionnement* nécessaire, qui est l'un des moments

9. Donald W. Winnicott, (2006), *La mère suffisamment bonne,* Paris, Petite Bibliothèque Payot. Cet ouvrage comprend notamment un article de 1956, « La préoccupation maternelle primaire », initialement publié *in De la pédiatrie à la psychanalyse,* (1969), Paris, Payot.

structurants les plus importants de la vie du tout-petit. L'adaptation active de la mère décroît progressivement, à mesure que l'enfant devient apte à accepter la frustration.

Pour Winnicott, les phénomènes transitionnels se situent dans l'aire intermédiaire entre le subjectif et ce qui est perçu objectivement. Ils font perdurer l'illusion du sein maternel, d'un objet toujours présent au moment requis, qui rassure et apaise. Les parents prennent d'ailleurs la mesure de la valeur de cet objet, qui est emmené dans tous les déplacements, et à qui l'on concède la possibilité de demeurer sale et odorant pour ne pas introduire de rupture dans l'expérience de l'enfant.

Ensuite, la gamme des centres d'intérêt s'étend peu à peu, et l'enfant va investir de nombreux autres objets, type peluches et jouets durs, qu'il reconnaît comme ne faisant pas partie de lui, mais bel et bien de la réalité extérieure. Si les choix des objets et jouets peuvent par la suite différer entre garçons et filles, il n'y a en revanche pas de différence notable selon le sexe dans l'usage qui est fait de la première possession « non moi », c'est-à-dire du doudou. Enfin, notons encore que parfois, il n'y a pas d'objet transitionnel, et que cela ne représente pas une anomalie dans le développement d'un enfant : oui, certains enfants n'ont pas de doudou, et il n'y a pas lieu de s'en inquiéter ou d'essayer de leur en faire adopter un !

Qu'est-ce que la perte du doudou fait vivre à l'enfant ?

Une fois comprise la fonction de cet *objet transitionnel* qu'est le doudou, on peut imaginer le drame vécu par un enfant qui perd le sien. Cette perte crée une discontinuité dans l'expérience d'illusion vécue par l'enfant : l'objet, dont la vertu est justement d'être toujours présent au moment opportun, fait défaut. Il manque, et l'enfant réalise qu'il n'a pas le pouvoir de le recréer lui-même. Le désillusionnement est brutal, ce qui place le tout-petit dans un grand désarroi et le confronte à des affects de tristesse et à un sentiment d'abandon. Pour autant, il n'est pas sans ressource pour faire face à cet événement, et l'attitude de l'adulte peut l'aider considérablement.

Comment lui en parler ?

Il convient tout d'abord de reconnaître l'importance de cette perte pour l'enfant. Il ne s'agit pas de balayer la chose d'un revers de main, sur le mode « un de perdu, dix de retrouvés » ! Lui dire tout simplement « Je comprends que tu sois très triste », et lui manifester de l'affection et de la tendresse dans ce moment difficile est rassérénant.

Ensuite, veillons à ne pas culpabiliser l'enfant dans l'hypothèse où c'est possiblement lui qui a égaré le doudou… Même si tout parent se sent démuni dans cette situation, inutile de chercher à qui faire porter le chapeau. Le tout-petit a besoin d'être soutenu, et non de se sentir responsable de son propre malheur, ce qui ne ferait qu'accentuer son malaise.

Rassurer l'enfant est indispensable. Il a perdu son doudou mais il n'a pas perdu sa maman ou son papa, ou encore l'adulte qui s'occupe de lui : lui signifier que vous êtes là pour lui, tout près, et que vous l'accompagnerez dans cette épreuve est fondamental. C'est cela et rien d'autre qui lui permettra de dépasser son angoisse, et de s'endormir ce soir, même sans son doudou !

Enfin, pas de fable ni d'histoire à dormir debout ! Dire à un enfant que son doudou est parti faire un tour et qu'il reviendra bientôt, c'est mettre à mal la confiance qu'il accorde à l'adulte. C'est aussi risquer de susciter un vif sentiment d'abandon : si le tout-petit, encouragé par l'adulte, considère que le doudou est doué d'une existence propre et d'une capacité de choisir, il vivra forcément comme un abandon le fait que celui-ci ait décidé de poursuivre son chemin sans lui. Il n'y a que dans *Toy Story*[10] que les jouets sont doués de vie et de libre arbitre ! Ne laissons pas croire à nos enfants que la vraie vie est telle qu'à l'écran ou dans les contes, même si l'on trouve cela plus poétique que de dire les choses telles qu'elles sont.

Mieux vaut donc rester au plus près de la réalité : « Cela peut arriver de perdre une chose à laquelle on tient beaucoup ; c'est triste, mais ça fait partie de la vie ; et puis Papa et Maman sont là, avec toi, et tu n'as pas à t'inquiéter ; on ne te laissera pas tout seul avec ta peine. »

Si l'enfant a du mal à s'endormir sans son doudou, on peut lui proposer un foulard ou un tee-shirt imprégné de l'odeur de sa maman.

Enfin, dans un second temps, on peut lui dire que s'il le souhaite, il pourra « adopter » un autre doudou. C'est alors le début d'une nouvelle aventure, car le statut de cet objet sera possiblement différent : non plus dans l'aire transitionnelle, intermédiaire entre subjectif et réalité du monde, mais peut-être bien plus ancré dans la vie réelle ! Car la perte du doudou, quand elle est bien explicitée et accompagnée, constitue une forme d'apprentissage qui permet de franchir une étape sur le chemin de la vie… C'est parce qu'ils connaissent un jour le désarroi d'avoir perdu une peluche aimée que les tout-petits apprennent qu'une séparation peut être surmontée.

10. Long métrage d'animation de John Lasseter, (1995), États-Unis, Pixar Animation Studios/Walt Disney Pictures.

À lire avec les enfants...

Tchoupi a perdu doudou, (2000), de Thierry Courtin, Paris, Nathan.
Pom a perdu son doudou, (2008), de Jean de Brunhoff, Paris, Hachette Jeunesse.
Popi perdu et retrouvé, (2008), de Marie-Agnès Gaudrat-Pourcel, illustré par Hélène Oxenbury, Paris, Bayard Jeunesse.
Ernest et Célestine ont perdu Simeon, (2011), de Gabrielle Vincent, Paris, Casterman.
Petit Ours Brun a perdu son doudou, (2013), de Danièle Bour, Paris, Bayard Jeunesse.

Comment te dire…
… pourquoi et comment devenir propre

Nous sommes au mois de mai, et c'est une journée ensoleillée au cœur d'un printemps maussade. Faustine et Georges, 2 ans et demi tous les deux, jouent dans le bac à sable du jardin. Leurs mamans sont assises non loin, sur un banc, et discutent.

« Ça y est ! dit la mère de Georges. Les couches, c'est fini ! Jour, nuit, Georges a été propre d'un seul coup ! »

La mère de Faustine accuse le coup.

« Ah bon… C'est bien dis donc ! Faustine, elle, n'est vraiment pas décidée. Voilà déjà 3 mois qu'on essaye de la mettre au pot. Elle s'y assoit, mais elle n'y fait rien. On a tout essayé : lui lire des histoires, jouer avec elle en attendant que ça vienne, chanter des chansons… On dirait que ça ne l'intéresse pas. On dirait même qu'elle cherche à nous embêter : elle attend qu'on lui remette sa couche pour faire ce qu'elle a à faire. Moi ça m'inquiète. La rentrée à l'école n'est plus si loin maintenant… »

Deux mois plus tard, n'y tenant plus, les parents de Faustine ont pris rendez-vous chez un pédopsychiatre. Ils craignent que leur fille ne puisse pas être accueillie à l'école « si la situation ne se débloque pas ». Faustine est une petite fille qui présente un développement tout à fait harmonieux. Elle s'exprime déjà très bien, joue de façon construite, ne présente aucun signe pouvant susciter une inquiétude quelconque. La maman dit qu'elle commence à être exaspérée par le « refus » de Faustine de devenir propre. Elle confie qu'elle en arrive à lui dire des choses très désagréables et même humiliantes : qu'elle se comporte comme un gros bébé, que c'est sale d'avoir encore des couches à son âge, que ses parents en ont assez de la changer, qu'elle est trop grande pour ça, que l'école ne voudra pas d'elle si ça continue…

Les pédopsychiatres et psychologues pour enfants qui ne sont pas en vacances au mois de juillet et d'août voient ainsi leur consultation se remplir de situations similaires. La sonnerie de l'école n'étant pas loin de retentir, il y a un affolement soudain devant ces petits qui prennent leur temps et ne mesurent pas l'enjeu social qui plonge leurs parents dans la panique. D'autant que le directeur de l'école a généralement bien insisté sur la nécessité de ne plus avoir de couches pour entrer à la maternelle… Les relations deviennent alors tendues à la maison du fait de l'attente des parents non satisfaite par les enfants, et des paroles malencontreuses peuvent être prononcées, ce qui compliquent la situation. Ou quand « être propre » n'est plus une façon de grandir, mais de rassurer les parents…

L'apprentissage de la propreté est une étape majeure dans le développement de l'enfant. Elle poursuit le processus d'autonomie engagé avec l'acquisition de la marche et l'émergence du langage : une fois l'enfant capable de tenir et d'avancer sur ses deux jambes, de comprendre, de se faire comprendre et de contrôler ses sphincters, il est mûr pour son entrée à l'école maternelle, premier espace de vie sociale pour tous ceux, nombreux, qui n'ont pas pu bénéficier d'une place en crèche. L'acquisition du contrôle sphinctérien est souvent très attendue par les parents, tout à leur souhait de voir progresser leur petit et immanquablement lassés, au bout d'un certain temps, par l'achat et le change des couches.

La propreté, c'est pour quand ?

Alors que c'est l'enfant qui choisit à quel moment il marche, à quel moment il entre dans le langage, c'est souvent l'adulte qui prétend choisir à quel moment il doit devenir propre… Pourquoi cette différence ? Probablement parce que les parents – et particulièrement les mères qui demeurent plus présentes dans les soins quotidiens – exercent un contrôle sur le corps de leur enfant par le choix de ce qui y entre (la manière dont ils le nourrissent), et la vérification de ce qui en sort (une anomalie dans l'aspect ou la quantité des selles ou des urines est un signe que quelque chose ne « fonctionne » pas et toutes les mamans y sont attentives). Il leur paraît donc naturel, lorsque le temps des changes commence à leur peser, que la perspective de l'école devient tangible, ou encore lorsque la petite voisine du même âge demande à aller aux toilettes quand elle vient jouer à la maison, de considérer qu'il serait bien pratique que leur petit à eux soit propre lui aussi !

Pourtant, comme pour la marche et le langage, c'est bien l'enfant qui détermine le moment où il se sent prêt pour cette nouvelle acquisition. Chacun a son rythme, mais envisager un apprentissage de la propreté avant 2 ans est souvent trop précoce. Il y a en effet un âge physiologique requis : il faut que l'enfant possède la maîtrise de ses muscles volontaires – on dit classiquement qu'il doit être capable de monter et descendre seul un escalier ou une échelle ; on constate aussi que sa couche peut rester sèche sur des périodes plus longues, de l'ordre de deux heures. Mais il y a également un âge psychoaffectif : l'enfant a dépassé la phase d'opposition systématique à ses parents, il commence à aimer les jeux d'imitation et à vouloir « faire comme les grands » ; enfin, il se sent gêné lorsque sa couche est souillée et peut le signaler. Telle Faustine dans l'exemple que nous avons pris, celui qui n'est pas prêt s'en désintéressera au mieux, et au pire s'y opposera. De la même manière que pour les autres acquisitions, les mots des adultes sont là pour soutenir, encourager, éclairer, mais ils ne sont pas prescripteurs. Personne ne tire bénéfice d'un apprentissage trop précoce : les parents s'agacent, et les enfants se sentent incapables.

Pourquoi devenir propre ?

Le contrôle sphinctérien est l'étape clé permettant l'accès aux espaces de socialisation (hors la crèche évidemment). L'enfant qui a acquis la propreté va pouvoir entrer à l'école, classiquement dans l'année de ses 3 ans, mais parfois plus tôt pour les écoles proposant des « toutes petites sections de maternelle ». Il est également à même d'accéder à un certain nombre d'activités d'éveil et d'ateliers à médiation artistique ou sportive.

Une difficulté à franchir ce cap, pour un enfant donné, peut être liée à l'angoisse de se séparer de ses parents, mais aussi à l'ambivalence de ceux-ci : changer les couches de son petit est, par delà le caractère parfois désagréable ou répétitif de la tâche, l'ultime contrôle exercé par la mère sur le corps de celui-ci. L'accès à la propreté poursuit le tracé de la voie de l'autonomie amorcé par la marche et l'acquisition du langage : l'enfant devient maître de son corps, il pourra bientôt s'habiller et se laver seul, et choisir ce qu'il mange – notamment à la cantine de l'école où les parents n'ont généralement plus de retour sur la manière dont leur enfant s'est nourri.

Devenir propre, c'est donc grandir et s'ouvrir au monde extérieur. Si le caractère attrayant de la chose gagne à être valorisé, il ne s'agit pas pour autant d'en nier les effets angoissants. Les enfants ont besoin d'être rassurés sur le fait que cette autonomie sera soutenue par les adultes qui les entourent. Mais pour que le message soit efficace, encore faut-il que les parents soient pleinement désireux que leur enfant accède à ces nouvelles possibilités…

Un petit garçon de 2 ans et demi est un jour venu me consulter pour une difficulté à devenir propre alors que le processus avait été engagé depuis quelques mois déjà, à la maison comme à la crèche. En explorant plus précisément les conditions de vie quotidienne de l'enfant, je m'étonnai que celui-ci, alors qu'il avait une taille avantageuse pour son âge, dorme encore dans un lit à barreaux... Il n'y avait plus de risque qu'il se blesse en descendant du lit, cependant ses parents craignaient qu'il ne se lève intempestivement, notamment tôt le matin, et qu'il ne vienne les trouver et les réveiller. Je soulignai alors le paradoxe qu'il pouvait y avoir entre le fait de lui demander d'être propre, et le fait de ne pas lui reconnaître la capacité de dormir dans un lit de « grand », avec tous les avantages que cela comporte en effet en matière de liberté de mouvement. Par ailleurs, comment pourrait-il aller sur le pot ou aux toilettes, seul durant la nuit ou l'heure de sa sieste, s'il n'avait pas la possibilité de sortir de son lit ? Trois semaines plus tard, lors d'une nouvelle consultation, Henri avait son lit de « grand » et la propreté était acquise, à quelques accidents près.

On voit ainsi que le discours tenu à un enfant recouvre non seulement les mots qui lui sont dits, mais aussi les actes qui sont posés. Il arrive que nous disions des choses qui sont contredites par les faits, et le jeune enfant s'attachera avant tout aux faits. Henri avait bien compris qu'il ne pouvait pas grandir à tous égards, mais seulement dans certains domaines circonscrits par ses parents... ce qui entravait son processus d'autonomisation dans son ensemble.

Comment devenir propre ?

Accompagner l'acquisition de la propreté chez un enfant repose sur deux principes essentiels. Premièrement, il s'agit de nommer simplement ce qui se passe dans le corps de l'enfant et ce que l'on attend de lui. Deuxièmement, il convient d'adopter un discours systématiquement encourageant, et d'inviter le tout-petit à exprimer ce qu'il ressent.

Nommer

Lire avec un enfant de petits livres sur le thème de la propreté est une bonne entrée en matière. Ainsi, il apprendra le vocabulaire associé à cette nouvelle acquisition, et en intégrera les différentes étapes.

Tout d'abord, nommer avec des mots simples ce qui se passe dans le corps de l'enfant permet de l'aider à repérer ses sensations. En effet, à ce stade, il est encore peu capable de les identifier seul. Par exemple, lorsqu'on le voit se tortiller, devenir soudain silencieux, ou encore mettre la main sur sa couche, on peut tout simplement dire : « Voilà un pipi (ou un caca) qui arrive ! » (et l'inviter à aller sur le pot s'il en est déjà familier). Il est préférable de mettre des mots sur ce qui ce qui se passe, plutôt que d'interroger l'enfant de manière plus abstraite : « As-tu envie d'aller sur le pot ? » est certainement une question trop floue pour lui.

Ensuite, il faut expliquer clairement à l'enfant ce qui est attendu : aller dans les toilettes lorsqu'on veut faire pipi ou caca, se déshabiller (ou appeler pour être aidé), s'asseoir sur le pot ou les toilettes, appeler pour être essuyé avec du papier, se rhabiller, vider le pot, tirer la chasse, se laver les mains. Des jeux de faire-semblant peuvent considérablement aider l'enfant à se représenter les choses et à assimiler la succession des étapes : une poupée, des couches, un petit pot, un rouleau de papier toilette, et le voilà qui peut mettre en scène – avec ou sans le soutien de l'adulte – ce qui lui a été expliqué, et exprimer les émotions que cela suscite chez lui.

Enfin, par l'intermédiaire de lectures, de jeux et d'échanges, pourront être apportées un certain nombre de réponses aux questions – explicites ou implicites – que le tout-petit se pose : que sont ces liquides et ces matières qui sortent de son corps ? Pourquoi les faire disparaître en tirant la chasse ? Que deviennent-elles ensuite ? Les choses peuvent par exemple être dites ainsi :

« Le pipi et le caca, c'est ce qui reste de ce qu'on boit et de ce qu'on mange quand l'eau et la nourriture sont passées dans notre ventre. Elles nous ont alors donné tout ce qu'elles avaient de bon pour grandir, et le reste sort de notre corps. »

Soyons attentifs à ne pas lier les urines ou les selles à la saleté… Dire à un enfant : « C'est caca ! » quand il ramasse un objet sale dans le caniveau est source de confusion. « Le pipi et le caca, ce n'est ni beau ni sale, mais ça ne sert à rien. C'est pour cette raison qu'on tire la chasse : parce qu'on n'en a plus besoin. Ensuite le pipi et le caca repartent dans la nature. » Un peu comme on jette l'emballage du pot de yaourt à la poubelle après l'avoir mangé…

Encourager

Lors du processus d'apprentissage de la propreté, il est capital de féliciter l'enfant de toutes ses réussites, et de ne jamais le culpabiliser de ses « accidents ». C'est peu à peu qu'il apprend à maîtriser son corps ; les accidents font donc partie intégrante du processus, ils sont essentiels à cette période d'apprentissage. L'important est de mettre des mots sur chaque situation, de façon à aider le tout-petit à identifier les facteurs de réussite et d'échec. Il faut faire une place à la fois aux affects et à la pédagogie.

Lorsque l'enfant a « réussi », il est donc essentiel de le féliciter : « Oh ! Tu as réussi à faire ton pipi sur le pot ! Bravo, Faustine !! C'est très bien !!! »

Puis il faut faire une place à son ressenti : « Es-tu contente ? »

Enfin, il est pédagogique de l'aider à percevoir les facteurs de réussite : « Comment as-tu fait pour faire ton pipi sur le pot ? »

Si l'enfant ne peut le faire lui-même, on peut alors énumérer les étapes qui l'ont conduit à réussir : « Je t'ai vu arrêter ton jeu quand tu as senti que ton pipi arrivait, et vite courir aux toilettes. Et maintenant ton pipi est dans le pot. C'est très bien, c'est exactement comme ça qu'il faut faire ! On va maintenant le jeter dans les toilettes et tirer la chasse car on n'en a plus besoin. »

Et l'accident ?

Veillons dans ce cas à ne jamais culpabiliser ou humilier l'enfant : il risquerait alors de penser qu'il est incapable d'y arriver et de se mésestimer.

Il s'agit tout simplement de s'en tenir aux faits et de l'aider à comprendre pourquoi, cette fois, ça n'a pas « marché ».

Par exemple, on peut tout d'abord déculpabiliser l'enfant : « Oh, je vois que tu as fait pipi dans ta culotte ! Ce n'est pas grave, on va te changer. »

Puis, dans un second temps, on l'aidera à analyser les raisons de cet accident : « Que s'est-il passé ? Je t'ai vu en train de jouer, et ton pipi est arrivé très vite. Tu n'as pas eu le temps d'aller sur ton pot. Peut-être que tu as trop attendu ? »

Enfin, on peut terminer en lui donnant une part active et en lui demandant de proposer une solution pour la fois suivante : « Qu'est-ce que tu pourrais faire la prochaine fois pour que le pipi vienne dans le pot, et pas dans la culotte ? »

En s'en tenant à la description des faits, et en faisant systématiquement une place aux émotions de l'enfant et aux aspects pédagogiques de la situation, on évitera de tomber dans l'écueil de la dramatisation ou de la culpabilisation, et on accompagnera au mieux le processus d'autonomisation de l'enfant.

À lire avec les enfants...

Sur le pot, (2000), livre animé de Marianne Borgardt, illustré par Marie Chambliss, Paris, Albin Michel Jeunesse.

Le popotin de l'hippopo, (2003), de Didier Levy, illustré par Marc Boutavant, Paris, Albin Michel Jeunesse.

Je veux mon petit pot, (2010), de Tony Ross, Paris, Gallimard Jeunesse.

Petit Ours Brun et le pot, (2013), de Marie Aubinais, illustré par Danièle Bour, Montrouge, Bayard Jeunesse.

Zaza va sur son pot, (2013), de Bénédicte Guettier, Paris, Coll. L'Ane Trotro, Gallimard Jeunesse.

Non, pas le pot !, (2013), de Stéphanie Blake, Paris, L'École des Loisirs.

Comment te dire…
… non !

Les parents de Jean, 3 ans, sont épuisés : « Il n'obéit à rien !!! ». Le matin, à l'heure d'aller à l'école, il a toujours mieux à faire que de mettre ses chaussures ou son manteau. La soupe a le temps de refroidir complètement avant qu'il accepte de laisser son jeu pour venir manger. Le moment du coucher s'étire indéfiniment. Et la nuit, il débarque aussi très souvent dans le lit de ses parents… qui n'ont pas toujours le courage de le ramener dans sa chambre.

Le contexte familial est le suivant : les parents travaillent tous deux pour la même compagnie aérienne en tant qu'hôtesse de l'air et stewart. Ils s'absentent donc du domicile familial, pour des périodes répétées de deux à quatre jours. Ils sont parvenus à négocier avec leur employeur pour que leurs plannings leur permettent de rester à tour de rôle avec Jean. Chacun d'entre eux peut exprimer que ces absences itératives sont source d'une grande culpabilité : ils ont le sentiment de ne pas être suffisamment présents auprès de leur fils, et de laisser chaque fois leur conjoint seul dans une situation difficile, car le quotidien à la maison avec Jean n'est pas exactement serein... Ils confient aussi qu'ils « respirent » pendant leurs périodes de travail… ce qui contribue à renforcer la culpabilité éprouvée. Monsieur s'amende de ce sentiment en couvrant son fils de cadeaux lorsqu'il rentre de voyage : il ramène systématiquement un souvenir du pays où il s'est rendu, ou un jeu dernier cri déniché à l'aéroport. Madame, elle, n'agit pas de la même manière : sa propre mère était aussi hôtesse de l'air et, confesse-t-elle, « lorsqu'elle rentrait, on se jetait sur sa valise pour voir ce qu'elle nous avait ramené avant de se jeter dans ses bras. Je me suis toujours promis de ne pas faire cette erreur ».

Il apparaît rapidement dans l'entretien que père et mère n'ont pas la même attitude éducative à l'égard de Jean. Le père n'exerce aucune autorité régulière. En revanche, lorsqu'il est à bout, il se met à hurler pour une toute petite chose, jette les jouets de Jean, lui confisque le jeu qu'il vient de lui offrir... pour le lui rendre quelques minutes plus tard, une fois l'énervement retombé. La mère exerce son autorité de manière plus cohérente, toutefois elle reconnaît qu'étant souvent seule avec son fils, elle lui donne une place qui ne devrait pas être la sienne, acceptant notamment fréquemment, et sans même discuter, qu'il vienne dormir avec elle la nuit.

Jean se présente comme un petit garçon très vif, malicieux, mais il montre également des signes d'angoisse manifeste : une grande difficulté à s'endormir le soir ; beaucoup de pleurs au moment de se séparer, chaque matin à l'école, alors que nous sommes déjà au mois de février et que la rentrée des classes est loin derrière nous ; des moments d'agitation quotidiens où il passe d'une activité à l'autre sans pouvoir se concentrer sur aucune. La maîtresse a également attiré l'attention des parents sur une tendance à régler par un mauvais coup de pied ses différends avec ses camarades.

Pourquoi est-il important d'instaurer des limites ?

Les limites sont vitales, elles rassurent l'enfant et l'aident à se structurer. Or aujourd'hui, il semble que cette idée n'aille pas de soi : les salles d'attente des psychologues pour enfants ou des pédopsychiatres sont remplies d'enfants jouissant d'une grande liberté et qui, loin d'y trouver matière à s'épanouir, développent des troubles comportementaux sous-tendus par une forte angoisse.

Précisons tout d'abord, même si cette situation pose des problèmes qui doivent être pris en considération, qu'il ne faut peut-être pas trop s'en attrister... Elle est certes le signe que quelque chose est à réguler dans les modalités éducatives de ces enfants, mais elle marque aussi la rupture complète avec l'autoritarisme jadis associé à la puissance paternelle, qui ne souffrait aucune forme de négociation et s'exerçait dans la contrainte. Il est vrai qu'en deux ou trois générations, notre société a connu de profondes mutations, et l'un des héritages pérennes de la révolution de mai 68 est sans doute le passage de relations verticales, où la génération la plus ancienne dominait, à des relations horizontales, où la démocratie prime, et où toute forme de pouvoir est susceptible d'être interrogée ou contestée. Alors oui, il est vrai que dans ce contexte, l'exercice de l'autorité est plus complexe, mais il nous faut également mesurer tout ce qui a été gagné dans ces bouleversements.

Pourquoi semble-t-il aujourd'hui si difficile pour les parents d'exercer une autorité ? Dans la préface de l'ouvrage *Et si l'autorité, c'était la liberté ?*[11], Martine Gruère souligne que de nombreux facteurs entrent en ligne de compte.

Tout d'abord, les enfants sont devenus rares, et ils sont à ce titre d'autant plus précieux et idéalisés. Les parents que je rencontre rapportent communément avoir du mal à conjuguer l'autorité avec les sentiments d'amour puissants qui les lient à leurs enfants, comme si être autoritaire était contradictoire avec le fait de les aimer, ou comme s'ils craignaient de ne plus être aimés d'eux s'ils exerçaient leur autorité.

Par ailleurs, les savoirs sur l'enfance se sont multipliés et vulgarisés : les parents lisent beaucoup de livres, d'articles, souvent intéressants mais parfois contradictoires, et au bout du compte, ils ne savent plus à quel saint se vouer ! Ils se demandent notamment comment favoriser au mieux l'épanouissement de leur enfant, et l'autorité leur paraît parfois aller à l'encontre de ce désir. Ils ont également peur de se tromper, de ne pas savoir où placer leurs exigences.

11. Danièle Guilbert, (2001), *Et si l'autorité, c'était la liberté ?*, Paris, Coll. de l'École des Parents et des Éducateurs, La Martinière.

Enfin, nous le disions précédemment, nous avons changé de modèle dans les relations familiales et sociétales, et même si rares sont ceux qui souhaiteraient au fond réellement revenir à l'ancien modèle, celui-ci est encore présent dans nos esprits. Il peut susciter de la nostalgie, ou au contraire un profond rejet, tout dépend de l'éducation reçue par les parents eux-mêmes. En tout cas, il parasite notre rapport à l'autorité.

Autorité n'est pas sévérité

L'autorité est systématiquement bienveillante et ne s'exerce que dans l'intérêt de l'enfant. À la différence de la sévérité, elle n'est pas punitive ou pénalisante, elle est structurante. L'autorité permet d'instaurer des limites, qui ont plusieurs fonctions.

En premier lieu, elles viennent cadrer une toute-puissance qui plonge l'enfant dans l'angoisse : tout enfant désire être le roi, mais avoir la possibilité de l'être dans la réalité le confronte à une situation terriblement effrayante, qu'il n'a pas les moyens de gérer, ni physiquement, ni psychiquement, ni émotionnellement.

Ensuite, les limites viennent desserrer les liens fusionnels qui unissent le nourrisson à sa mère durant les premiers mois. Autant cette période de fascination mutuelle est absolument nécessaire car elle est le fondement de toute relation future, autant il est essentiel, notamment grâce à l'intervention d'un tiers qui peut être le père, qu'un processus de séparation intervienne pour permettre une ouverture au monde. C'est ce processus que Paul-Claude Racamier a appelé « le deuil originaire »[12], c'est-à-dire le deuil d'une relation d'amour et de possession totale qui, à un certain moment, doit trouver une butée, un arrêt.

12. Paul-Claude Racamier, (1990), *Le Génie des origines*, Paris, Payot.

Enfin, les limites viennent border l'immensité du monde. Elles contribuent à mettre l'enfant en situation de sécurité physique : on ne peut pas monter sur le toboggan des grands quand on a seulement 18 mois, prendre son bain sans aide à 2 ans, ou allumer le gaz pour faire cuire des pâtes dès l'âge de 3 ans ! Mais les limites assurent aussi la sécurité psychique de l'enfant en lui indiquant ce qui est possible ou non compte tenu de son âge : on ne peut pas se coucher aussi tard que ses parents ou son grand frère, dormir avec sa maman comme le fait Papa, ou encore regarder un film destiné aux adultes quand on est petit…

Des limites, à quel âge ?

La question de l'autorité se pose dès la naissance d'un enfant. Les parents opèrent dès ce moment des choix qui s'imposent à lui : comment le nourrir et à quel rythme ? Quel environnement lui offrir ? Quelle réponse apporter à ses pleurs et dans quel délai ?

Comme un bateau qui tangue sur des flots mouvants, la cellule familiale se trouve d'abord embarquée dans ce que l'on appelle communément « la folie des 100 premiers jours », au cours de laquelle tout tourne autour du nouveau-né. Mais ensuite, il est essentiel de réfléchir à structurer le quotidien pour que le couple parental retrouve peu à peu son espace vital et intime. Là, déjà, il s'agit de délimiter les contours des territoires physiques et temporels de chacun, de tracer des frontières.

Durant la première année, la relation entre le tout-petit et ses parents est surtout de nature oblative, comblante, gratifiante. Ce n'est qu'ensuite que s'amorce véritablement l'apprentissage de la frustration, et que les parents entrent progressivement dans des exigences plus contraignantes pour l'enfant. Et pour cause : jusque-là, l'enfant n'a aucune forme d'autonomie ; il ne marche pas, il ne parle pas, il est dans une dépendance absolue vis-à-vis de l'adulte qui s'occupe de lui. On imagine alors aisément que toute autorité excessive pourrait confiner à une forme de maltraitance.

À partir de 1 an et au-delà, l'enfant entre dans la phase d'autonomisation : il va acquérir la marche, avec tout ce que cela suppose de possibles et d'explorations inédites, mais aussi de dangers potentiels ; il va peu à peu entrer dans le langage, et se montrer progressivement capable de formuler des demandes, de s'exprimer, et de comprendre des consignes. À ce stade, poser des limites et les formuler clairement devient une nécessité absolue : le tout-petit va ainsi intégrer ce qui est possible et ce qui ne l'est pas, ce qui est dangereux et ce qui ne l'est pas, ce qui est de son âge et ce qui est du domaine des grands. Laisser grandir un enfant sans limite n'est pas une preuve d'amour, c'est une forme d'abandon ; l'angoisse, l'agitation et l'excitation sont alors les symptômes qu'aucune barrière symbolique et protectrice n'est tracée autour de lui.

Comment dire non ?

Il y a plusieurs manières de dire non, qui sont complémentaires les unes des autres.

Il y a tout d'abord une « manière d'être » avec un enfant qui instaure en soi des limites structurantes. Cette attitude est celle qui institue chacun à sa juste place.

Et puis, il y a une « manière de dire », qui donne du sens à l'injonction au-delà du mot prononcé.

Chacun à sa place

Le brouillage générationnel est très insécurisant pour les plus jeunes. À l'inverse, il est structurant pour eux de se construire des repères stables sur la place de chacun. Sur quels principes repose l'édification de ces repères ?

Tout d'abord, c'est aux parents ou aux adultes qu'il incombe de décider. Cela ne signifie pas qu'il faille tomber dans l'autoritarisme : la discussion, la négociation demeurent possibles, mais *in fine* il ne faut pas faire peser le poids de la décision sur l'enfant, car il est trop inquiétant pour lui de risquer de se tromper et d'avoir à en supporter les conséquences.

Ensuite, les parents ou les adultes n'ont pas à répondre en miroir des enfants. Si un enfant tape, on voit l'absurdité qu'il y aurait à le taper en retour pour lui apprendre à ne plus le faire… Cela signifierait « Fais ce que je dis, mais ne fais pas ce que je fais » ! Or l'enfant apprend par imitation, donc il a besoin de s'appuyer sur une parole concordante aux actes posés.

Enfin, de toute évidence, les parents et les adultes sont plus grands que les enfants… Adultes et enfants n'appartiennent pas à la même génération, et les parents ne sont pas les copains de leurs enfants. Cela ne veut pas dire qu'ils ne peuvent pas jouer ensemble, mais cela signifie qu'il y a des choses que les adultes peuvent faire et que les enfants ne peuvent pas faire.

L'instauration des repères vaut de la même manière pour le lieu à vivre. Il y a dans la maison des espaces pour les enfants et des espaces pour les parents, ce qui garantit la liberté et l'intimité de chacun. Certaines familles vivent cependant à l'étroit : cette question n'est alors pas toujours simple à résoudre, mais on peut réfléchir à matérialiser des frontières en réservant un petit coin pour chacun. Il y a aussi des lits pour les enfants et des lits pour les parents ; outre des difficultés à se séparer et à accepter la solitude de la nuit, un enfant convié dans le lit de son ou de ses parents risque aussi d'y vivre des désirs qui le dépassent…

Les repères générationnels sont également établis par la structuration du temps : il y a dans une journée – et surtout dans une soirée ! – le temps des enfants et le temps des parents.

Enfin, sur le plan relationnel, il y a une manière de s'adresser aux adultes qui n'est pas celle que l'on utilise avec ses copains de crèche ou d'école.

Clarté et permanence du discours

Il y a façon et façon de dire non… l'une structurante, l'autre vidée de son sens !

Tout d'abord, l'adulte doit être convaincu de l'importance et du bien-fondé du « non » qu'il prononce. Formulé du bout des lèvres, par un adulte qui n'y croit pas vraiment ou n'y accorde pas tant d'importance, le « non » ne sera pas entendu. Les limites que l'on a le plus de mal à imposer sont en effet celles que nous avons nous-mêmes du mal à respecter, ou dont la pertinence nous échappe. Mieux vaut dans ce cas s'abstenir : chaque personne, chaque famille a son propre système de valeurs, et celles qui sont fondamentales pour notre voisin ne le sont pas forcément pour nous, et inversement.

Ensuite, l'interdit ne doit pas être posé comme un pansement sur nos propres angoisses, notre manque de confiance, ou les frayeurs qui nous habitent. Il y a un âge où il est important que l'enfant fasse ses expériences : grimper au toboggan, monter sur un vélo, faire de la trottinette. Dire « non » parce que l'on a peur n'est évidemment pas porteur pour lui.

Enfin, le « non » doit être tenu. Maintenir une exigence ou une interdiction constitue une grande difficulté pour beaucoup de parents, qui disent l'énergie mobilisée et l'assurance que cela suppose. Pourtant, une exigence qui n'est pas tenue perd tout son sens. L'enfant ne pourra pas accorder de crédit à la parole de l'adulte si l'épée en plastique qui a servi à taper le petit frère est confisquée pour la journée… puis rendue au bout de cinq minutes pour faire cesser les pleurs, ou si l'autorisation à regarder un épisode du dessin animé se transforme en une après-midi entière devant le petit écran. Dire ne suffit pas, encore faut-il mettre ses actes en accord avec ses mots, et intervenir pour faire respecter la consigne, voire se fâcher si nécessaire.

En dernier lieu, rappelons l'importance d'édicter des consignes claires, simples et compréhensibles en fonction de l'âge de l'enfant. Si le pourquoi de l'exigence doit toujours être expliqué dans un second temps, sur le moment, un « non » ferme et bref vaut souvent mieux qu'un long discours !

Comment te dire…
… que Maman va travailler

Manon est âgée de 6 mois. Née en mars, elle est accueillie chez Nicole, assistante maternelle, depuis la rentrée de septembre, sa maman ayant simultanément repris son travail de visiteuse médicale. Or, depuis ce changement survenu il y a quelques semaines, la petite fille paraît abattue : elle sourit moins, Nicole signale qu'elle dort beaucoup, et à la maison elle se montre passive, acceptant tout ce qui lui est proposé, sans manifester ni joie ni déplaisir.

La maman explique d'emblée qu'elle-même se sent très triste depuis qu'elle a recommencé à travailler. Elle est âgée de 40 ans, et Manon est son premier enfant ; elle pense aussi qu'elle sera l'unique. Elle aurait eu le souhait de rester plus longtemps auprès de sa fille, une année au moins, mais elle travaille dans une entreprise internationale dans laquelle un congé parental n'est jamais bien vu. Elle a prolongé son congé maternité par tous les moyens légaux, mais à présent que son congé d'allaitement et ses congés annuels sont épuisés, il n'y a plus moyen de reculer. Elle a vécu ces mois auprès de sa fille bercée par l'illusion que cela n'aurait pas de fin… aussi a-t-elle peu anticipé les modalités de garde de Manon. Lorsqu'elle s'est « réveillée » le 15 août, il n'était plus question d'obtenir une place en crèche. C'est une petite annonce à la boulangerie qui l'a aiguillée sur Nicole, quelques jours à peine avant le jour J de sa reprise. Le temps de faire les formalités administratives et le contrat de travail, il n'a pas été possible pour Manon de faire une adaptation chez son assistante maternelle. Le lundi matin à huit heures, Manon était ainsi accompagnée chez Nicole par une maman au cœur serré, qui lui a dit : « Manon, c'est Nicole, c'est ta "nounou". C'est elle qui va te garder parce que je dois reprendre mon travail. » Olivia, la mère de Manon, dit qu'elle est ensuite partie très vite pour ne pas que Manon la voie pleurer. Elle n'a pas pu appeler Nicole de toute la journée, craignant que celle-ci lui apprenne que sa fille n'était pas bien. Le soir, elle l'a retrouvée avec beaucoup d'émotion et d'effusions, rires et larmes mêlés, comme si elles s'étaient quittées depuis très longtemps sans espoir de se revoir.

Je questionne Olivia sur le père de Manon : est-il inquiet lui aussi ? Travaille-t-il ? Accompagne-t-il Manon chez Nicole ? J'apprends que le papa dirige une imprimerie : les temps sont durs, il travaille beaucoup pour la maintenir à flot. Il fait une entière confiance à son épouse sur le choix de l'assistante maternelle, qu'il n'a pas encore eu l'occasion de rencontrer. Il part tôt le matin et rentre tard le soir, il travaille même parfois le week-end, il voit peu sa fille et ne se rend pas vraiment compte de son changement de comportement. Olivia, quant à elle, continue de se questionner sur l'opportunité de prendre une année de congé parental, tout en reconnaissant que son salaire est aussi nécessaire dans l'équilibre financier de la famille. Elle ne peut considérer l'accueil de Manon chez Nicole comme quelque chose qui va s'inscrire dans la durée. Pour cette raison sans doute, elle ne parle jamais à Manon de sa « nounou », ne la cite pas dans la vie courante, et échange peu avec Nicole. Tout se passe comme si elle niait dans le même temps l'importance du rôle de Nicole auprès de Manon, et la séparation d'avec sa fille. Pour Olivia, il n'y a personne d'autre dans la vie de Manon. Selon ses propres mots, les moments passés par Manon chez Nicole sont des « parenthèses mortes » dans sa vie et dans celle de sa fille...

Le travail fait partie de la vie des parents, et détermine en creux leurs moments de disponibilité à la vie familiale. C'est donc un sujet de toute première importance pour les enfants aussi ! Toute modification dans l'univers professionnel de leurs parents affecte en effet directement leur quotidien, qu'il s'agisse d'une reprise de travail, d'une période de chômage, ou même d'un changement d'emploi qui vient préoccuper les adultes.

Il est notamment un moment-clé qui concerne un grand nombre de mères, c'est la reprise du travail après un congé maternité. Comme le déménagement – abordé dans le chapitre suivant –, cet événement questionne la problématique de la séparation. Mais ici, il ne s'agit pas de se séparer des lieux, des voisins ou amis, de la « nounou » ou de la maîtresse : il s'agit pour un parent de se séparer de son enfant, et pour un enfant de se séparer de son parent. Et c'est toute une histoire !

Si le titre de notre chapitre concerne avant tout les mères, c'est qu'il faut reconnaître que le problème de la reprise du travail ne se pose pas dans les mêmes termes pour chacun des parents, même si tous deux sont concernés par le fait d'en dire quelque chose à leur enfant. Le livre de Sylviane Giampino, *Les mères qui travaillent sont-elles coupables ?*[13], a rencontré un vif succès, et le titre sonne en effet juste à nos oreilles. La même question à propos des pères nous aurait à l'inverse paru incongrue, pas seulement du fait des stéréotypes sociaux toujours à l'œuvre, mais aussi parce que mère et père n'interviennent pas de la même manière auprès du bébé et du jeune enfant. La mère est schématiquement dans une relation plus fusionnelle avec le tout-petit, le rôle du père consistant plutôt dans le fait de la soutenir pour lui permettre de bien materner son enfant... puis de bien s'en séparer le moment venu.

Le temps de la reprise

Recommencer à travailler peut intervenir à divers moments dans la vie d'un parent. Père ou mère peuvent reprendre à l'issue d'une période de chômage : l'âge de l'enfant est alors variable. Ils peuvent reprendre à l'issue d'un congé parental : leur enfant est

13. Sylviane Giampino, (2000), *Les mères qui travaillent sont-elles coupables ?*, Paris, Coll. Questions de Parents, Albin Michel.

alors âgé de 1 à 3 ans. Ou bien il peut s'agir d'une reprise plus précoce, à l'issue du congé maternité, et cela concerne alors des bébés âgés de moins de 6 mois.

Nous nous arrêterons plus longuement sur cette dernière éventualité, car c'est à la fois la plus courante et la plus difficile à appréhender pour un parent dans le lien à son enfant, et en particulier pour une mère. La séparation intervient alors en effet dans une période que l'on trouve couramment nommée dans la littérature sous le terme de « période fusionnelle » ou encore « période symbiotique ».

De nombreux pédiatres, psychologues de la petite enfance et psychanalystes ont travaillé à observer, décrire et penser ce moment si particulier qui couvre les dernières semaines de la grossesse et les premiers mois de vie de l'enfant. À titre d'exemple, pour nous éclairer sur les remaniements psychiques qui opèrent sur cette période et sur la force du lien de proximité noué entre le bébé et son parent, nous citerons les travaux de Donald W. Winnicott (1896-1971) et de Wilfred R. Bion (1897-1979).

Donald W. Winnicott a proposé le concept de la « préoccupation maternelle primaire ».[14] Il le définit comme un état d'hypersensibilité, une « maladie normale » qui permet à la mère d'utiliser toutes les ressources pour s'identifier et s'ajuster aux premiers besoins de son bébé. Cet état met tous ses sens en éveil pour offrir à son enfant l'environnement le plus propice à son développement.

Wilfred R. Bion, contemporain de Winnicott, également psychanalyste et Britannique, a développé pour sa part le concept

14. Donald W. Winnicott, (1969), *De la pédiatrie à la psychanalyse*, Paris, Payot.

de la « capacité de rêverie de la mère ».[15] Cette fonction maternelle engagerait mère et enfant dans un processus de mentalisation du monde. Venant suppléer à l'absence « d'appareil à penser du bébé », la capacité de rêverie maternelle permettrait la transformation des sensations brutes non assimilables dont le tout-petit est assailli, en quelque chose qui soit porteur de sens, jouant par là un rôle primordial dans l'avènement d'une pensée chez l'enfant. La mère est ainsi réceptive à n'importe quel « objet mental » venant de son enfant, qu'elle va transformer en quelque chose que l'enfant sera à son tour capable d'utiliser et de réutiliser de manière imaginative.

La préoccupation maternelle primaire chez Winnicott comme la capacité de rêverie de la mère chez Bion supposent un étroit maintien de l'attention de la mère à l'égard du bébé, voire réunissent mère et enfant dans une seule unité.

Après la naissance et dans les premiers mois se développe donc une fascination mutuelle entre la mère et l'enfant. Dans cette phase dite « fusionnelle » ou « symbiotique », s'instaure au sein de la dyade mère-enfant une relation qui vise à créer un monde stationnaire, étale, à l'abri de toute forme de stimulus externe. Mais la tâche de la mère – aidée en cela par le père – est ensuite d'émerger de cette phase pour amener son enfant sur le chemin de sa propre individuation.

Nécessité de la séparation

Autant la période que nous venons de décrire est absolument nécessaire à la mère comme à l'enfant pour se construire au

15. Wilfred R. Bion, (1962), *Aux sources de l'expérience,* Paris, PUF.

monde, autant sa perduration est catastrophique, empêchant ce dernier de se structurer en tant qu'individu propre.

La séparation est donc nécessaire, importante, mais de quelle séparation parle-t-on ? D'une séparation psychique bien sûr, de celle qui permet à chacun de se percevoir comme sujet distinct de l'autre.

La séparation psychique requiert-elle forcément une séparation physique ? Non, évidemment : beaucoup de femmes qui ne travaillent pas, que ce soit de manière temporaire dans le cadre d'un congé parental ou de manière durable, sortent pour autant sans difficulté de cette phase de fusion primaire. À l'inverse, comme le montre d'ailleurs la petite vignette clinique qui introduit ce chapitre, on peut se séparer physiquement tout en maintenant la fusion psychique…

Comment articuler les besoins du bébé sur le plan de son développement psychoaffectif, les besoins de la mère dans sa relation naissante à son bébé, et la réalité sociale qui rattrape chacun peu ou prou au bout de dix semaines de congé maternité ? Il semble que le temps du législateur ne s'égrène pas de la même manière que celui des bébés et de leurs parents ! La date de reprise officielle du travail, alors que le bébé est à peine âgé de 10 semaines, paraît en effet une hérésie du point de vue de l'expérience singulière et totale vécue par chacun d'entre eux. Soulignons d'ailleurs que le congé maternité en France fait partie des plus courts en Europe, à côté de celui de l'Allemagne et de la Belgique.[16] Dix semaines, cela paraît bien tôt pour se séparer d'un petit être tout entier dépendant, et bousculer le processus que vit chaque parent dans l'investissement de son nouveau rôle.

16. Le congé maternité est de 16 semaines en France pour les deux premiers enfants, classiquement répartis en 6 semaines avant la naissance et 10 semaines après. Il est de 14 semaines en Allemagne et de 15 semaines en Belgique. Il est de plus de 20 semaines dans les pays d'Europe de l'Est (Bulgarie, Estonie, Pologne, Hongrie, Slovaquie, République Tchèque). Il est de 26 semaines au Royaume-Uni ou en Irlande, et peut atteindre 75 semaines en Suède !

Et pourtant, c'est vrai de la reprise de son emploi après la naissance d'un enfant comme de l'épreuve du baccalauréat qu'on n'a pas eu le temps de réviser : la temporalité sociale vient contrarier nos processus intimes, et en même temps contribue à les mettre au travail. Ainsi il va falloir se séparer, si l'on vivait en Suède ce serait pour plus tard, mais ici, en France, c'est ainsi et nous n'y pouvons pas grand-chose. Et d'ailleurs, le moment de la reprise du travail est toujours difficile, même si la mère ou le père a pu bénéficier d'un « sursis », tel qu'un congé parental par exemple. Elle reste souvent nimbée de culpabilité, quel que soit le moment : est-ce que je ne vais pas trop lui manquer ? Est-ce qu'il ne va pas trop me manquer ? À qui vais-je le confier ? Cette assistante maternelle est-elle la bonne personne pour mon enfant ? Cette crèche est-elle une bonne solution pour lui ? Comment vais-je m'organiser pour lui consacrer assez de temps ? *« La culpabilité n'est ni un défaut ni une anomalie génétique »*, écrit Sylviane Giampino. *« C'est une souffrance qui circule entre une mère et ses enfants. »*[17] Ce sentiment paraît incontournable, malgré le fait que de nombreuses études, menées depuis les années soixante-dix, ne montrent aucune corrélation entre travail maternel et santé psychoaffective des enfants : il n'y a pas de différence durable dans le développement social ou intellectuel des enfants, quel que soit l'âge auquel la mère reprend son travail.

Alors comment s'y prendre pour que cette séparation soit aussi douce que possible, et structurante pour les enfants comme pour les parents ?

Séparation n'est pas rupture

Enfants et parents sont destinés à être séparés à un moment ou un autre. Pour autant, ce n'est pas tant l'âge de l'enfant qui

17. Sylviane Giampino, *op. cit.*

détermine le caractère nuisible d'une séparation que la manière dont celle-ci se déroule, et le sens que chacun peut lui donner. Car se séparer, ce n'est pas rompre…

La rupture attaque le lien à l'autre. Elle est brutale et souvent silencieuse. Elle est incompréhensible, elle ne fait pas sens pour celui qui la vit. Elle induit un vécu de morcellement, comme si l'autre avait emporté un morceau de nous-mêmes.

La séparation, en revanche, fait partie de la vie et participe au processus de construction de chacun. Elle consiste à *être à distance sans que le lien soit rompu.* Mais pour qu'elle ne soit pas vécue comme une rupture, elle doit être anticipée, préparée, parlée. Une séparation sans explication sur la raison ou la durée est très traumatisante, et même un adulte peut faire ce type d'expérience, dans la vie amoureuse par exemple. Se séparer sans que notre sentiment de continuité interne s'en trouve menacé, cela s'apprend. Et c'est même un apprentissage très important, car cette scène se rejouera sans cesse au fil de la vie : premier accueil chez une assistante maternelle ou dans un lieu collectif, qu'il faudra quitter pour la première rentrée à l'école ; première maîtresse dont on se sépare en fin d'année, suivie de beaucoup d'autres ; premières vacances sans les parents, première colonie de vacances ; premiers copains qui déménagent ; premier chagrin d'amour… On pourrait égrener à l'infini la liste de toutes les séparations qui attendent chacun ; la capacité à les surmonter sans qu'elles soient dévastatrices dépend beaucoup des toutes premières expériences de séparation-retrouvailles. La séparation n'est pas un traumatisme dont il faudrait se protéger quoiqu'il advienne, mais une épreuve qui mérite d'être accompagnée avec attention. Plus l'environnement familier est sécurisant, plus la séparation est soutenue de mots, et moins l'enfant se sent fragilisé lorsque les personnes et les lieux changent. Il apprend ainsi à préserver sa sécurité primordiale, à savoir le maintien du lien avec les personnes qui lui sont les plus proches, y compris lorsqu'elles sont absentes. Un enfant systématiquement informé du moment où l'on va se séparer, de la raison pour laquelle on se sépare, et du moment prévu des retrouvailles, n'a plus besoin d'être sur ses gardes.

Accompagner la séparation

« *Attachement, séparation, socialisation sont trois temps d'un parcours psychologique vital pour les enfants.* »[18] Or, pour être franchies avec succès, les étapes de ce parcours requièrent un certain nombre de conditions : il convient tout d'abord de dépasser les résistances éventuelles à la séparation, et d'anticiper la reprise du travail et l'organisation concrète des modalités de garde de l'enfant ; bien sûr viendra le temps des mots dits à l'enfant, puis la période d'adaptation de celui-ci à son lieu d'accueil ; enfin, il est important de *faire lien*, dans le discours, entre l'espace familial et l'espace d'accueil de l'enfant, de façon à ce qu'il puisse articuler dans une continuité les différents moments de son quotidien. Le message transmis au tout-petit repose sur ce qui est dit, mais aussi sur les actes qui sont posés.

Dépasser les résistances à la séparation

Mère et enfant peuvent avoir le désir que la fusion perdure. Ce désir n'est pas forcément conscient, et les résistances à la séparation peuvent prendre toutes sortes de masques : un bébé trop souvent malade, qui semble exiger la présence de sa mère auprès de lui ; l'impossibilité à trouver la personne qui convient pour lui confier son enfant ; le refus systématique de s'octroyer du temps avec son conjoint ou ses amis en arguant de la fatigue et des nuits trop courtes… Autant de situations tendant à accréditer l'idée que la mère ne serait bien qu'à la maison avec son petit, et celui-ci avec sa mère !

---

18. Sylviane Giampino, *op. cit.*

Pour dépasser ces résistances, il est fondamental que tout l'entourage joue bien son rôle. L'enjeu est que la mère se sente suffisamment sécurisée pour accepter de confier son enfant, et pouvoir ainsi réinvestir d'autres statuts : celui d'amie, de femme, d'amante. Il importe que des propositions concrètes lui soient faites, et pas seulement des incitations à sortir et à passer le relais. Les mères de jeunes enfants expliquent souvent leur épuisement à devoir tout prévoir de A à Z, de la réservation des billets de théâtre à l'organisation du baby-sitting en passant par la préparation des biberons, vêtements et couches requis durant leur absence. Autant de charges qui peuvent facilement remettre en cause leur désir de quitter la maison le temps d'une soirée, quand celui-ci est déjà empreint d'ambivalence !

Anticiper la reprise du travail et les modalités de garde de l'enfant

Tout le monde le sait, obtenir un mode de garde pour son enfant est une véritable gageure pour les jeunes parents. La carence des places en structure collective ou chez des assistantes maternelles agréées et la complexité des horaires professionnels rendent la tâche particulièrement ardue, et il n'est pas rare de se tourner vers une solution de fortune qui ne satisfait personne : nourrices non agréées, dépannage familial, patchwork d'intervenants…

Si ce n'est pas une garantie systématique, anticiper largement le moment de la reprise du travail permet toutefois de mieux s'approprier le mode d'accueil finalement retenu. Cela laisse aussi la possibilité de rencontres préalables entre le tout-petit et l'équipe ou la personne qui l'accueillera, et l'organisation d'une période d'adaptation progressive.

Parler à son enfant

Quels que soient son âge et ses possibilités de compréhension, il convient de verbaliser le projet de reprise du travail, et d'expliquer à l'enfant quel mode d'accueil on a choisi pour lui. Les mots servent autant les parents que l'enfant : il est aussi difficile pour un bébé de se séparer de ses parents que pour un parent de se séparer de son bébé ! La parole agit comme un onguent qui apaise la douleur : ne dit-on pas « se bercer de paroles » ? En prononçant les mots et en les répétant à plusieurs reprises, on se familiarise peu à peu avec la chose. On peut dire par exemple : « Je vais bientôt reprendre mon travail. La vie des mamans, c'est de s'occuper de leur bébé, mais aussi de travailler. Demain, je vais te présenter ta "nounou". Elle s'appelle Nicole. C'est elle qui s'occupera de toi pendant que je serai à mon travail. Là-bas, je penserai à toi, et le soir on se retrouvera. »

Les mots prendront plus de sens lorsque l'enfant rencontrera la personne choisie, ou lorsqu'il visitera la structure d'accueil. Progressivement il associera le prénom à un visage, le lieu à une image.

La période d'adaptation

Cette phase a une importance capitale, surtout s'agissant des bébés. Comment un tout-petit de moins 6 mois construit-il ses marques, comment retrouve-t-il appui sur de nouveaux lieux, de nouvelles personnes ? Nous en savons bien peu de choses, mais le fait qu'il puisse découvrir la structure d'accueil et rencontrer les personnes avec ses parents est sans doute primordial. C'est ce qui lui permettra de lier à l'intérieur de lui la situation nouvelle qui se présente à lui, à la précédente dans laquelle il s'est construit quelques repères. Prendre possession des lieux avec son enfant est une manière de faire lien entre la famille et le lieu d'accueil : c'est le *confier* à la crèche ou à la « nounou », et non l'y *laisser.* C'est préserver sa continuité psychique dans cette période de grand changement.

Après ces rencontres et au cours de la période d'adaptation, il faut toujours repréciser à l'enfant pourquoi il va être confié, constamment renommer les personnes et les lieux, sans oublier de parler des retrouvailles qui ne manqueront pas d'arriver à la fin de chaque journée. « Maman va bientôt retourner au travail. Alors toi tu iras à la Pomme Verte, avec Évelyne et Martine. Tu sais, là où tu as joué avec le gros nounours blanc ! Et puis le soir, on se retrouvera. Maman viendra te chercher, et on rentrera à la maison ! »

Faire lien dans le discours

Confier son enfant revient à déléguer temporairement sa responsabilité, mais aussi la construction d'un environnement psycho affectif qui va soutenir l'enfant dans son développement sur les temps où il est séparé de ses proches.

Pour pouvoir déléguer, il est nécessaire de *faire confiance,* mais aussi de *faire lien,* et de tisser des relations claires avec le personnel d'accueil.

Les échanges quotidiens avec l'équipe de la crèche ou l'assistante maternelle sont essentiels pour établir des correspondances entre la vie à la maison et la vie dans l'espace d'accueil. Chacun doit savoir rester à sa juste place, mais ceci étant posé, il est important que l'affection ressentie par l'enfant pour les adultes qui s'occupent de lui soit reconnue et valorisée : les éducatrices de la crèche ou l'assistante maternelle doivent avoir une place dans le discours familial, et les parents dans celui des accueillants. Toute forme de rivalité serait contre-productive et mal placée. Nommer les personnes qui s'occupent du tout-petit dans les conversations familiales, rappeler qu'elles ont dit ceci ou cela, est une manière de permettre à l'enfant de percevoir que les divers lieux qu'il fréquente ne sont pas disjoints. De même, il est nécessaire que les accueillants parlent à l'enfant de ses parents : « Maman et Papa sont au travail mais ils pensent à toi ! Ils seront très contents de savoir que tu as bien joué ! »

Il importe aussi de commenter les moments de transition.

Ainsi, le matin, on peut dire : « On part à la crèche ! Tu vas retrouver Évelyne et ta copine Lili ! »

Le moment de la séparation est plus rassurant s'il est ritualisé au niveau des gestes et des mots, c'est-à-dire s'il y a une récurrence dans les gestes et les mots qui l'accompagnent chaque jour. On peut par exemple agiter la main en disant : « Au revoir ! Je vais au travail. Je reviens ce soir à dix-huit heures. »

De même, le soir, les retrouvailles gagnent aussi à être ritualisées et verbalisées : « Je suis contente de te retrouver ! Tu as passé une bonne journée ? »

Enfin, en quittant le lieu d'accueil, n'oublions pas de saluer les personnes, geste à l'appui : « Au revoir Évelyne ! À demain ! » C'est encore un rituel qui marque la fin de la journée, le passage d'un bras à un autre, d'un espace à un autre.

Ces moments de transition sont fondamentaux : ils favorisent le tissage d'une continuité entre les différents temps de la journée, les différents lieux et les différentes personnes. On peut aussi s'appuyer sur de petites histoires ou de petites comptines pour souligner ces moments. En revanche, si les transitions sont silencieuses et non ritualisées, l'enfant ne peut pas se sentir sécurisé : les temps, les espaces et les personnes se juxtaposent sans être liés entre eux.

Manon ou la séparation impossible

Après avoir développé les conditions nécessaires à bien se séparer, on voit donc qu'elles font toutes défaut dans la situation clinique exposée en préambule.

Pour aider Olivia et sa petite Manon, elles ont été invitées, avec le père de Manon, à tout recommencer depuis le début… C'est-à-dire que la maman puisse expliquer à sa fille qu'elle avait repris son travail, qu'elle en était triste car elle avait très envie de rester avec elle, mais que ce n'était pas possible. Alors elle a choisi Nicole pour s'occuper d'elle chaque jour. Il a été proposé à Olivia et à son conjoint de passer un peu de temps avec Manon chez Nicole. Les parents ont ainsi pu s'approprier eux aussi cet espace d'accueil, en parler, apprendre à connaître l'assistante maternelle… En deux semaines, Manon ayant senti que sa maman l'autorisait à investir sa « nounou », elle semblait avoir repris vie, riait, babillait, et avait beaucoup moins envie de se réfugier dans le sommeil ! Tranquillisée par l'évolution des choses, Olivia a pu revenir à son travail plus sereinement… tout en continuant à caresser le rêve d'un congé parental !

Et si le travail cesse ?

Paul est âgé de 5 ans et scolarisé en moyenne section de maternelle. Depuis son entrée à l'école, c'est Quentin, son baby-sitter, qui vient le chercher chaque soir à l'école car ses parents travaillent. Or, depuis quelque temps, Papa est souvent là à l'heure des parents et des « nounous »… D'abord surpris et content, Paul trouve maintenant que c'est beaucoup moins drôle de rentrer à la maison avec Papa qu'avec Quentin ! Avec Quentin il va au square jouer au foot, ou bien il fait des parties endiablées de Uno®, tandis que Papa est toujours au téléphone et n'a jamais de temps pour s'amuser avec lui. En plus il se met en colère pour un rien, alors Paul reste dans sa chambre et s'ennuie. Il ne fait rien, et quand elle rentre du travail, sa maman le trouve souvent inactif, couché sur la moquette.

Il est une autre situation qui peut bouleverser considérablement le quotidien d'un enfant, c'est un parent qui devient soudainement très présent à la maison quand il n'en avait pas l'habitude ! Les enfants sont des êtres de routine : si Papa fait la surprise d'être à la sortie de l'école de temps en temps, c'est la fête ; mais si plus jamais Paul ne peut aller au square jouer au ballon avec Quentin, cela devient un problème. Surtout si la présence de son parent ne fait pas sens pour lui, et qu'il ne comprend pas ce qui a changé.

Arrêter son travail, c'est parfois un choix

Si la cessation d'activité professionnelle est un choix, elle est généralement expliquée à l'enfant : son père ou sa mère lui dit alors qu'il a choisi d'arrêter de travailler « pour s'occuper d'elle/de lui ». Ce n'est pas toujours vrai, car à l'origine d'un congé parental par exemple, il y a souvent une conjonction de facteurs, et le souhait d'être disponible pour son enfant rencontre aussi parfois une insatisfaction professionnelle. Il est alors plus sain de le dire, car s'il se sent la seule cause de la décision de son parent, un enfant peut se sentir redevable à son égard. On peut dire par exemple : « Je n'étais plus très content dans mon travail, alors je m'arrête pour l'instant. On aura plus de temps pour nous ! »

Mais parfois, ce n'est pas un choix...

Se retrouvant au chômage en revanche, beaucoup de parents taisent leur situation. D'une part, la souffrance ressentie peut les amener à certain déni : pourquoi en parler puisqu'on va très vite retrouver un emploi, inutile donc d'alarmer notre enfant pour si peu. D'autre part, l'inquiétude éprouvée peut faire craindre au parent de la communiquer à son enfant. Enfin, un sentiment de honte accompagne souvent la perte d'un emploi, et la honte appelle le silence.

Il est pourtant fondamental d'en dire quelque chose : un enfant qui voyait peu son père et qui le retrouve chaque soir à la sortie de l'école va rapidement se poser des questions. Par ailleurs, l'angoisse fréquemment ressentie dans ce type de circonstance par le parent est en général perceptible par l'enfant ; il convient donc de la nommer et d'en expliquer la cause pour éviter que son imagination ne galope. Enfin, les changements qui affectent la vie quotidienne de l'enfant méritent toujours une explication : s'il voit moins souvent son baby-sitter, il peut s'imaginer que celui-ci ne souhaite plus s'occuper de lui ; s'il voit son père toujours à la maison, il peut s'imaginer que celui-ci est malade, puisque lui n'a le droit de manquer l'école que lorsqu'il a de la fièvre…

Le chômage n'est pas chargé des mêmes inquiétudes pour un enfant que pour un adulte. La situation peut donc être expliquée tout simplement : « J'ai arrêté mon travail car cela ne marchait plus. J'en cherche un nouveau, et en attendant je serai beaucoup plus souvent à la maison. Je viendrai te chercher à l'école tous les soirs ! »

Les mots posent des repères. Sans cela, on peut imaginer les choses les plus saugrenues !

Comment te dire…
… qu'on va changer de maison

Les parents de Kadidja, 12 mois, viennent consulter pour des difficultés d'endormissement : depuis leur déménagement en banlieue parisienne, il y a un mois, la petite fille pleure beaucoup au moment du coucher et rappelle indéfiniment ses parents, ne parvenant pas à trouver le sommeil. Elle dort ensuite toute la nuit d'une seule traite, mais pleure systématiquement au réveil, jusqu'à ce que l'un de ses parents la prenne dans ses bras et la cajole un moment.

Kadidja est une petite fille au développement harmonieux, qui a fait ses nuits assez tôt, vers 3 mois. Elle est décrite par ses parents comme une nature heureuse, toujours de bonne humeur et souriante, avec une grande appétence relationnelle.

La famille vivait jusque-là dans un deux-pièces au centre de Paris, mais s'y trouvait à l'étroit depuis la naissance de Kadidja. Celle-ci partageait avec sa sœur aînée une petite chambre, tandis que les parents dormaient dans le salon sur un canapé-lit. Devant l'opportunité d'un vaste trois-pièces dans un bourg de banlieue aux airs de campagne, ils n'ont pas hésité une seule seconde ! Tout à leur joie de cette nouvelle perspective, ils ont rapidement organisé leur déménagement. Les filles n'ont pas eu l'occasion de visiter leur future maison avant d'y emménager, toutefois à Myriam, l'aînée, âgée de 7 ans, la maman a montré des photos prises avec son téléphone mobile.

Le père se souvient que Kadidja a fait une grosse crise de larmes le jour du déménagement : installée dans son transat, elle semblait inquiète devant le ballet des amis venus prêter main forte, et qui défilaient devant elle, les bras chargés de cartons ou de meubles. « On avait tout emballé, toutes ses affaires et ses jouets. Elle n'avait plus rien pour s'occuper. On aurait dit qu'elle ne comprenait pas ce qui se passait, que ça l'angoissait. Pour nous aussi c'était un peu stressant :

il y avait beaucoup de choses à mettre en carton, à démonter, on se demandait si la camionnette qu'on avait prévue nous permettrait de tout transporter… » Ses parents lui avaient-ils parlé de ce changement de maison ? « Non, reconnaît le père. Kadidja est très éveillée, mais elle ne parle pas encore. On pensait qu'elle ne comprendrait pas. Et puis, c'était une bonne nouvelle ce déménagement, il n'y avait pas de raison d'en faire toute une histoire ! On pensait qu'elle serait ravie en découvrant sa nouvelle chambre, on voulait lui faire une surprise… »

Le premier soir, dans le nouvel appartement, Kadidja n'était pourtant pas au mieux de sa forme : elle n'a pas voulu manger, elle a pleuré, a eu du mal à trouver le sommeil, puis elle s'est réveillée à plusieurs reprises dans la nuit en gémissant…

Kadidja partage toujours sa chambre avec sa sœur Myriam, mais la surface de la pièce a permis de la diviser par une cloison mobile de façon à ce que chacune ait son espace. « Et on a changé tous les meubles, dit fièrement le père. Jusque-là on nous avait prêté des lits, mais cette fois, on a tout acheté ! » La maman rajoute : « C'est très joli, Myriam a choisi des nouvelles couleurs : vert et rose, avec les draps assortis, un nouveau mobile, des décorations sur les murs… »

Je comprends donc que l'espace de vie de Kadidja a été complètement modifié, et si ravissant soit-il, la petite fille en est sûrement un peu perturbée.

Le déménagement a également eu d'autres conséquences dans la vie de Kadidja : elle ne va plus à la crèche qu'elle fréquentait depuis ses 6 mois, et vient de commencer une période d'adaptation chez une assistante maternelle. La maman précise qu'elle n'a pas pu dire au revoir à l'éducatrice référente de son unité à la crèche, car celle-ci était malade pour le dernier jour de présence de Kadidja.

Il y a de multiples raisons de déménager dans une vie. Certaines ont une connotation agréable : mariage, naissance d'un enfant, promotion professionnelle, choix d'une région appréciée ou d'un mode de vie différent, plus proche de la nature par exemple. D'autres déménagements accompagnent des circonstances plus douloureuses : séparation, deuil, difficultés financières... Dans tous les cas, un déménagement demeure un événement marquant qui introduit une coupure : même si le motif en est heureux, il n'est pas toujours aisé de quitter un quartier où l'on a ses habitudes, des voisins agréables, ou encore l'école dont la directrice est si sympathique.

De plus, un déménagement est une épreuve stressante. Selon plusieurs études, il arrive même en troisième position des facteurs de stress et de fragilisation, après le deuil et le licenciement. Outre un changement des habitudes de vie et une gestion longue et minutieuse des détails administratifs, déménager est très déstabilisant sur le plan émotionnel.

Un enfant perçoit inévitablement que des émotions fortes circulent dans la famille : angoisse, fatigue liée aux préparatifs, soucis quant aux aspects administratifs et financiers, anticipation de la future organisation de vie... Pour lui, déménagement rime avant tout avec bouleversement : quels que soient les effets bénéfiques attendus d'un agrandissement du lieu de vie ou d'un retour à la campagne, il devra d'abord rompre avec beaucoup de ses repères, et ce n'est pas chose facile.

Comme pour tous les événements qui ont une conséquence directe sur l'atmosphère familiale et sur le quotidien de l'enfant, il est essentiel de l'en informer, et de le préparer aux changements qui se profilent. Les pistes à privilégier seront alors différentes suivant qu'il s'agit d'un bébé ou d'un enfant plus âgé, déjà scolarisé par exemple.

J'ai 12 mois et je change de maison…

Les bébés sont particulièrement sensibles à la circulation des émotions chez leurs proches. Or un déménagement est une source d'émotions fortes et contrastées : excitation, angoisse, tristesse et/ou exaltation, fatigue… Le sujet devient rapidement central dans la famille et envahit la tête de chacun : il convient donc d'en dire quelque chose. Les étapes successives pour permettre à l'enfant de surmonter au mieux ce changement de vie sont tout d'abord de nommer les choses, puis de visiter le nouvel espace chaque fois que c'est possible. En troisième lieu, il convient de pouvoir dire au revoir aux personnes et aux lieux que l'on quitte. Ensuite, faire participer l'enfant permet de le rendre acteur du processus. Enfin il s'agira de s'attacher à maintenir des repères.

Nommer

Même si le tout-petit ne manie pas encore le langage, on peut nommer les choses à l'aide de mots simples et rassurants : « Nous allons bientôt changer de maison. Mais sois tranquille, Papa et Maman seront toujours là. »

Visiter

Lorsque c'est possible, visiter la nouvelle maison avec l'enfant l'aide à se figurer les événements à venir. Lui montrer sa nouvelle chambre, le laisser jouer un moment sur place si les lieux s'y prêtent, lui permettront de s'approprier l'endroit. La visite doit bien sûr être soutenue par les mots, et par des intonations marquées qui soulignent les aspects positifs du nouvel espace de vie : « Regarde ! Quelle belle chambre !! Comme tu vas être bien dans cette nouvelle chambre !!! »

Si la visite peut être répétée, c'est encore mieux, cela permet à l'enfant de se familiariser avec son futur lieu de vie. On peut même commencer à amener quelques objets de sa chambre et les installer avec lui.

Dire au revoir

Dire au revoir est fondamental pour « symboliser » le départ, c'est-à-dire pour pouvoir s'en donner des représentations par des mots, par des images et par le corps.

Ainsi, faire le tour des voisins avec son bébé pour dire au revoir, agiter sa main avec lui, regarder les autres l'agiter en retour, tout cela lui permettra de ne pas faire rimer séparation avec disparition. Si la rupture avec les personnes ou les lieux est brutale, sans mot, sans geste, l'enfant peut en comprendre que les personnes ou les choses disparaissent et qu'il n'est plus possible d'y avoir accès. Alors que si on leur dit au revoir, comme il le fait chaque soir avec son assistante maternelle, ou chaque matin avec ses parents, cela suppose qu'il est possible de les retrouver.

Faire un dernier signe en quittant la maison relève de la même dynamique : la maison reste là, on peut la revoir, elle n'a pas disparu, et tous les souvenirs qui y sont attachés demeurent vivants.

Enfin, lorsque l'enfant fréquente un lieu collectif tel que la crèche, organiser un petit goûter d'au revoir est une manière festive et ritualisée d'appréhender la séparation.

Dans le cas de Kadidja, retourner à la crèche afin qu'elle puisse dire au revoir à son éducatrice référente et faire un petit goûter avec les autres enfants de l'unité lui permettrait d'inscrire son départ, pour les autres comme pour elle.

Chacun de ces événements peut donner lieu à des images photographiques, à afficher pendant quelque temps dans la chambre de l'enfant, puis à laisser à sa disposition.

Faire le nécessaire pour garder des relations avec les personnes qui comptent pour l'enfant est toujours positif. Cela suppose que l'on peut se séparer et s'éloigner sans que l'autre disparaisse à jamais ; on peut donc s'aventurer à nouer de nouveaux liens sans que ceux-ci soient menacés par une rupture brutale et définitive. La petite Kadidja pourra plus facilement accueillir une nouvelle assistante maternelle si elle a pu quitter la précédente en passant par le rituel d'un « au revoir » qui maintient l'existence d'un lien, même s'il change de modalité.

Faire participer l'enfant

Quel que soit l'âge de l'enfant, il est possible de le faire participer au déménagement de ses objets favoris : on peut faire un carton en sa présence, voire, suivant son âge, lui demander de mettre lui-même à l'intérieur quelques objets lui appartenant. Sur le carton, on peut coller une photo de ses jouets, de façon à ce qu'il puisse l'identifier tout de suite une fois arrivé dans sa nouvelle maison. Il est toujours bon de laisser à sa disposition deux ou trois peluches qu'il affectionne particulièrement, ou bien sûr son « doudou » quand il en a élu un : pas question que celui-ci voyage dans le camion des déménageurs, sa place est dans les bras de l'enfant !

À l'arrivée, il va sans dire que les livres ou les DVD de la bibliothèque familiale peuvent attendre pour être déballés, mais pas les jouets de l'enfant. Il a besoin de retrouver rapidement tout son petit monde autour de lui, sans quoi il se sentira perdu.

Maintenir des repères

L'univers du tout-petit est restreint : il suffit de quelques repères importants pour qu'il se sente rassuré : ses parents, ses peluches, son lit, le mobile qui tournoie au-dessus de sa tête quand il cherche son sommeil… Pour faciliter l'adaptation d'un bébé à un lieu nouveau, il est préférable de maintenir la même disposition dans sa chambre : au moment de s'endormir, il sera tranquillisé s'il retrouve son tour de lit constellé de petites étoiles, sa veilleuse toujours à la même place, et son image de *Petit Ours Brun* sur le mur d'en face.

De même, il est important que le déménagement ne s'accompagne pas d'une modification du rythme de vie de l'enfant. Il doit faire face à de nombreux changements. Aussi, maintenir les habitudes ritualisées au niveau du bain, des repas, des promenades, du coucher, s'avère salutaire.

Enfin, si le tout-petit a l'habitude de partager sa chambre avec un frère ou une sœur, il est habile de différer le moment où il se retrouvera tout seul dans sa propre chambre, même si c'est l'un des motifs du déménagement. Pendant quelques nuits encore, le temps qu'il se construise de nouveaux repères, s'endormir dans les mêmes conditions, avec la présence rassurante de son aîné(e), contribuera à l'apaiser.

J'ai 5 ans et je déménage !

Léo, lui, est en grande section de maternelle. C'est un enfant ouvert, qui a beaucoup de copains, et qui investit déjà beaucoup sa petite bande, avec laquelle il ambitionne de débusquer le trésor caché il y a fort longtemps par un pirate fameux dans le square du bout de la rue…

Le père de Léo est monteur de films. Depuis deux ans, sa situation est devenue compliquée : du fait de la crise économique, ses contrats ne s'enchaînent plus, et il peut attendre plusieurs semaines avant d'être recontacté pour un nouveau projet, en proie à une incertitude déprimante. Lorsqu'il lui a été proposé de travailler en Norvège pour une nouvelle chaîne télévisuelle, il a donc vu dans cette opportunité une issue possible à cette pénible situation. Bien sûr, déménager à l'étranger n'a rien d'évident : cela implique que son épouse quitte son emploi, que Léo puisse être inscrit dans une école française, que leur appartement parisien trouve un acquéreur... Les discussions parentales se poursuivent donc régulièrement jusque tard dans la nuit dans le but d'organiser au mieux ce départ. Leur décision est désormais prise, et les voilà qui se prennent à rêver de cette vie si différente qui les attend... Ils décident de concert de n'en parler à Léo que lorsqu'ils auront plus d'éléments concrets à lui donner : ils recherchent notamment activement une maison en périphérie d'Oslo, et une école susceptible de convenir à leur fils.

C'est dans ce contexte que je reçois Léo pour une énurésie nocturne secondaire[19]*. Parfaitement propre de jour comme de nuit depuis ses 2 ans, son lit est trempé presque chaque matin, et le pirate en herbe en est catastrophé...*

Les étapes permettant à Léo de s'approprier ce nouveau projet seront les mêmes que pour Kadidja, même si son âge les colore de manière différente. Il s'agira donc de nommer les choses, de visiter ou de regarder des photos, de pouvoir dire au revoir aux personnes qui occupent une place de choix dans sa vie, de participer au déménagement, et enfin d'être attentif à maintenir des repères dans ce changement majeur qui s'annonce.

Nommer

S'il n'est pas adapté d'annoncer inutilement un projet incertain, il faut en revanche parler d'un déménagement dès que celui-ci est décidé, au plus tôt, même si l'on n'en connaît pas encore tous les détails pratiques. En effet, dans le cas de Léo, il a évidemment perçu que quelque chose d'exceptionnel était en train de se préparer : ses parents parlent jusque tard dans la nuit ; il a

19. L'énurésie nocturne désigne le fait d'uriner dans son lit involontairement pendant la nuit. Elle est dite primaire quand la propreté n'a jamais été acquise, et secondaire lorsqu'elle se manifeste après une période d'acquisition de la propreté. Elle est alors souvent liée à un événement de vie qui perturbe l'enfant.

pu saisir des bribes de conversation ; il a pu aussi s'imaginer des choses qui n'étaient pas, par exemple que ses parents allaient se séparer, ou qu'il allait devoir quitter sa maison demain…

Lorsque les choses ne sont pas nommées, le fantasme prend le pas sur la réalité. Dire permet de circonscrire : c'est *cela* qui va se passer ; c'est important certes, mais ce n'est *que cela*. Dans le cas présent : « Nous allons déménager dans un autre pays. Papa a trouvé un travail intéressant. C'est un pays formidable où il y a beaucoup de neige. Notre vie va changer, mais nous serons tous les trois ensemble dans cette aventure. Toute notre famille reste en France, donc on reviendra passer les vacances ici. Et tu pourras aussi voir tes copains bien sûr ! »

Visiter

C'est toujours une étape importante, mais quand ce n'est pas possible – quand le déménagement implique un changement de pays par exemple – on se contentera de photos : photos et livres sur le pays d'accueil, photos de la ville, photos de la maison.

Durant les séances à mon cabinet, nous avons effectué avec Léo beaucoup de recherches sur Oslo et la Norvège par le biais d'Internet. Ce que nous y avons découvert a aiguisé sa curiosité sur ce pays, et l'a peu à peu aidé à s'approprier cette perspective.

Dire au revoir

Léo était bien sûr très inquiet que ses copains l'oublient, ou trouvent le trésor du pirate sans lui ! Je l'ai encouragé, ainsi que ses parents, à parler de leur projet bien en amont aux amis et à la maîtresse. L'enseignante, très intelligemment, a proposé à toute la classe un travail d'arts plastiques sur le thème de la neige. Léo a également pu organiser plusieurs fêtes pour son départ : une à l'école avec toute sa classe à l'occasion de laquelle la maîtresse avait relié des dessins de tous les enfants à son intention ; et une à la maison avec ses amis les plus proches. Des photos ont été prises, et un album a été constitué et envoyé à tous. Les adresses de chacun ont été notées, et les parents se sont engagés à soutenir leurs enfants dans des échanges de courriels.

Nos séances se sont arrêtées avec son départ, mais je lui ai signifié qu'il pourrait revenir me voir lors de vacances en France s'il le souhaitait, et également m'écrire par courriel ou par voie postale. De cette manière les contacts demeuraient possibles, à sa convenance, et les liens étaient maintenus.

Participer

Nous avons convenu avec Léo et ses parents qu'il constitue lui-même une valise avec ses effets les plus précieux, et qu'il la marque de manière reconnaissable pour y avoir accès très vite à son arrivée. Il a projeté d'y placer ses jouets et peluches préférés, mais aussi des feuilles et des cailloux ramassés dans le square des pirates !

Maintenir des repères

Garder les mêmes meubles, ou au moins quelques-uns, aide l'enfant à se sentir plus vite chez lui dans son nouvel espace. Il est important en effet de ne pas *tout* changer, le bouleversement est bien assez important sans cela ! En revanche, permettre à l'enfant de choisir de nouveaux éléments, une couleur de peinture, du tissu pour ses rideaux, le rendra acteur dans cet événement capital.

Après la sortie des classes, le 15 juillet, l'avion a décollé pour emmener Léo et ses parents vers leur nouveau pays d'accueil. Les meubles et les cartons les ont suivis quelques jours plus tard, hormis la petite valise de Léo, qui voyageait dans la soute et qu'il trouverait dès son arrivée… Ce que Léo n'a pas emporté avec lui en revanche, c'est son énurésie, qui avait rétrocédé au bout de quelques séances.

Le processus mis en route a en effet permis à Léo de « reprendre la main », et d'avoir une part active dans un projet qu'il percevait initialement de manière plutôt négative.

À lire avec les enfants…

Tom déménage, (1997), de Christophe Le Masne, illustré par Marie-Aline Bawin, Paris, Mango Jeunesse.

Changer de maison, (2007), de Catherine Dolto et Colline Faure-Poirée, illustré par Frédérick Mansot, Paris, Gallimard Jeunesse.

Je ne veux pas changer de maison, (2010), de Tony Ross, Paris, Gallimard Jeunesse.

Comment te dire…
… zizi et zézette !

« Papa a un très gros zizi ! dit Ulysse, 5 ans, à sa petite sœur.
– Moi aussi j'ai un zizi, réplique Vanina, bientôt 3 ans.
– Non, toi t'en as pas ! T'as rien !
– Non, j'ai pas rien !! hurle Vanina. C'est pas vrai !!! »

« Les bébés sortent par les fesses ! dit Zoé, 4 ans.
– Non, ils sortent par le nombril, réplique Yvan.
– Et c'est le papa qui met la graine, dit Zoé.
– Oui, c'est ça, c'est ce que je dis, il la met dans le nombril ! »

« Il faut mettre un maillot pour se baigner, sinon les poissons vont manger mon zizi ! dit Ahmed, 3 ans.

– Moi, ils pourront pas le manger, réplique Boris, 4 ans. Parce qu'il y a un os dans mon zizi, et des fois il devient tout dur ! »

« Pour fabriquer un bébé il faut s'embrasser très fort, dit Cléo, 4 ans.

– Ah bon ? Mes parents ils s'embrassent tout le temps, alors on va avoir plein de bébés bientôt ! » répond Dalila, 3 ans.

Freud a eu l'immense mérite d'ouvrir nos yeux sur l'existence d'une sexualité infantile. C'était il y a un siècle… Mais avait-il anticipé un monde où les enfants sont confrontés très jeunes à une hyper présence des images sexuelles, et à des adultes qui utilisent sans détour le vocabulaire le plus précis dans leurs conversations ? Et pourtant, aussi curieux que cela puisse paraître dans la société qui est la nôtre, nous voudrions continuer à croire au mythe de l'enfance pure et asexuée… Ainsi, les adultes semblent toujours aussi démunis lorsque les enfants posent des questions qui ont trait au sexuel. Entre le sexe des anges et l'univers des adultes, il y a une autre voie à trouver pour parler de sexualité aux enfants, en particulier aux plus jeunes. Certes, aujourd'hui les garçons ne naissent plus dans les choux ni les filles dans les roses, toutefois les enfants ne sont pas des adultes en miniature, et la sexualité des enfants n'est pas la sexualité des adultes. C'est donc de manière adaptée qu'il s'agit de leur parler de la différence des sexes ou de la manière de fabriquer les bébés.

Dire, mais ne pas montrer

Dans le domaine de la sexualité, les gestes et les images sont facilement ambigus. C'est à l'enfant de se constituer ses propres représentations, et c'est à partir des mots qui lui sont donnés qu'il y parviendra.

Les livres pour les plus jeunes abordant ces questions utilisent souvent des illustrations assez métaphoriques, humoristiques ou poétiques ; certains, malheureusement, sont trop directement anatomiques, et peuvent faire intrusion dans l'imaginaire d'un tout-petit qui est encore loin de ces représentations. Pour les mêmes raisons, les photos (d'organes sexuels, d'accouchements) ne sont pas adaptées à son information. Et il va sans dire que l'adulte ne doit pas expliquer en montrant sur son propre corps (ses organes sexuels par exemple).

On veillera enfin à parler de sexualité en généralisant, et non en parlant de sa propre vie sexuelle. Le *je* n'est pas adapté à ces explications : il ne s'agit pas de donner à savoir à l'enfant de quelle manière ses parents s'y sont pris pour le concevoir, mais comment, de manière générale, dans le monde, les bébés sont conçus.

Quand parler de la différence des sexes ?

Avant l'âge de 2 ans, l'enfant ne perçoit pas visuellement la différence entre les formes : il n'a pas le sens du volume, de la comparaison, au moins lorsqu'il use de ses yeux (c'est la période où il explore et découvre beaucoup mieux en touchant). Ainsi, s'il voit ses parents nus dans la salle de bains, il ne voit pas les organes sexuels. Puis vient le moment très important où il commence à distinguer ce qui est similaire et ce qui est dissemblable. C'est là que se structure la réalité. L'enfant voit alors les formes, observe les corps, différencie grand et petit, rond et carré, garçon et fille…

La connaissance sur les questions touchant à la différence sexuelle peut être apportée en deux temps par les parents ou les éducateurs. Tout d'abord, et ce dès la naissance, il s'agit de faire exister toutes les parties du corps en les nommant. Une fois l'enfant familiarisé avec son propre corps par le biais des mots, par les soins qui lui sont prodigués et par l'exploration qu'il peut lui-même en avoir, il sera alors prêt à envisager la différence des sexes et son appartenance à l'un ou l'autre sexe. Dans la troisième année, il aura besoin d'éléments pour comprendre, au-delà de ce qu'il peut observer ou ressentir.

Nommer toutes les parties du corps dès la naissance

Très spontanément, en donnant le bain à leur bébé, en le changeant ou en l'habillant, les parents en viennent à nommer toutes les parties du corps de l'enfant : la tête (qui a du mal à entrer dans le pyjama), les bras (qu'il faut glisser dans les manches), les jambes (qui gigotent sur la table à langer), les mains (munies de doigts dont le bébé se délecte), les pieds (si jolis qu'on les mangerait !), mais aussi les fesses (qui font l'objet de nombreux soins, du change à la pommade protectrice), et enfin le sexe, qui peut porter divers petits noms suivant les familles (zizi et zézette, bistouquette et founette, kékette et chouquette...). Certains spécialistes de la petite enfance militent pour nommer les organes génitaux par les termes anatomiques qui leur correspondent : à savoir le pénis pour le garçon et la vulve pour la fille. Mais pourquoi ne pas laisser les parents utiliser les mots qui leur semblent à eux les plus adaptés ? Il n'est pas toujours simple pour les adultes d'aborder ces questions avec les enfants, si en plus le vocabulaire leur est prescrit, cela peut être contre-productif. On ne peut parler des choses qu'avec les mots qui nous appartiennent, et à partir du moment où ces mots sont respectueux et ne dénigrent pas un sexe par rapport à l'autre, chacun peut choisir les siens en fonction de sa sensibilité, des coutumes familiales ou... de leur poésie !

Selon une étude réalisée en Suisse en 2009 par la Commission Fédérale pour l'Enfance et la Jeunesse, les deux tiers des enfants interrogés disent avoir reçu leur éducation sexuelle entre 10 et 13 ans. C'est bien tard ! Le monde évolue, les enfants sont exposés beaucoup plus facilement et rapidement à des contenus sexuels – notamment des images –, et Internet remplace malheureusement trop souvent l'information que l'on ne reçoit pas à la maison. La Fondation Suisse pour la Protection de l'Enfant estime très justement qu'il n'est jamais trop tôt pour commencer cette éducation, d'autant qu'il y a un lien direct entre éducation sexuelle et prévention des abus. Elle a ainsi édité une brochure en français, *Éducation sexuelle durant la petite enfance et prévention des abus sexuels*[20], dans laquelle elle recommande d'introduire dès la naissance des éléments d'information sur le corps et la sexua-

20. Brochure gratuite disponible auprès de la Fondation Suisse pour la Protection de l'Enfant (info@kinderschutz.ch).

lité. Le fait de nommer les organes sexuels lorsque l'on s'occupe d'un tout-petit est ainsi considéré comme une forme d'éducation *implicite* : une manière de signifier à l'enfant que c'est un sujet dont on peut parler, de lui donner des éléments pour accéder à une connaissance de son propre corps, et de lui dire que chaque parcelle de ce corps est respectable et doit être respectée.

Quand l'enfant explore son corps

À côté des mots apportés par les adultes, l'enfant mène une entreprise exploratoire de son propre corps. Il le touche, et repère au bout de quelques mois que certaines zones lui procurent d'agréables sensations. De véritables conduites masturbatoires peuvent apparaître, notamment lorsque l'enfant ne porte plus de couches. Beaucoup de parents ont du mal à reconnaître l'existence de ces conduites, pensant que l'enfant touche son sexe par hasard… Ou s'ils réalisent que ce n'est pas un hasard, ils ne savent pas comment réagir : doivent-ils en dire quelque chose ? Faire comme s'ils n'avaient rien vu ? Les mêmes questions se posent devant le pénis en érection d'un petit garçon : si l'enfant est trop petit pour s'en étonner, le plus souvent personne n'en dira rien ; s'il montre en revanche de la stupéfaction, les adultes sont démunis. Pourquoi cette gêne ? Probablement parce que trop souvent, nous projetons sur la vie sexuelle des petits la sexualité des adultes que nous sommes, alors qu'évidemment la problématique est différente et les paroles qui l'accompagnent doivent l'être aussi. Face à un petit garçon de 3 ans ébahi de voir son sexe se durcir, on peut simplement lui dire : « C'est normal, cela arrive chez tous les garçons que le zizi devienne dur parfois ! ». C'est une manière de lui signifier que c'est quelque chose d'habituel et non une bizarrerie.

Quant à la masturbation, si en d'autres temps elle a pu être regardée comme nocive, on considère aujourd'hui qu'elle fait partie du développement normal de l'enfant. Sans la réprimer, il convient simplement de poser dans quel cadre l'enfant peut s'y adonner : « C'est quelque chose qui fait plaisir, mais on ne peut pas le faire devant tout le monde. C'est seulement quand on est tout seul, tranquille. »

Expliquer la différence des sexes dans la troisième année

Au-delà de 2 ans, parce qu'il commence à percevoir les différences, le tout-petit se questionne sur la différence des sexes. Il note que son sexe à lui n'est « pas pareil » que celui de son frère ou de sa sœur ; pas pareil non plus que celui de son parent du même sexe, qui en a un plus gros... Il est alors important de mettre des mots sur ces observations, ce qui lui épargnera beaucoup d'angoisse sur ce sujet !

Questions d'enfants

Parfois l'enfant pose des questions, mais parfois pas. L'erreur serait alors de penser qu'il sait déjà, ou d'imaginer qu'il n'est pas prêt... autant de prétextes pour le laisser se débrouiller seul avec le grand mystère de la vie ! Un enfant qui ne pose pas de questions est peut-être un enfant qui n'a pas l'habitude qu'on lui réponde, ou encore un enfant qui pressent que son statut de « bébé » convient mieux aux adultes qui l'entourent. En tout état de cause, au-delà de 4 ans, les enfants posent peu de questions directes. Derrière la question : « Où j'étais, moi, avant de naître ? », on peut entendre une invitation à expliquer la grossesse. Pour ce qui est du rôle du père dans la fabrication des bébés, cela peut passer par : « Dylan, qui est dans ma classe, il n'a pas de Papa... ? » Celui qui demande s'il aura des enfants quand il sera grand, a sûrement envie d'en savoir plus sur la conception d'un bébé...

Il n'est pas rare que les interrogations de l'enfant surviennent dans des moments d'intimité : au moment du bain, au moment du coucher. Ces interrogations ne sont pas toujours formulées avec des mots : parfois l'enfant regarde ou touche son sexe, ce qui est aussi une manière de questionner.

Réponses d'adultes

Pour toute question, il existe à chaque âge une réponse adaptée. Il ne s'agit évidemment pas d'asséner des explications anatomiques précises à un jeune enfant sur un sujet qui requiert une certaine délicatesse… Il faut donc veiller à ne pas être trop intrusif en donnant un excès d'informations : cheminer avec l'enfant, à son rythme, en l'autorisant à poser et se poser toutes les questions qu'il souhaite.

Les mots employés gagnent à être simples, et de multiples livres sur le sujet constituent de bons supports si l'on se sent démuni.

Tout d'abord, il convient d'énoncer ou de re-énoncer la différence : « Tu sais Vanina, les filles, ce n'est pas pareil que les garçons. »

Si l'enfant questionne, on peut poursuivre. On peut aussi choisir d'attendre un peu, voir ce qu'il fait de cette information. Mais s'il ne formule aucune question, il importe de revenir vers lui : « Les filles, c'est différent des garçons. Les filles et les garçons ne sont pas faits pareil. C'est parce que les filles vont devenir des mamans, et les garçons des papas. Les filles ont une zézette, avec un appareil à fabriquer les bébés qui est caché dedans. Les garçons ont un zizi, qui ressemble à un petit tuyau. »

Le temps passant, les questions de l'enfant aidant – ou pas –, il faut être plus précis, car le fait que dans la même zone se situent l'appareil à faire les bébés, la sortie du pipi et celle du caca, est source de nombreuses confusions, voire d'angoisses pour les enfants, et conduit souvent à des constructions très fantaisistes sur l'art et la manière de fabriquer les bébés !

Précisons donc que dans la zézette de la petite fille, il y a une poche à bébé qui servira plus tard, quand il sera temps de devenir une maman ; il y a aussi un petit tuyau pour le pipi ; en revanche le caca ne sort pas par la zézette mais par les fesses.

Sous le zizi du garçon, il y a deux petites boules, avec dedans des graines à bébé qui serviront plus tard, quand il sera temps de devenir un papa ; par le petit tuyau du zizi peuvent sortir le pipi, et les graines pour fabriquer les bébés quand on est grand ; c'est le même tuyau, mais ils ne sortent jamais en même temps.

Fantasmes et fantaisies…

Entre 3 et 6 ans, différentes angoisses peuvent animer filles et garçons autour de la question sexuelle.

Les filles peuvent être inquiètes de ne pas avoir de zizi, c'est-à-dire de ne pas avoir *quelque chose qui se voit.* L'auraient-elles perdu ? Toutefois, cette inquiétude semble moins prégnante depuis que l'on définit le sexe des petites filles en positif par ce qu'elles ont, c'est-à-dire une zézette, et non en négatif par ce qu'elles n'ont pas, à savoir un zizi.

Les garçons, quant à eux, peuvent se troubler de ce sexe qui change de volume et de consistance sans qu'ils n'y puissent rien, et craindre que cette partie d'eux-mêmes soit incontrôlable, et pourquoi pas qu'elle leur échappe, ou qu'elle s'envole. Ils peuvent aussi s'inquiéter de la petite taille de leur pénis par rapport à celui de leur père : pour les enfants, tout est toujours beaucoup plus merveilleux chez leurs parents, donc le grand est mieux que le petit…

Des mots simples suffisent à rassurer les enfants :

– « Tu n'as pas de zizi parce que tu as une zézette. On ne peut pas avoir les deux, on est soit fille, soit garçon. Ton sexe à toi est caché à l'intérieur de ton ventre. »

– « Non, ton zizi ne peut pas s'envoler : il est une partie de toi. »

– « Ton zizi va grandir en même temps que toi. Quand tu seras grand comme Papa, il sera gros comme celui de Papa. »

Les petites filles n'épousent pas leur papa ni les garçons leur maman… Ou comment la différence sexuelle structure le rapport au monde

La découverte de la différence sexuelle est la fin d'une illusion.[21] Elle implique un renoncement majeur, à savoir que l'on est fille *ou* garçon, et pas les deux à la fois. La différence des sexes est une limite inscrite dans le corps, et validée par les parents et par la société dans son ensemble. Amenant l'enfant à reconnaître son appartenance à un seul sexe, elle marque la fin du « tout est possible ».

Différence sexuelle et lois sociales

À partir de là, l'enfant entre dans la phase dite œdipienne. Les portes de la socialisation s'ouvrent, et il se frotte aux lois sociales de sa future génitalité : on ne peut pas se marier avec son papa ni avec sa maman, le choix d'un(e) amoureux(se) se fait en dehors de la famille. Ces lois sont protectrices, elles viennent border le désir, et il est fondamental de les énoncer. Ainsi, à 3 ans, filles et garçons doivent entendre qu'ils n'épouseront pas leurs parents…

21. Françoise Dolto l'appelle la « castration primaire » : *L'image inconsciente du corps*, (1984), Paris, Seuil.

Il est fréquent qu'un petit garçon ou une petite fille dise : « Quand je serai grand(e), je me marierai avec Maman/Papa ! », et généralement cela fait rire les adultes. La réflexion a beau être un grand classique, elle n'en demeure pas moins charmante ! Pourtant, pour l'enfant, ce n'est pas seulement un trait d'humour enjôleur, c'est de son désir dont il parle, et il serait à la fois mensonger et déstructurant de ne pas rétablir là le cadre de la réalité. « Ça, c'est impossible, Ulysse ! Tu ne pourras pas épouser Maman car elle est déjà mariée avec Papa. Tu as le droit de l'aimer très fort, mais elle n'est pas ton amoureuse. Quand tu seras grand, tu rencontreras toi aussi quelqu'un dont tu seras amoureux, et avec qui tu pourras te marier. »

Constitution de l'identité sexuée

Mais découvrir la différence des sexes et reconnaître son appartenance à un seul sexe n'est pas seulement un renoncement. C'est également un point d'appui narcissique pour l'enfant, car cela l'assure de son identité sexuée.

À la question « Doit-on élever différemment filles et garçons ? », Françoise Dolto répondait : *« Ils s'élèveront d'eux-mêmes différemment. Pour des raisons biologiques, ils n'ont pas les mêmes modalités d'appréhension du monde. Ce qu'il faut, par contre, c'est très tôt faire référence à leur différence sexuelle, les rendre fiers chacun de leur sexe. Mais s'il s'agit de savoir quels jouets leur donner ou quelles tâches leur confier à la maison, aucune différence (…). »*[22]

L'appartenance sexuelle structure également l'image du corps, qui devient *« consciemment celle qui doit s'accorder dans la réalité à un corps qui sera plus tard celui d'une femme ou celui d'un homme. »*[23]

22. Françoise Dolto, (1994), *Les étapes majeures de l'enfance*, Paris, Gallimard.
23. Françoise Dolto, (1984), *L'image inconsciente du corps*, Paris, Seuil.

Différence sexuelle et sentiment de pudeur

La découverte de la différence sexuelle amène aussi l'apparition du sentiment de pudeur. Jusqu'à l'âge de 2 ou 3 ans, les petits sont indifférents à leur nudité : ils se déshabillent spontanément à la plage, peuvent refuser de mettre un maillot ; ils ne sont pas gênés si quelqu'un les voit nus ou s'ils voient une personne nue. Puis, nous l'avons vu, l'enfant prend conscience d'appartenir à l'un ou l'autre sexe, il note la différence anatomique entre fille et garçon. À ce moment-là ou plus tard, en fonction de la personnalité de l'enfant et du contexte de vie, un sentiment de pudeur commence à se manifester : l'enfant éprouve alors de la gêne à être vu nu ou à voir les autres nus. Ce sentiment est toujours à respecter. Corps et émotions sont indissociables et, selon l'expression consacrée, il sera difficile d'apprendre à un enfant que *son corps lui appartient* si l'on ne respecte pas son souhait de s'habiller ou de se déshabiller à l'abri des regards. C'est donc aussi l'âge où l'on peut lui expliquer, en effet, que personne n'a le droit de toucher ou de regarder son corps s'il n'est pas d'accord.

Dis Maman, dis Papa, comment on fait les bébés ?

C'est souvent à partir de 4 ans, une fois que l'enfant s'est approprié la différence sexuelle, qu'il se pose des questions sur la conception. Cela peut venir en observant la vie des animaux (la chatte de la voisine a eu une portée de chatons), ou à l'occasion de l'annonce de l'arrivée prochaine d'un petit frère ou d'une petite sœur, dans sa famille ou dans celle de son meilleur copain.

Tous les parents savent que la question va inévitablement surgir, et pourtant elle arrive toujours par surprise, créant un effet de sidération, et occasionnant des réponses embarrassées, souvent rapides, simplistes ou confuses… Il y a quelques années, une publicité pour une marque de lait montrait ainsi un petit garçon demandant à son père : « Papa, c'est quoi cette bouteille de lait ? » Devant l'absence de réponse du père plongé dans la lecture de son journal, l'enfant insistait, répétait sa question, puis finissait par lâcher la phrase magique, celle qui suscite toujours une réaction : « Dis Papa, comment on fait les bébés ? » Le père fermait alors brutalement son quotidien et se lançait dans une grande explication sur… la bouteille de lait !

Pourquoi cette gêne ? Parce que nous imaginons toujours qu'il va falloir expliquer ce qu'est un rapport sexuel, quand ce qui intéresse l'enfant est avant tout l'origine de son existence ! Ainsi, il ne faut pas se méprendre sur l'attente de notre petit interlocuteur, et s'il est essentiel de donner des informations justes et non de raconter des fables, il est tout aussi important de ne pas être dans un souci de précision anatomique.

Expliquer comment se fabriquent les bébés est avant tout l'occasion de repréciser la différence entre les sexes, la complémentarité nécessaire entre un homme et une femme pour fabriquer un enfant. Il est aussi question de l'ordre générationnel : on fabrique des bébés lorsque l'on est adulte. Enfin, il convient de ne pas oublier la dimension émotionnelle de la chose : fabriquer un bébé, c'est le plus souvent une histoire d'amour !

Là encore, les mots doivent être simples, compréhensibles, et le discours suffisamment ramassé pour que l'enfant n'en perde pas le fil. Il n'est jamais obligatoire de donner la totalité de l'information en une seule fois. Poser quelques éléments, proposer à l'enfant de questionner comme il le souhaite et quand il le souhaite, est une manière d'ouvrir un dialogue qui se poursuivra longtemps, sur ce sujet comme sur d'autres. On peut donc procéder par étapes sur la vaste question de la conception des bébés, au gré des interrogations de l'enfant et suivant leur précision, au gré de lectures… Voici quelques questions que les tout-petits posent ou se posent, et quelques pistes pour y répondre.

Mon copain Victor, il n'a pas de papa ! Sa maman l'a fabriqué toute seule ?

Voici une belle occasion d'énoncer à nouveau la différence sexuelle et de préciser le rôle de chacun, père et mère.

« Tu te souviens, Vanina, que les filles et les garçons, les mamans et les papas ne sont pas faits pareil. Pour fabriquer un bébé, il faut d'abord que deux personnes s'aiment très fort, et qu'ils aient envie de faire une famille ensemble. Ensuite, il faut toujours un papa et une maman, qui donnent chacun une petite graine à bébé. »

Est-ce que moi aussi je peux faire un bébé ?

La dimension générationnelle est fondamentale à introduire : « Il faut être adulte pour fabriquer un bébé. Les enfants ne peuvent pas faire de bébés. Ils peuvent être amoureux entre eux : ils jouent ensemble, parfois ils se font des bisous. Mais quand deux adultes s'aiment, c'est différent. Ils peuvent s'embrasser et se faire des câlins de grands amoureux. Et ils ont parfois envie de faire une famille ensemble, d'avoir des enfants. »

Comment la graine de Papa rencontre-t-elle la graine de Maman ?

« Le papa a ses graines à fabriquer les bébés dans deux petites boules en dessous de son zizi. La maman a ses graines à fabriquer les bébés dans son ventre. Les graines à bébé du papa sortent par le petit tuyau du zizi. Lorsque le papa et la maman s'aiment beaucoup, ils peuvent se faire un gros câlin. Avec son zizi, le papa met une graine dans la zézette de la maman. Ensuite la petite graine du papa va voyager dans le ventre de la maman pour rencontrer sa petite graine à elle. »

Comment les petites graines se transforment-elles en bébé ?

« Quand la graine du papa rencontre la graine de la maman, cela forme un petit œuf. Et tout doucement le petit œuf grossit pour devenir un bébé. C'est un peu comme les graines que tu plantes dans la terre et qui se transforment en fleur. Le bébé habite dans la poche à bébé de la maman, jusqu'à ce qu'il soit assez grand pour sortir. Tout ce que la maman mange sert à le nourrir pour qu'il grandisse. »

Comment le bébé sort-il du ventre de la maman ?

« Quand le bébé est assez grand et fort, il y a une petite porte qui s'ouvre dans la zézette de la maman pour le laisser sortir. Le moment où le bébé sort du ventre de la maman s'appelle la naissance, et cela demande beaucoup d'efforts à la maman et au bébé. C'est un moment très important, et le papa et la maman sont très contents de faire connaissance avec leur bébé ! »

Les tout-petits ont souvent besoin de s'assurer que c'est bien ainsi qu'ils sont nés : « Alors moi aussi je suis arrivé comme ça ? » Eh oui, toi aussi ! Mais parfois l'enfant est né par césarienne, et on peut alors le lui préciser. « Pour toi, c'était un peu différent, parce que la porte ne s'ouvrait pas bien. Alors le docteur a fait un petit trou dans le ventre de Maman pour te faire sortir, et ensuite il l'a refermé. Et nous avons vu un bébé magnifique : c'était Vanina ! »

À lire avec les enfants…

Filles et garçons, (2007), de Catherine Dolto et Colline Faure-Poirée, illustré par Frédérick Mansot, Paris, Gallimard Jeunesse.

L'Encyclo de la vie sexuelle 4-6 ans, (2008), de Isabelle Fougère, Paris, Hachette Jeunesse.

Comment te dire…
… d'où tu viens

Helena et Kamel sont les parents de Iannis, 5 ans, et Jalil, 3 ans. Iannis a été adopté à l'âge de 4 mois en Lettonie, démarche engagée dans les suites du diagnostic d'une stérilité de couple. Situation curieusement fréquente, Helena est tombée enceinte de Jalil six mois plus tard… Alors que le couple parlait tout d'abord librement de l'adoption de Iannis, la grossesse d'Helena est venue compromettre ce mouvement initial. À la fois surpris et ravis, Helena et Kamel ont aussitôt craint que la naissance de Jalil ne mobilise une attention et une énergie qu'ils étaient tout entiers prêts à donner à Iannis, et que celui-ci ne soit pas accueilli dans les conditions initialement prévues, à savoir comme un enfant unique et très longtemps attendu. Ceci les a poussés à développer une vigilance particulière visant à faire bénéficier leurs deux enfants d'un traitement strictement équivalent. Toute allusion à l'adoption de Iannis a ainsi été gommée du discours familial.

Aujourd'hui toutefois, Helena et Kamel se questionnent. Iannis grandit, toute la famille sait, et qui plus est ses cheveux blonds, ses pommettes saillantes et ses yeux bleus tranchent avec la peau mate et la chevelure brune de son entourage. Ils voudraient savoir comment expliquer à Iannis d'où il vient…

Imaginons une maison. Des murs impeccablement dressés, un toit flambant neuf, des volets fraîchement peints, des fleurs aux balustrades des fenêtres. C'est une très jolie maison. Seulement voilà, elle a été posée à même le sol : elle n'a pas de fondations. Elle est ainsi comme la maison de paille du conte des *Trois petits cochons*, et à la première intempérie, elle se trouvera soufflée. Un enfant à qui l'on n'explique pas d'où il vient est dans la même situation. Un être humain requiert aussi des fondations solides, et ces fondations sont la connaissance de son origine et l'inscription dans une généalogie familiale. Faute de cela, il se construit comme il peut, soumis aux événements de l'existence comme la maison de paille aux tempêtes météorologiques. La connaissance de notre origine, quelle qu'elle soit, est la première pierre de notre histoire de vie : elle nous est due, sinon sur quoi se construire ?

Il y eut des temps où les choses étaient sans doute un peu plus simples qu'aujourd'hui. Les enfants nés hors mariage constituaient la principale source de secrets autour des origines. De nos jours, la diversité des configurations familiales, la multiplicité des méthodes de procréation médicalement assistée, l'élargissement des possibilités d'adoption font que beaucoup d'enfants sont éduqués par des parents dont l'un ou les deux ne sont pas leurs géniteurs. Et la complexité de toutes ces situations peut mener à des explications sommaires, simplificatrices ou fantaisistes. Ce peut être parce que les parents ne trouvent pas les mots, ou parce qu'ils jugent leurs enfants trop jeunes pour savoir ou comprendre. Or la construction psychique d'un être humain commence dès la naissance, et même avant si l'on considère que l'histoire familiale fonde déjà pour une part ce que nous sommes. C'est donc très tôt que la première pierre, celle de l'origine, doit être posée. Mais parfois, la difficulté à expliquer clairement son origine à un enfant vient de sentiments divers : l'angoisse de réactualiser des souffrances passées ou de peiner un enfant, la honte dans le cas d'une stérilité de couple, la crainte que l'enfant ne puisse pas investir sa famille adoptive dans le cas d'une adoption.

Dans le chapitre précédent, nous avons abordé la manière de parler de la différence des sexes et de la fabrication des bébés. Une fois ces éléments posés, la question qui devient importante pour l'enfant c'est comment il a été conçu, lui. Cette question n'est pas une question technique : l'enfant n'a pour l'instant que faire de savoir ce qu'est une relation sexuelle. Ce dont il a besoin, c'est de comprendre dans quelle filiation il se situe, et quelle place il occupe dans la généalogie familiale.

L'origine : les fondations de l'enfant en construction

Prenons l'image d'un enfant comme un être en construction. On peut dire que cette construction se soutient de trois piliers.

1) Le pilier biologique : ce sont les parents biologiques de l'enfant, forcément de sexe différent, auxquels pourrait être ajouté le nid dans lequel s'est développé l'enfant si la Gestation Pour Autrui (GPA) venait à être légalisée.

2) Le pilier administratif : c'est le statut légal de l'enfant dans la société civile. Les documents qui attestent du statut légal de l'enfant sont l'acte de naissance et le livret de famille. Ils désignent les responsables légaux de l'enfant, qui ne sont pas nécessairement ses géniteurs. L'enfant porte le nom de celui qui l'a reconnu et qui est légalement son père, et/ou le nom de celle qui est légalement sa mère suivant les situations et les familles.

3) Le pilier éducatif : c'est l'environnement dans lequel évolue l'enfant, les personnes qui assurent son éducation. Dans la situation la plus ordinaire, un enfant est élevé par ses parents biologiques, qui sont également ses responsables légaux. Mais aujourd'hui, les configurations sont beaucoup plus diverses. Il peut s'agir d'une famille monoparentale (l'enfant est élevé par un seul parent, biologique ou non), ou bien d'une famille recomposée (l'enfant est élevé par un parent biologique et le/la conjoint(e) de celui-ci), ou bien encore d'une famille homoparentale (l'enfant est élevé par deux parents de même sexe, dont l'un peut-être aussi un parent biologique), ou enfin d'une famille adoptive (l'enfant a été adopté, et il est élevé par un ou deux parents, de même sexe ou de sexe différent, qui ne sont pas ses parents biologiques).

Ces trois piliers qui soutiennent la construction d'un enfant s'enracinent eux-mêmes dans les lignées généalogiques qui les fondent : les parents biologiques, administratifs et éducatifs sont tous issus d'une histoire et d'une organisation familiale spécifique.

Si l'enfant ne sait sur quels piliers s'appuyer, et si ces piliers ne sont pas eux-mêmes enracinés par leurs propres lignées, alors la construction est fragile. Pour chaque enfant, ce sont donc ces trois piliers qu'il convient méthodiquement de renseigner et, au-delà, leur inscription dans une lignée familiale plus vaste. Ainsi, à partir de 4 ou 5 ans, l'exploration des fondements de la construction grâce à un arbre généalogique simplifié est un support ludique et imagé pour permettre aux jeunes enfants de comprendre la succession des générations et se situer dans celle-ci.

Cette métaphore de la maison en construction se soutenant de ses trois piliers et de leurs racines peut servir de base pour décliner les diverses configurations familiales, à savoir les familles dites « traditionnelles », les familles monoparentales, les familles recomposées et les familles adoptives. Mais de nos jours, avec l'élargissement et la diversification des méthodes de procréation médicalement assistée, et avec l'accès à la parentalité des familles homosexuelles, il arrive que les choses se compliquent quelque peu ! Ces situations seront traitées dans le chapitre suivant.

Les familles dites « traditionnelles »

Dans la situation la plus ordinaire, que l'on peut résumer par l'équation « un père biologique + une mère biologique = un enfant biologique », la chose paraît entendue. Parents biologiques, administratifs et éducatifs sont confondus.

Mais au-delà, il est toujours important que l'enfant puisse se situer dans la constellation familiale. L'inscription généalogique d'un enfant ne se fait pas toute seule : c'est une donnée culturelle. C'est aux parents, aux grands-parents et à tous les membres de la famille d'en faire le récit. Les enfants adorent les histoires : pourquoi ne pas troquer de temps à autre l'histoire de *Petit Ours Brun* par celle du grand-père Pedro qui a grandi à Madrid ou celle de la tante Émilie qui se faisait passer pour sa sœur jumelle (et vice versa !). Raconter en images, c'est encore mieux, sinon pourquoi les livres pour enfants seraient-ils illustrés ? L'album de photos familiales est un excellent support pour montrer au tout-petit sa mamie lorsqu'elle avait 20 ans et faisait ses études d'infirmière, ou encore son papa sur la photo de classe de l'école maternelle. L'enfant prend ainsi conscience du temps, de la succession des âges, même s'il est évidemment trop tôt pour qu'il en prenne toute la mesure.

La construction d'un arbre généalogique est également un moment important. Ce peut être dès 4 ans pour certains enfants, ou plus tard pour d'autres, selon leur niveau de maturité. Il s'agit à ce stade d'un arbre généalogique simple, situant les trois générations enfants / parents / grands-parents, et faisant apparaître aussi les personnes décédées quand il y en a. L'enfant visualise ainsi que chacun a – ou a eu – un père et une mère, quand bien même certains membres de la famille ont disparu ou se sont éloignés. Et surtout, il se situe lui-même dans l'ordre générationnel, au moins sur un mode imagé. L'afficher dans la chambre permet à l'enfant de vivre avec les membres de sa famille, et de poser des questions à leur propos à l'envi.

Les familles monoparentales

Une famille monoparentale est une famille constituée par un adulte et au moins un enfant.

Selon les données de l'Institut National de la Statistique et des Études Économiques (INSEE), les familles monoparentales représenteraient une famille sur cinq en France. Bien que recouvrant une grande diversité de situations, la monoparentalité résulte aujourd'hui bien plus souvent d'histoires familiales marquées par des ruptures conjugales ou des séparations que par des situations de veuvage, ce qui vient en renforcer la féminisation. Près de 90 % des familles monoparentales reposent en effet sur une mère ayant un ou plusieurs enfants à charge exclusive.

Pour un enfant grandissant dans une famille monoparentale, il est important de lui donner les éléments lui permettant de répondre aux questions suivantes :

1) Qui sont mes parents biologiques (ou de naissance) ?

2) Qui m'a donné mon nom et qui est responsable de moi ?

3) Qui s'occupe de mon éducation ?

4) Quelle est ma famille ?

Monoparentalité dans le cadre d'un célibat

Cette situation choisie ou subie recouvre l'ensemble des mères qui n'ont jamais vécu avec le père de leur enfant. Très souvent, celui-ci n'a pas reconnu l'enfant ; parfois il n'a même pas eu connaissance de la grossesse. L'enfant porte généralement le nom de sa mère. Il peut arriver cependant que des liens sporadiques existent avec le père, qui se manifeste de temps à autre et est alors connu de l'enfant.

Dans ce type de situations, il n'est pas rare que les mères ne parlent pas du père, soit par rancœur, soit parce qu'elles craignent de peiner l'enfant, soit parce qu'en effet il est à ce point inexistant que dans leur fantasme… il n'existe tout simplement plus ! Pour autant, tout enfant est biologiquement issu de l'union d'un homme et d'une femme, et il est fondamental de donner à cette dimension la place qui lui revient, sans quoi l'enfant pourrait vivre dans l'idée que sa mère l'a engendré seule, dans une forme de toute-puissance où un homme n'avait pas sa place.

Il est donc particulièrement important de dire à l'enfant qu'il a un père, car tout le monde en a un : c'est le pilier biologique de la construction. Nommer ce père, dire où il est quand on le sait, montrer des photos quand elles existent, tout ceci permettra à l'enfant de mieux le situer, de le personnifier.

On ne gagne jamais rien à dresser du père d'un enfant un portrait qui ne comporte aucun élément positif. L'enfant peut en déduire que lui-même ne vaut pas grand-chose, puisqu'il est né d'un homme qui ne vaut rien. Il ne s'agit pas d'idéaliser une figure qui n'a pas lieu de l'être, mais de veiller à souligner tous les aspects valorisants car il y en a toujours. Par exemple, si son père a été heureux de l'annonce de la grossesse, il est bon de le signaler à l'enfant, de même s'il a contribué à choisir son prénom, ou bien sûr s'il l'a reconnu. On peut aussi valoriser le père à travers l'enfant : « Ton père a su fabriquer un petit garçon / une petite fille magnifique ! ».

Enfin, il convient toujours de déculpabiliser l'enfant, de lui signifier qu'il n'est pas responsable de l'absence de son père, et ce dès le plus jeune âge. « Ton père est parti avant ta naissance. Ce n'est pas à cause de toi. Nous avons eu la chance d'avoir un enfant merveilleux, c'est toi, mais nous ne pouvions pas (ou nous n'avions pas envie) de vivre ensemble. » Plus tard, quand l'enfant sera plus grand, il reviendra avec d'autres questions, aura peut-être envie d'en savoir plus, et ce d'autant qu'il percevra que le dialogue est ouvert, possible à ce propos.

À partir de 4 ou 5 ans, un enfant dans cette situation demandera aussi probablement s'il pourrait voir son père. Si celui-ci n'a jamais donné aucune nouvelle, mieux vaut ne pas entretenir un espoir qui pourrait être déçu, et parler clairement à ce sujet :

« Nous n'avons plus de nouvelles depuis longtemps. Je ne pense pas que ton père reviendra nous voir. »

Monoparentalité dans le cadre d'un divorce ou d'une séparation

Dans le cas d'un divorce ou d'une séparation, si les liens avec les deux parents sont maintenus et réguliers dans le cadre d'une garde partagée ou alternée, alors on ne peut pas parler de famille monoparentale. Même si chaque parent vit seul avec son enfant, ils en assument la responsabilité à deux. En effet, un homme et une femme qui ne forment plus un couple au sens conjugal du terme, demeurent en théorie un couple parental…

Il arrive pourtant que dans les suites d'une séparation, le couple parental se délite aussi. Les liens avec l'un des deux parents – le plus souvent le père – deviennent alors sporadiques, voire inexistants. En ce cas, on se retrouve dans la situation précédemment abordée, avec cependant plus d'éléments pour évoquer auprès de l'enfant la figure paternelle. En effet, l'enfant a alors connu son père, et il convient de continuer à le faire vivre malgré son absence. Maintenir les liens avec la famille du parent absent chaque fois que possible peut constituer une aide précieuse, et permettre à l'enfant d'entendre un autre discours sur son père que celui de sa mère. L'écueil à éviter est bien sûr de ternir l'image de ce père du fait du ressentiment que la mère peut avoir à son égard. Il vaut évidemment mieux dire à un tout-petit : « Ton père t'aime beaucoup, mais il ne vient pas te voir car lui et moi sommes très fâchés l'un contre l'autre », plutôt que de lancer à l'enfant que son père est un moins que rien qui ne vient même plus lui rendre visite !

Monoparentalité dans le cadre d'un veuvage

En France, 7 % des mères et 11 % des pères élevant seuls leur(s) enfant(s) sont veufs.

L'un des derniers chapitres du livre est consacré à la manière de parler de la mort et de ses circonstances à un tout-petit, et complète largement ce qui est écrit ici.

Dans tous les cas, il est indispensable de signifier à l'enfant que son parent est absent parce qu'il est mort. Il n'est pas « parti », il n'est pas « en voyage ». Les images et les métaphores sont sources de fantasmes et de confusions.

Un parent décédé est souvent hyper présent dans la vie d'un enfant, à la différence des parents ayant déserté leur fonction parentale. Il n'est pas rare que son image soit magnifiée, idéalisée. Il existe dans le discours, sur les photos. Les liens avec la famille du parent décédé peuvent être forts, l'enfant étant alors investi comme la partie vivante de la personne décédée.

L'arbre généalogique, qui permet de représenter les membres décédés de la famille par un code (cadre ou couleur différente par exemple), peut constituer un bon support pour permettre à l'enfant de prendre conscience de la place occupée par son parent dans la généalogie familiale et dans sa propre histoire, au-delà de la mort.

Les familles recomposées

La recomposition familiale fait suite à un célibat ou à une séparation. L'enfant vit alors avec des parents éducatifs distincts de ses parents biologiques et administratifs, et parfois multiples (il peut y avoir une recomposition familiale à la fois du côté paternel et du côté maternel, ou plusieurs recompositions familiales successives dans le temps).

La recomposition familiale affecte aussi la famille élargie : un enfant peut se retrouver avec huit « grands-parents », voir se multiplier le nombre de ses cousins, oncles ou tantes, vivre avec des quasi-frères ou sœurs lorsque le nouveau conjoint / la nouvelle conjointe a également des enfants…[24] Pour un tout jeune enfant, il est souvent bien difficile de s'y retrouver, et les adultes doivent veiller à clarifier au maximum la situation pour éviter de favoriser chez l'enfant un flottement identitaire.

Une fois reprécisé que l'enfant n'a qu'une seule maman et un seul papa, qu'ils sont sa maman et son papa pour la vie, soyons attentifs à la manière dont il va nommer les nouvelles personnes entrant dans sa constellation familiale. C'est un repère fondamental : il n'est pas anodin pour un jeune enfant d'appeler son beau-père « Papa », et le laisser s'installer dans cette confusion lui sera préjudiciable, sans compter la mise à mal de la susceptibilité paternelle ! Le plus simple est que le compagnon de la mère ou la compagne du père soient appelés par leur prénom, ou par un surnom qui ne prête pas à confusion. De même, les grands-parents offerts à l'enfant par cette nouvelle donne familiale ne pourront pas être appelés comme les « vrais » grands-parents.

Ainsi, dans les familles recomposées, il est très important de distinguer :

1) la parentalité biologique (père et mère *de naissance*) ;

2) la parentalité administrative : « Tu portes le nom de ton père, et non celui de ton beau-père Christian, et ce sont ta maman et ton papa qui sont responsables de toi, même si Christian s'occupe beaucoup de toi tous les jours. » ;

3) la parentalité éducative : « Tu es éduqué par ton père et ta mère, mais aussi par Christian, qui est le mari de ta mère, et qui habite dans la même maison que toi. ».

---

24. Pour un enfant donné, on appelle « demi-frère » et « demi-sœur » les enfants issus de l'union de l'un de ses deux parents biologiques avec un nouveau / une nouvelle conjoint(e). Tandis qu'on appelle « quasi-frère » et « quasi-sœur » les enfants du conjoint de la mère, ou ceux de la conjointe du père (donc sans lien biologique avec l'enfant considéré).

Malgré tout l'enthousiasme que peut susciter une recomposition familiale réussie, dans laquelle l'enfant considère ses quasi-frères et sœurs comme ses frères et sœurs biologiques, répétons qu'il est important que l'enfant puisse se constituer des repères solides. « Tu peux dire que Benoît est *comme ton frère,* mais il n'est pas ton frère. C'est le fils de Christian. Ce n'est pas l'enfant de ton papa ni de ta maman. Mais bien sûr tu peux l'aimer aussi fort que tu veux. » En effet, si l'enfant considère Benoît comme son frère – et non comme ce qu'il est en réalité, à savoir ce que l'on appelle un « quasi-frère » – alors Benoît et lui ont les mêmes parents. Si Benoît et lui ont les mêmes parents, alors Christian est son père – et non son beau-père. Préciser les choses d'un côté, et laisser gagner l'imprécision de l'autre, c'est faire la part belle à la confusion. Il est fondamental pour le tout-petit d'apprendre à situer qui est qui dans son environnement familial.

Là encore, l'arbre généalogique constitue rapidement un soutien précieux. En utilisant des couleurs distinctes pour chaque branche familiale, l'enfant peut visualiser sa propre place dans ce panorama élargi.

Les familles adoptives

Près de cinq mille enfants sont adoptés chaque année en France. L'adoption a longtemps constitué une source classique de secret sur les origines. Le travail des professionnels spécialisés accompagnant les couples candidats à l'adoption a beaucoup contribué à faire circuler la parole dans les familles concernées. Aujourd'hui, il est marginal de rencontrer un enfant tenu dans le secret de son adoption, même si cela peut encore arriver. Mais ce n'est pas parce que la question est presque systématiquement abordée qu'elle ne suscite pas de multiples interrogations, pour les enfants comme pour les parents.

Quand te dire que tu as été adopté(e) ?

À une maman qui demandait quand dire à sa petite fille qu'elle avait été adoptée, Françoise Dolto répondait ainsi : « *Je crois que c'est une mauvaise question, en ce sens que cela ne doit jamais être caché. Quand la mère parle avec ses amis, ses amis savent que c'est une enfant adoptée, et son père, bien sûr, le sait aussi (...). Je crois que l'important, c'est que, souvent, la mère dise à la cantonade ou à ses amis : "Quelle joie pour nous d'avoir cette petite, nous qui ne pouvions pas avoir d'enfant (...)." La petite entendra toujours.* »[25]

C'est en effet une très bonne chose que la parole circule librement sur le sujet, au sein de la famille, avec les proches. Ainsi, l'enfant en saisit évidemment quelque chose, et de plus il ne conçoit pas cette question comme délicate : il peut alors se sentir libre de l'aborder avec ses parents.

Chez tout enfant aux alentours de 3 ou 4 ans vient la question sur la conception des bébés. Ce qui le taraude en réalité est de savoir où il était, lui, avant d'être né...

Comment te dire que tu as été adopté(e) ?

Si la parole a toujours circulé librement à ce sujet, il est très simple de répondre à la question de l'enfant sur son origine. Ainsi poursuivait Françoise Dolto : « *Mais tu le sais bien, on en parle souvent à la maison ! Je dis toujours que, moi, je ne t'ai pas portée dans mon ventre. Tu as eu une maman qui t'a conçue avec un monsieur qu'elle aimait, tu as poussé dans son ventre et elle t'a mise au monde. C'est ta mère de naissance. Elle t'a faite très belle, mais elle ne pouvait pas te garder. Comme elle ne pouvait pas te garder, elle a cherché un papa et une maman qui pourraient t'élever, et c'est nous qui avons été choisis.* »[26]

---

25. Françoise Dolto, (2007), *Lorsque l'enfant paraît,* Tome 1, Paris, Seuil, Coll. Points Essais.
26. *Ibid.*

Plus tard, peu à peu, l'enfant posera bien sûr d'autres questions. Il demandera sûrement où est sa maman de naissance. Il faudra alors préciser dans quel pays, dans quelle ville, regarder une carte du monde, des photos. Et il toujours fondamental pour un enfant d'entendre que ses parents biologiques l'ont beaucoup aimé, mais qu'ils n'ont pas pu le garder.

Questionner son origine, c'est organiser son monde intérieur. Il n'existe pas de réponse toute faite aux interrogations d'un enfant : l'important est de pouvoir les entendre, les accueillir, et de cheminer ainsi avec lui vers l'appropriation de son histoire personnelle et familiale.

À lire avec les enfants…

Vivre seul avec papa ou maman, (2006), de Catherine Dolto et Colline Faure-Poirée, illustré par Frédérick Mansot, Paris, Gallimard Jeunesse.

Camille veut une nouvelle famille, (2013), de Yann Walcker, illustré par Mylène Rigaudie, Paris, Auzou.

Barnabé a été adopté, (2005), de Ophélie Texier, Paris, L'École des Loisirs.

Comment te dire…
… d'où tu viens (bis) :
quand ça se complique !

Anissa est âgée de 5 ans lorsqu'elle vient me consulter pour la première fois avec « ses deux mamans ». Son enseignante de maternelle la trouve agitée, papillonnant beaucoup sans pouvoir se fixer sur une quelconque activité.

Anissa est née d'une insémination artificielle avec donneur anonyme effectuée en Belgique. Brigitte et Nadia, « ses deux mamans », se sont rencontrées quelques années auparavant. C'est Brigitte qui a porté Anissa. Anissa l'appelle « Maman », tandis qu'elle appelle Nadia « Nana ».

Pour Anissa, il est un état de fait qu'elle a une maman et une « Nana », au même titre que d'autres ont une maman et un papa. Brigitte et Nadia disent en effet avoir expliqué à leur fille la situation de la manière suivante : elles se sont rencontrées, elles se sont aimées, elles ont souhaité avoir un enfant, et de cet amour est née Anissa… Jamais l'intervention du donneur anonyme n'a été évoquée.

Anissa sait parfaitement que pour faire un bébé, il faut un papa et une maman, le premier déposant une petite graine dans le ventre de la seconde. Mais elle a par ailleurs intégré que pour la fabriquer elle, il y a eu deux mamans... Anissa a bien essayé de clarifier les choses en demandant à Nadia si c'était elle qui avait mis la petite graine dans le ventre de sa maman. Celle-ci a répondu : « En quelque sorte… », phrase sibylline propre à entretenir la petite fille dans une certaine confusion !

Anissa possède ainsi deux informations contradictoires et, pour l'heure, elle a sans doute jugé plus simple de les faire coexister sans que la première interroge la seconde. Sans lier forcément les difficultés attentionnelles d'Anissa au trouble dans lequel pouvait la plonger ce roman de son origine, il semblait toutefois fondamental de pouvoir travailler cette question avec la petite fille et ses parents.

On parle beaucoup aujourd'hui des nouvelles constellations familiales créées par les multiples méthodes de procréation médicalement assistée, et par l'accès à la parentalité des couples homosexuels. Nous aborderons successivement ces deux problématiques dans lesquelles il importe d'être rigoureux pour donner aux enfants concernés toute l'information qui leur revient sur l'histoire de leur origine. Là encore, il ne s'agit pas d'expliquer aux tout-petits comment ils ont été *techniquement* conçus, mais de renseigner les trois piliers symboliques sur lesquels se fonde et se développe tout être en construction :

1) Le pilier biologique : qui a donné les « petites graines » pour me fabriquer ?

2) Le pilier administratif : qui m'a donné mon nom et qui est responsable de moi ?

3) Le pilier éducatif : qui m'éduque, qui s'occupe de moi au quotidien ?

La procréation médicalement assistée

Après le silence tenu des siècles durant sur les naissances issues de relations hors mariage, l'apparition des méthodes de procréation médicalement assistée a constitué une nouvelle source de secrets familiaux sur les origines.

Proposées en France aux couples stériles, mais aussi dans d'autres pays aux familles homoparentales[27], ces techniques

27. Notamment Belgique ou Espagne pour les pays les plus proches.

diverses déterminent un grand nombre de combinaisons possibles quant à l'origine d'un enfant.

À la recherche de la petite graine...

Rappelons que la conception d'un enfant suppose la rencontre entre un gamète féminin (l'ovocyte, la fameuse « graine à bébé » de la mère) et un gamète masculin (le spermatozoïde, « graine à bébé » du père). Suite à cette rencontre se forme un œuf, qui va s'implanter et se développer dans l'utérus d'une femme apte à l'accueillir.

Les stérilités de couple peuvent donc être schématiquement dues à un ou plusieurs des problèmes suivants :

1) un défaut quantitatif ou qualitatif de production des gamètes du côté de l'un et/ou de l'autre parent (le recours à un don anonyme de gamète peut être alors nécessaire) ;

2) des conditions défavorables à la rencontre des gamètes (le « transport » des gamètes dans l'appareil génital de la mère peut être perturbé pour diverses raisons) ;

3) une capacité d'accueil défaillante au niveau de l'utérus maternel, en raison d'une malformation par exemple (la légalisation de la Gestation Pour Autrui est notamment demandée en tant qu'elle pourrait constituer une solution pour ce type de stérilité).

Ce que la Procréation Médicalement Assistée (PMA) détermine dans l'origine d'un enfant

La PMA peut être à l'origine de situations très variées.

1) L'enfant peut être issu des gamètes de ses parents, dont la production ou la rencontre ou l'implantation ont pu être facilitées. Dans ce cas, ses parents biologiques sont identifiés. Ils sont

généralement confondus avec ses parents administratifs et éducatifs tant que la situation familiale est stable.

2) L'enfant peut être issu d'un ovocyte de sa mère et d'un spermatozoïde d'un donneur anonyme. Ceci répond aux cas de stérilité paternelle en France. Mais des couples de femmes, ou des femmes célibataires peuvent également avoir recours à des inséminations artificielles avec donneur anonyme dans des pays où ces pratiques sont légales, telles que la Belgique ou l'Espagne par exemple. Seule la mère biologique est alors identifiée. L'identité du père biologique (donneur anonyme) n'est pas connue dans l'état actuel de la législation.

Sur le plan administratif, dans le cas d'un couple hétérosexuel, l'enfant aura deux responsables légaux. Père biologique et administratif sont alors distincts, mais cela n'apparaît pas dans les documents officiels que sont l'acte de naissance et le livret de famille. C'est donc aux parents qu'il incombe de donner cette information à leur enfant. Dans le cas d'une femme célibataire ou d'un couple de femmes, l'enfant n'a qu'un seul responsable légal : la mère biologique.

Sur le plan éducatif, les situations sont variables selon les conditions de vie familiale, mais dans tous les cas le père biologique est absent des dimensions administratives et éducatives.

3) L'enfant peut être issu d'un spermatozoïde de son père et de l'ovocyte d'une donneuse anonyme. Ceci répond aux cas de stérilité maternelle en France. La situation est la même que précédemment mais du côté maternel : la mère biologique (donneuse anonyme) n'intervient ni dans la dimension administrative ni dans la dimension éducative.

4) L'enfant peut avoir été porté par sa mère mais être issu de la fécondation de gamètes donnés par deux donneurs anonymes, un homme et une femme. Ceci répond aux stérilités de couple dans lesquelles les deux parents présentent un défaut quantitatif

ou qualitatif de la production de leurs gamètes. Dans ce cas, les deux parents biologiques sont distincts des parents administratifs et éducatifs, et leur identité n'est pas connue.

5) Enfin, l'enfant peut ne pas avoir été porté par sa mère – celle qui va l'élever –, mais par une « mère porteuse ». C'est ce que l'on appelle la Gestation pour Autrui (GPA). Elle n'est pas légale en France, mais l'est dans certains pays étrangers tels que les États-Unis. Elle peut concerner des couples hétérosexuels chez lesquels existe une stérilité de la mère dite *stérilité implantatoire*, c'est-à-dire l'impossibilité pour une femme de porter un enfant du fait d'une malformation de l'utérus par exemple. Dans ce cas, l'enfant est généralement issu de la fécondation des gamètes de ses parents, sauf s'il s'agit d'une stérilité *à la fois implantatoire et anovulatoire* – c'est-à-dire une impossibilité pour l'œuf de se développer dans l'utérus de la mère *et* un défaut de production de gamètes ; dans cette dernière situation, il est fait appel à un don de gamètes. Mais des couples d'hommes peuvent aussi accéder à la parentalité par le biais de la GPA. L'enfant n'est alors habituellement pas issu du matériel génétique de la « mère porteuse », mais l'ovocyte – c'est-à-dire le gamète féminin – vient d'une donneuse. L'un des deux pères donne ses propres spermatozoïdes, et il est donc le père biologique de l'enfant.

Pourquoi est-il important d'en dire quelque chose à un jeune enfant ?

Beaucoup de couples hétérosexuels ayant recours à une PMA sont tentés de faire l'impasse sur le donneur anonyme lorsqu'il y en a un. En effet, l'identité n'en est pas connue, elle ne le sera jamais, son rôle est purement fonctionnel, il paraît donc plus simple de l'oublier.

Par ailleurs, la stérilité peut être source de honte ou d'humiliation pour le(s) parent(s) concerné(s), qui parfois n'en ont pas informé leur entourage. En parler à leur enfant, ce serait donc prendre le risque que celui-ci ne le claironne haut et fort !

La PMA est également un chemin difficile, jalonné de souffrance pour les parents ; ils peuvent souhaiter ne plus y penser une fois leur enfant né.

Enfin, le parent concerné par la stérilité et le don de gamète peut craindre de n'être plus considéré comme légitime par son enfant si celui-ci apprend qu'il n'est pas son géniteur (notamment dans le cas des pères, qui ne portent pas les bébés, et dont le rôle biologique tient tout entier dans l'apport de la « petite graine »). En un mot comme en dix, il a le fantasme que son enfant pourrait l'aimer moins…

Mais force est de constater que ce qui fait fonctionner la tête des parents fait aussi fonctionner celle de leurs enfants. Et tous les thérapeutes ont l'expérience de ces petits venus en consultation pour un symptôme quelconque, pour lesquels les parents ont confié qu'ils avaient été longtemps attendus et étaient finalement nés grâce à une fécondation *in vitro* avec un donneur anonyme. « Cela n'a bien sûr aucun lien avec le problème de concentration qui nous amène, mais nous tenons quand même à vous le signaler… » ajoutent-ils couramment. Et pourtant, c'est bien après un travail sur la connaissance de leur origine que le symptôme s'évanouit chez ces enfants !

Que l'un des deux parents n'ait pas pu donner ses propres gamètes est une information dont la révélation n'affecte d'aucune manière un enfant. Ce qui est important pour l'enfant, c'est qui l'a désiré, qui l'aime et qui s'occupe de lui. Et c'est aussi que ses parents lui fassent suffisamment confiance pour lui « parler vrai ». Comment imaginer que dans une relation aussi proche que celle d'un enfant avec son parent, il puisse être passé sous silence une information qui concerne l'origine même de cette relation ? C'est établir avec son enfant un lien fondé sur un mensonge, un mensonge qui ne quitte jamais la tête de l'adulte et affecte, qu'on le veuille ou non, tous les canaux de communication avec son enfant. Mais chaque fois que j'ai été amenée à accompagner des parents dans le fait de dire à leur enfant que l'un d'eux n'était pas son parent biologique en raison d'une stérilité, les parents s'en sont fait une montagne… et la montagne a accouché d'une souris ! À peine les enfants lèvent-ils un sourcil, et la vie continue, le même amour les animant les uns envers les autres. Pour autant l'information a été donnée, et la relation enfant-parents est ainsi posée sur des bases solides, claires et honnêtes.

À un tout jeune enfant, lorsque vers 4 ans il commence à se demander comment on fait les bébés, on peut expliquer le processus habituel, et lui préciser que dans son cas, c'était un peu différent… « Ton papa n'avait pas de “petite graine à bébé”, mais comme nous avions très envie de fabriquer un beau bébé comme toi, nous avons demandé au docteur de nous aider, et il nous a donné la petite graine à bébé d'un autre papa. Nous ne connaîtrons jamais ce monsieur qui a donné une graine, mais il nous a fait un très beau cadeau ! » La même explication peut être donnée lorsque l'ovocyte (c'est-à-dire le gamète féminin) provient d'une donneuse anonyme, ou lorsque les deux gamètes (féminin et masculin) ont été donnés anonymement. J'ai entendu des parents nommer les donneurs « Monsieur Graine », ou « Madame Graine », ou encore « la Bonne Fée »… Pour un enfant, il ne fait jamais aucun doute que ce qui fait le père ou la mère, ce n'est pas la graine ! C'est le désir de fonder une famille, l'amour, et tout le temps et l'énergie consacrés au quotidien.

Chez les enfants jeunes, avant 6 ans, il n'est pas utile et trop complexe d'entrer dans les détails des diverses méthodes dont il peut être issu. Mais lorsque l'enfant grandit, ses connaissances grandissent avec lui, notamment avec l'aide des enseignants, des livres et des petits journaux pour enfants. Il peut alors formuler des questions plus précises. Le livre de Serge Tisseron illustré par

Aurélie Guillerey, *Le Mystère des graines à bébé,* est un excellent support pour expliquer les diverses méthodes de Procréation Médicalement Assistée aux enfants de 6 à 10 ans : il précise notamment la différence entre insémination artificielle avec ou sans donneur, fécondation *in vitro,* transfert d'embryon, et balaye l'ensemble des techniques existantes.[28]

Les familles homoparentales

Aujourd'hui en France, la possibilité de fonder une famille n'est pas légalement reconnue aux couples homoparentaux. La légalisation du mariage pour tous va évidemment ouvrir ce débat, et peut-être la situation évoluera-t-elle dans les temps prochains. Néanmoins, en dehors de tout cadre légal, l'homoparentalité est une réalité sociale. En 2004 paraissait un petit livre destiné aux enfants de 2 à 4 ans : *Jean a deux mamans.*[29] Ce petit opus provoqua un véritable scandale, et divers spécialistes de l'enfance s'indignèrent que puisse être accessible en bibliothèque, à hauteur d'yeux des plus jeunes, un ouvrage qui bouleversait la conception traditionnellement admise de la famille hétérosexuelle. C'était sans compter que l'homoparentalité, même si elle n'est pas prévue par la loi française, a depuis des années une existence bien réelle, et que les enfants peuvent être concernés par cette question, soit directement, soit indirectement au travers de leurs copains, voisins ou cousins.

28. *Le Mystère des graines à bébé,* (2008), de Serge Tisseron, illustré par Aurélie Guillerey, Paris, Albin Michel Jeunesse. Certains centres de Procréation Médicalement Assistée, notamment en Espagne, ont d'ailleurs décidé de distribuer ce petit livre à leur patientèle pour favoriser l'information des enfants nés de ces méthodes.

29. *Jean a deux mamans,* (2004), de Ophélie Texier, Paris, Coll. Les Petites Familles, L'École des Loisirs.

L'homoparentalité en France aujourd'hui

Nous disposons de peu de données statistiques sur les couples de même sexe en France. Selon l'Institut National d'Études Démographiques (INED), le phénomène est difficile à quantifier faute d'instruments adaptés. Une enquête menée sur le recensement de 2008 par les démographes Maks Banens et Éric Le Penven faisait état de cinquante-six mille couples homosexuels déclarant résider sous le même toit, cinq à six mille d'entre eux vivant avec des enfants de moins de 25 ans. Ces données remontent à 2008, or l'homoparentalité est un fait social en croissance, et les associations gays et lesbiennes parlent aujourd'hui de quarante à cinquante mille enfants élevés en famille homoparentale.

Modalités d'accès à la parentalité pour les couples homosexuels

En ouvrant les yeux autour de soi, à l'école, parmi nos proches ou nos amis, ou encore en pratique clinique courante, nous rencontrons ou côtoyons des couples homosexuels d'hommes ou de femmes qui ont pu accéder à la parentalité grâce à diverses démarches.

Un certain nombre de couples de femmes se tournent vers des pays voisins, Belgique ou Espagne notamment, pour avoir recours à des inséminations artificielles avec donneur anonyme. L'une des deux protagonistes est alors inséminée par le sperme d'un donneur anonyme et porte le bébé. Elle sera la responsable légale de l'enfant, qui aura par ailleurs un second parent éducatif en la personne de la conjointe de sa mère. Certains couples de femmes s'organisent de manière plus « artisanale », demandant à un homme de leur connaissance de donner son sperme pour pratiquer une insémination non médicalement assistée. L'identité du géniteur est alors connue, même s'il est souvent convenu qu'il ne prendra pas de responsabilité sur le plan administratif ou même éducatif.

Des couples d'hommes – parmi les plus fortunés – peuvent avoir recours à des « mères porteuses » à l'étranger.[30] L'enfant est alors le plus souvent issu de la fécondation d'un ovocyte de donneuse anonyme par un spermatozoïde de l'un des deux protagonistes du couple.

Enfin, on peut aussi voir diverses formes d'« alliance » entre deux couples homosexuels : un couple d'hommes et un couple de femmes décident de concevoir ensemble un ou plusieurs enfants. Les parents biologiques sont alors clairement identifiés, ils sont également les responsables légaux des enfants sur le plan administratif. Les parents éducatifs sont au nombre de quatre, et l'enfant réside souvent en alternance chez ses deux mamans et ses deux papas. Les associations gays et lesbiennes conseillent souvent d'établir des contrats amiables afin que les quatre parents posent un certain nombre de repères sur les conditions de vie et d'éducation de l'enfant.

Comment te dire… que tu as deux mamans ?

La question peut sembler saugrenue : est-il nécessaire de dire ce qui se voit ? En effet, l'enfant qui est élevé par deux femmes ou deux hommes *voit* bien qu'il a deux mamans ou deux papas (ou à la fois deux mamans *et* deux papas lorsqu'il s'agit d'une aventure à quatre parents). Mais, comme Anissa, comment faire le lien avec la connaissance qu'il a de la manière de fabriquer les bébés et sa propre situation ? Ne pas le clarifier, ne pas expliquer, revient à mettre en place une situation de clivage où des éléments contradictoires cohabitent dans la tête de l'enfant sans se remettre en cause les uns les autres.

Il est fondamental de toujours resituer la nécessité d'une altérité homme/femme dans la conception d'un enfant. La nature a ses lois, nous ne sommes pas tout-puissants et devons nous y

---

30. On peut voir sur ce sujet le documentaire de Delphine Lanson, *Naître père,* (2013), France.

soumettre pour une part. Il est important d'intégrer cette notion pour grandir et se structurer. « Tu as deux mamans qui s'occupent de toi, Anissa : c'est moi, Brigitte, et c'est Nadia. Nous avons été très contentes que tu naisses et nous t'aimons toutes les deux très fort. Mais pour te fabriquer, il a fallu qu'un papa donne une "petite graine". On ne le connaît pas, mais c'est un très beau cadeau qu'il nous a fait, car sans lui, nous n'aurions pas pu avoir une belle petite fille comme toi. Le docteur a mis la petite graine donnée par ce monsieur dans le ventre de Brigitte, la petite graine de ce monsieur a rencontré la petite graine de Brigitte, et ça a fait un petit œuf qui a grandi, grandi dans le ventre de Brigitte, jusqu'à faire un beau bébé ! » Pour reprendre la métaphore des trois piliers de l'enfant en construction, on peut aussi préciser à Anissa que c'est Brigitte, sa maman *de naissance,* qui lui a donné son nom, et enfin que Brigitte et Nadia sont là toutes les deux pour s'occuper d'elle chaque jour et pour l'éduquer.[31]

De la même manière, un couple d'hommes ayant eu recours à une « mère porteuse » à l'étranger peut expliquer que seule une maman peut faire un nid dans son ventre pour un bébé… Quand on est deux papas, même si on s'aime très fort et qu'on a envie d'avoir un bébé, on est obligés d'être aidés par des mamans : une pour donner une « graine à bébé », et une pour faire une « maison à bébé » dans son ventre.

Enfin, si le projet concerne quatre parents, un couple d'hommes et un couple de femmes, le rôle de chacun doit être éclairci. Les papas peuvent dire : « Denis et moi nous nous aimons très fort, alors nous avions très envie d'avoir ensemble un beau petit garçon comme toi. Mais pour fabriquer un bébé, il faut

31. Sur le plan administratif, dans l'état actuel de la législation, Brigitte est la seule responsable légale d'Anissa. On peut cependant supposer que la légalisation du mariage pour tous va conduire à ré-envisager le statut légal des enfants issus de procréation médicalement assistée pour les couples homoparentaux. Le statut légal du parent éducatif qui n'est pas le parent biologique pourrait notamment être révisé de manière à protéger ses droits vis-à-vis de l'enfant, et à préserver la continuité éducative en cas de décès du parent biologique.

toujours un papa et une maman. Alors moi j'ai donné une petite graine à Éléonore, ta maman. Ma petite graine et celle d'Éléonore se sont rencontrées dans son ventre, et ça a fait un petit œuf qui a grandi, grandi, jusqu'à faire un beau bébé ! Tu portes mon nom et celui d'Éléonore, car c'est nous qui avons donné la petite graine. Mais Denis et Françoise sont comme un deuxième papa et une deuxième maman pour toi, car c'est tous ensemble que nous avons voulu ta naissance. Même si ce n'est pas eux qui ont donné une petite graine, même si tu ne portes pas leur nom, ils t'aiment aussi très fort et tu es très important pour eux. »

C'est complexe ? Alors soyons clairs !

L'exploration méthodique des trois dimensions biologique, administrative et éducative permet de ne pas se perdre. Par ailleurs, la construction d'un arbre généalogique donne des repères visuels.

Dans les situations de don anonyme de gamètes, on ne figurera sur cet arbre que les parents éducatifs et administratifs, avec leur nom et leur photo, car dans la réalité de la vie quotidienne, ce sont eux les parents de l'enfant. Toutefois, la petite graine peut être dessinée avec par exemple la mention « Monsieur Graine » ou « Madame Graine », ou encore « la Bonne Fée » pour une donneuse anonyme ou une mère porteuse. Ceci permet à l'enfant d'avoir toutes les informations le concernant à sa disposition, grâce à un support imagé. Et dans le cas des familles homoparentales, la nécessaire altérité qui préside à la conception d'un enfant est rétablie : il y a toujours un homme et une femme à l'origine, c'est ainsi depuis la nuit des temps et même la science n'a pas trouvé d'autre voie (en tout cas à ce jour !)...

À lire avec les enfants…

Jean a deux mamans, (2004), de Ophélie Texier, Paris, L'École des Loisirs.

Le Mystère des graines à bébé, (2008), de Serge Tisseron, illustré par Aurélie Guillerey, Paris, Albin Michel Jeunesse.

Comment te dire…
… que tu vas avoir un petit frère

Gabin, 4 ans, est amené en consultation par sa maman. Scolarisé en moyenne section de maternelle, Gabin était propre depuis presque deux ans… jusqu'à ces dernières semaines. Il a eu en effet plusieurs « accidents » à l'école, et son lit est désormais souvent mouillé au réveil. Ses dessins sont revenus au stade du gribouillage, alors qu'il commençait à former de jolis bonhommes. Enfin, et c'est tout à fait nouveau, le moment du coucher est devenu chaque soir très difficile. Gabin veut absolument dormir avec ses parents : il dit qu'il a peur, qu'il « veut Maman », et il pleure à chaudes larmes.

Le ventre arrondi de la maman de Gabin laisse peu de doutes sur une grossesse en cours. Baissant le ton, elle précise en effet être enceinte de cinq mois, mais pense que les difficultés actuelles de son fils sont sans lien avec la naissance à venir, puisqu'elle ne lui en a encore rien dit. Je m'en étonne, et elle raconte alors avec émotion qu'elle a perdu son premier bébé à six mois de grossesse, et qu'elle souhaite passer ce cap symbolique avant de parler à Gabin de la venue d'un petit frère – puisque c'est bien d'un second garçon dont il s'agit.

Pourtant, même si ses parents ne lui en ont rien dit, manifestement Gabin sait… Mettre des mots sur la perception qu'il a de la situation est donc une nécessité.

L'arrivée d'un nouvel enfant dans une famille est le plus souvent un événement heureux… au moins pour les parents qui en ont eu le désir et voient leur projet familial se réaliser. Mais devenir un grand frère ou une grande sœur n'est pas un processus simple pour un enfant. Des sentiments contrastés peuvent s'entremêler, de l'envie d'avoir un compagnon de jeu à la crainte d'être remplacé et de perdre l'amour parental. C'est un bouleversement de vie radical, une étape majeure dans la vie d'un petit, aussi doit-elle être préparée avec soin.

Quand te dire que tu vas avoir un petit frère ou une petite sœur ?

Deux repères importants sont à prendre en considération. Tout d'abord, il est préférable d'attendre la première échographie pour s'assurer que la grossesse démarre sous les meilleurs auspices. Mais ensuite, il est fondamental d'en parler à l'enfant avant que la grossesse ne se voie de façon évidente et qu'il ne soit troublé par le gros ventre de sa mère…

Enfin, si l'on considère que les parents sont concernés par cette nouvelle en premier lieu, on peut dire que l'enfant, lui, l'est au second chef, puisque sa vie en sera complètement modifiée. Il est donc logique qu'il ne soit pas le dernier à l'apprendre : si toute la famille est au courant avant lui et le regarde avec les yeux de celui qui sait que « tout va changer pour toi, mon petit père… », il pourra légitimement ressentir que de drôles de choses se trament autour de lui !

Parfois, l'histoire personnelle ou familiale des parents vient repousser le moment de cette annonce, ce qui constitue une situation perturbante pour l'enfant.

C'est le cas de Gabin, qui dans la généalogie a été précédé par un bébé mort *in utero* à six mois de grossesse. On peut bien sûr imaginer que cet antécédent constitue une source d'angoisse massive pour la maman. Pour autant, chaque grossesse est différente, et dans ce cas précis, les causes de la mort du premier bébé ont été parfaitement identifiées : il s'agissait d'une hypertension gravidique brutale, pour laquelle un traitement préventif a pu être mis en place pour les grossesses ultérieures.

D'autres fois, il peut arriver que l'un des parents ait si mal vécu la venue de son propre frère ou de sa propre sœur, qu'annoncer cette nouvelle à son enfant lui semble trop cruel.

De l'état d'esprit des parents dépend bien sûr grandement la réaction de l'enfant. Et lorsque des éléments de l'histoire familiale viennent faire obstacle, il peut être utile de se faire aider de façon à préparer son enfant à cet événement dans les meilleures conditions.

Les mots à employer, les écueils à éviter

Il n'y a pas de règle, d'autant qu'il s'agit d'une annonce à forte charge émotionnelle : chacun doit donc laisser parler sa propre voix ! Proposons toutefois quelques repères.

Une grande nouvelle

Même si les parents considèrent le plus souvent qu'il s'agit d'une très bonne nouvelle, mieux vaut annoncer à son tout-petit « une grande nouvelle ». « Gabin, nous avons une grande nouvelle à t'annoncer. Tu vas avoir un petit frère ! » En effet, c'est un événement majeur, mais c'est à l'enfant de décider si la nouvelle est bonne ou pas… On peut ajouter : « Papa et Maman sont très contents. » On peut aussi demander, tout de suite ou plus tard : « Et toi, est-ce que tu es content ? » En revanche, gardons-nous de dire : « J'espère que tu es content ! », car alors l'enfant ne se sentira pas libre de dire que non, il ne l'est pas forcément…

Un projet parental

Avoir un nouvel enfant est un projet parental, et c'est bien ainsi qu'il faut le présenter. Dire à un tout-petit qu'on a décidé d'avoir un enfant *pour lui faire plaisir,* ou *pour qu'il ne soit pas seul* revient à le charger du poids de la décision. À partir de là, comment pourra-t-il s'autoriser à exprimer ses doutes, ses angoisses ? Il n'aura d'autre choix que de se déclarer heureux et ronger le frein de sa culpabilité si de plus sombres pensées l'habitent !

De même, toutes les décisions importantes concernant le nouveau-né incombent aux parents : par exemple, l'enfant a le droit de dire que le prénom choisi par les parents lui plaît ou lui déplaît, mais ce n'est pas son rôle d'intervenir dans ce choix.

Accompagner l'enfant par des lectures

L'arrivée d'un bébé dans une famille est un grand classique de la littérature enfantine. Il existe pléthore de petits livres illustrés traitant du sujet et permettant de l'aborder avec l'enfant de manière moins frontale qu'en parlant de la naissance de son petit frère à lui. Le tout-petit constate aussi par ce biais qu'il s'agit d'une aventure humaine commune : beaucoup d'autres enfants sont concernés, comme lui, par l'arrivée d'un petit frère ou d'une petite sœur.

Ce qu'un bébé n'est pas… et ce qu'il est

Un bébé n'est pas… une poupée.

Un bébé n'est pas… un copain avec qui jouer au foot.

Un bébé n'est pas… toujours drôle.

Le tout-petit imagine le bébé à venir sur son propre modèle ou répondant à ses désirs. Il pense qu'il va en faire ce qu'il veut comme il le fait avec ses jouets, ou jouer avec lui comme avec ses copains à la récréation. Il ne peut pas non plus concevoir que celui-ci va avoir ses émotions propres, se manifester, être en colère ou pleurer dans des moments où l'on ne s'y attend pas et où l'on s'en serait peut-être passé...

Mais un bébé c'est… la famille qui s'agrandit.

Un bébé c'est… une nouvelle personne à découvrir.

Un bébé c'est surtout… quelqu'un qui va changer notre vie !

Parler des changements et les anticiper

L'enfant tout jeune ne peut même pas se figurer qu'une autre configuration est possible hors Papa, Maman et lui. La naissance d'un frère ou d'une sœur détermine un avenir différent pour la famille. Tout va changer, mais pour l'heure, avec un petit, il convient surtout d'envisager les changements concrets. Ce sont des choses tangibles qu'il peut se représenter : la famille va-t-elle déménager ? L'enfant va-t-il changer de chambre ? Va-t-il changer de lit ? Va-t-il changer de mode de garde à l'occasion de l'arrivée d'un second ? Évidemment, toutes ces nouvelles ne sont pas à annoncer en même temps ! Le jour où l'on explique à Gabin qu'il va avoir un petit frère, on ne lui dit pas *aussi* que celui-ci va s'installer dans sa chambre parce qu'elle est plus proche de celle de Papa et Maman, tandis que lui ira dans celle qui est au fond du couloir.

Le moment de l'annonce et celui de la naissance sont de tels bouleversements en soi qu'il ne faut rien changer d'autre *en même temps.* Tout ce qui peut se mettre en place avant la naissance, permettant à l'enfant de s'y habituer, de se l'approprier, est bienvenu. Ainsi, si les parents décident d'installer le bébé dans le lit à barreaux du plus grand, et d'acheter pour ce dernier un nouveau mobilier, il vaut mieux le faire pendant la grossesse, en valorisant la « promotion » que cela représente : « Tu as de la chance, tu es maintenant assez grand pour dormir dans un grand lit ! On va aller le choisir ensemble. Et on gardera ton lit de bébé pour ton petit frère, car lui il est trop petit pour avoir un vrai lit comme le tien ! »

Impliquer l'enfant dans certains préparatifs

Faire participer l'enfant, s'il le souhaite, à certains préparatifs concernant le bébé est aussi une manière de l'aider à se préparer. On peut lui proposer de choisir quelques objets ou jouets, d'aider à aménager la chambre. Mais si l'enfant ne se prête pas au jeu, il est inutile d'insister.

Dis Papa, dis Maman, comment on fait les bébés ? (bis et repetita !)

S'il y a bien un moment où cette question va (re)venir, c'est celui-là ! Comment est-il arrivé, ce nouveau bébé dans le ventre de Maman ? Et comment y suis-je arrivé, moi ? Mais voir sa mère enceinte va permettre à l'enfant de préciser certaines questions : comment le bébé pousse-t-il dans le ventre de ma maman ? Et comment va-t-il sortir ? Au-delà de l'histoire des petites graines et de leur rencontre, il sera donc question de la poche à eau dans laquelle le bébé nage, des sons qu'il peut entendre, des mouvements que l'on peut sentir si l'on pose sa main à la surface du ventre de Maman, du cordon par lequel ce que mange Maman est transmis au bébé, et enfin de la petite porte qui s'ouvre dans la zézette de Maman quand le bébé est prêt à sortir…

L'échographie est-elle une séance de cinéma familial ?

Il n'est pas rare, aujourd'hui, que les enfants assistent à l'échographie avec leurs parents. S'il s'agit pour les parents d'impliquer leur aîné dans le processus, de lui permettre d'aller à la rencontre de son futur frère ou de sa future sœur, cette pratique mérite toutefois d'être discutée.

En premier lieu, n'oublions pas que l'échographie est avant tout un examen médical qui a pour fonction de surveiller l'évolution d'une grossesse sur le plan de la croissance du bébé et de sa position, mais aussi de dépister d'éventuelles malformations. Si la plupart des échographies se concluent de manière heureuse et constituent des moments d'émotion privilégiés pour les parents, il n'est pas à exclure que certaines amènent à des annonces plus douloureuses. Quelle place alors, quand l'angoisse prend le dessus, pour l'enfant se trouvant aussi dans la salle d'examen ? Et même si beaucoup d'échographistes prennent la précaution de ne faire entrer la fratrie qu'en fin d'examen, il n'est pas certain que cela change beaucoup la donne.

Par ailleurs, l'échographie est une exploration, grâce aux ultrasons, de l'intérieur du corps de la mère. On peut se demander si, symboliquement, c'est un « spectacle » anodin pour un enfant…

Le séjour à la maternité

Face à la perspective de l'arrivée d'un petit frère ou d'une petite sœur, les tout jeunes enfants sont avant tout préoccupés de ce que cela va changer pour eux dans des domaines très concrets. À ce titre, l'absence de la mère durant le séjour à la maternité est un sujet important. Quoi ? Ce petit frère n'est pas encore là et déjà il me confisque ma maman pour plusieurs dodos ! Voilà en substance ce que pense le tout-petit. Et cette première confiscation est une préfiguration de toutes celles à venir : ses parents auront moins de temps pour lui, moins d'attentions à son égard, moins de patience parfois… Moins d'amour ?!? Voilà la grande question !

Il est donc nécessaire d'expliquer méthodiquement que pour que le bébé sorte du ventre de la maman, il faut aller passer quelques jours à la maternité, à peu près cinq dodos, parfois un peu plus, parfois un peu moins. Tout est bien prévu : dès que le bébé frappera à la petite porte, on appellera Mamie ou Tante Cécile, qui viendra s'occuper de Gabin à la maison. Papa partira avec Maman, mais il rentrera à la maison dès que le bébé sera né. Il pourra alors montrer à Gabin des photos de son petit frère, et aussi de sa maman et de la chambre où elle se trouve. Il pourra aussi rassurer Gabin sur le fait que sa maman pense bien à lui, qu'elle a beaucoup parlé de lui à son petit frère, et que celui-ci est très impatient de faire sa connaissance. Puis ils se prépareront ensemble à une visite. S'il le souhaite, Gabin pourra aller avec Papa choisir un cadeau pour l'offrir à son petit frère.

À la maternité, l'enfant sera surtout heureux… de retrouver sa mère ! La première rencontre avec le petit frère est souvent un peu décevante : il est minuscule, il dort tout le temps, il ne parle pas, et même si Gabin a été prévenu qu'il ne pourrait pas jouer tout de suite avec lui, il s'en était sûrement fait une autre idée ! Leurs échanges se développeront progressivement, au fil du temps, et il est préférable de ne pas pointer le manque d'intérêt tout d'abord manifesté par l'enfant.

L'amour parental et ses métaphores

La grande angoisse du jeune enfant qui voit sa famille s'agrandir est d'ordre mathématique… Même s'il n'est pas encore un spécialiste de la division, il se figure qu'il devra *partager :* sa chambre peut-être, ses jouets sûrement, mais surtout ses parents, leur temps, leur disponibilité, leurs câlins, leurs baisers, bref, leur amour !

S'il est réaliste d'expliquer à un tout-petit que ses parents vont être très occupés avec l'arrivée du bébé mais qu'ils feront le maximum pour garder du temps pour jouer avec lui, il est fondamental de le rassurer sur le fait que l'amour parental est assez grand et fort pour aimer un second enfant sans retrancher au premier une partie de l'affection qui lui est dévolue. La voie est alors ouverte aux métaphores les plus poétiques…

Non, l'amour de Papa et Maman n'est pas comme un gâteau au chocolat, car si l'on peut faire en sorte de partager un gâteau en fonction du nombre de convives, il y en aura pour tout le monde, mais les parts seront plus petites. Il serait plutôt comme une source jaillissante : on peut boire autant que l'on veut selon sa soif, la source donne toujours de l'eau, toujours claire, toujours fraîche ! D'autres parents racontent que leur cœur est comme un arbre avec des bourgeons : un nouvel enfant qui s'annonce et l'arbre bourgeonne, fabriquant d'autres fruits d'amour.

Et la métaphore étant une image, on peut même produire avec son enfant des dessins qui lui permettront de se représenter que l'amour parental est une notion absolue et non relative…

Hier nous étions trois, aujourd'hui nous sommes quatre... Quelle place pour chacun ?

L'arrivée d'un nouvel enfant dans une famille amène une nouvelle répartition des rôles. Le tout-petit devient l'aîné, les parents ont l'impression de passer de la production artisanale à la production industrielle tant les tâches domestiques et organisationnelles paraissent décuplées, enfin la dimension parentale du couple reprend le pas sur sa dimension conjugale.

Dans ce grand bouleversement, comment l'enfant peut-il se positionner ?

Tout d'abord, il est indispensable qu'il soit présent lors du retour à domicile de sa maman avec le bébé : le confier à des amis ou à ses grands-parents pour avoir plus de tranquillité est une manière de lui dire qu'il n'a pas sa place. Or c'est un nouvel équilibre à quatre qu'il convient de trouver, le modèle « Papa + Maman + un enfant unique » étant désormais obsolète.

Pour l'aîné, nous évoquerons alors deux positions possibles parmi celles qui peuvent se manifester : celle de la régression (la plus fréquente, en particulier chez les plus jeunes), et celle de la responsabilisation.

Pourquoi certains enfants régressent-ils et que dire ?

L'équation est assez simple : ce bébé mobilise le temps et l'attention de mes parents, il ne sait rien faire seul donc ils sont obligés de tout faire pour lui – et d'ailleurs ils me le disent et me le répètent –, donc si je redeviens moi aussi dépendant, ils s'occuperont plus de moi. De là peuvent se manifester tous les signes de la série régressive : problèmes de propreté, difficulté à s'endormir seul, recul sur le plan du langage et de l'autonomie dans le quotidien (à table, pour s'habiller...).

C'est un passage fréquent pour un jeune enfant qui se prépare à perdre sa place de tout-petit dans une famille. Il s'y accroche encore un temps, force le trait, un peu comme on irait une dernière fois à la plage au mois de septembre : il fait déjà frais, mais on voudrait bien croire, une heure seulement, que l'été est encore là...

Sans stigmatiser les comportements de « bébé » que l'enfant peut mettre en place, valorisons tout ce qui fait de lui un grand. Ainsi, évitons de dire : « Ce sont les bébés qui ne peuvent pas s'endormir tout seuls et qui prennent un biberon le matin ! » On peut plutôt formuler les choses ainsi : « Tu es un grand garçon Gabin ! Tu sais faire des tas de choses formidables, comme dormir tout seul dans ton lit et boire ton chocolat dans un verre ! Ton petit frère, lui, ne sait pas encore faire tout ça, parce qu'il est un bébé. Bientôt, tu pourras lui apprendre et lui montrer comment faire. »

Si le phénomène perdure, proposer au tout-petit de rencontrer ponctuellement un(e) psychologue pour enfant ou un(e) pédopsychiatre peut lui permettre de mettre des mots sur la situation qu'il vit et, par là, de dépasser la difficulté qu'il ressent.

Faut-il responsabiliser l'enfant à l'arrivée d'un petit frère ou d'une petite sœur ?

Les moins de 6 ans dont nous parlons dans cet ouvrage sont un peu jeunes pour être « responsabilisés ». Il est valorisant d'associer l'enfant aux soins prodigués au bébé, surtout dans le but de favoriser les échanges entre eux et l'instauration d'une bonne relation. On veillera ainsi à ne pas lui interdire de toucher le bébé sous prétexte d'hygiène par exemple, ce qui pourrait lui faire vivre un sentiment d'exclusion. Mais à l'inverse, il n'est pas de mise de demander au plus grand – qui est encore bien petit – de surveiller son frère ou sa sœur dans le bain, ou de le tenir sur la table à langer le temps d'aller chercher un pyjama propre. En effet, c'est faire peser une charge bien trop grande sur de toutes petites épaules. Au moindre problème l'aîné s'angoisserait, et au moindre incident il se culpabiliserait. Et n'oublions pas que les sentiments qu'il nourrit à l'égard de son frère ou de sa sœur sont empreints d'ambivalence. Il pourrait ainsi avoir le fantasme que ses noirs desseins sont en cause si le bébé pleure ou se fait mal.

Certains enfants, parmi les plus grands, se positionnent d'eux-mêmes comme des parents miniatures. Là aussi, il faut savoir les limiter : « Ton petit frère a déjà un papa et une maman. Toi tu es son grand frère. Il aime beaucoup rire et jouer avec toi, mais ce n'est pas ton rôle de le gronder ou de la surveiller. C'est à son papa et à sa maman de le faire. » Il est en effet indispensable de resituer celui qui est désormais l'aîné à sa place d'enfant, qui a lui aussi besoin d'attention et de protection.

Comment te dire… la jalousie

Tout comme la régression, la jalousie fait partie du processus d'accueil d'un petit frère ou d'une petite sœur. Rien ne sert de la nier, rien ne sert non plus de la dramatiser. La reconnaître à sa juste valeur, mais aussi dans sa dimension naturelle, et non monstrueuse, est l'attitude qui permettra au mieux à l'aîné de la gérer de façon acceptable.

« C'est normal d'être jaloux. Jusque-là, tu étais le seul enfant de ton papa et de ta maman. Tu les avais pour toi tout seul. Maintenant nous avons fait une place à ta petite sœur. Tu n'aimes pas que tes parents passent du temps avec elle, qu'ils la câlinent. Pourtant c'est ainsi : elle est là pour toujours, et elle aura des câlins comme toi. Tu as le droit d'être en colère ou triste, tu n'es pas obligé d'être content de l'arrivée du bébé, mais tu n'as pas le droit de lui faire du mal. »

De nombreux livres pour enfants traitent de ce thème. Que la jalousie soit exprimée ou non, perceptible ou pas, c'est une bonne chose de les lire à l'arrivée d'un plus jeune. En effet, ce sentiment est toujours présent, et constater que les héros de ses lectures y sont aussi sujets contribuera à déculpabiliser l'enfant et servira de support à un échange avec l'adulte.

À lire avec les enfants... sur la naissance d'un petit frère ou d'une petite sœur

J'attends un petit frère, (2001), de Marianne Vilcoq, Paris, L'École des Loisirs.

Attendre un petit frère et une petite sœur et *Un bébé à la maison,* (2006), de Catherine Dolto et Colline Faure-Poirée, illustré par Frédérick Mansot, Paris, Gallimard Jeunesse.

Un bébé dans le ventre de ma maman ? (2012), de Stéphanie Blake, Paris, L'École des Loisirs.

À lire avec les enfants... sur la jalousie

Bébé cadum, (2008), de Stéphanie Blake, Paris, L'École des Loisirs.

Jaloux pas jaloux, (2009), de Catherine Dolto et Colline Faure-Poirée, illustré par Frédérick Mansot, Paris, Gallimard Jeunesse.

Comment te dire...
... que ta sœur est différente

Lilou a 4 ans et une drôle de vie familiale... Sa sœur Madeleine, de deux ans son aînée, vient d'être admise dans une institution spécialisée. Elle ne peut pas suivre une scolarité ordinaire. Elle est autiste.

Lilou a remarqué que Madeleine fait des colères bizarres : dès que quelque chose change dans ses habitudes, elle commence à se frapper au visage. Madeleine ne veut pas non plus dormir le soir. Madeleine n'aime aucun des plats que sa maman cuisine et ne mange que du pain. Madeleine ne parle pas, mais si on lui demande de sortir quarante-trois Smarties® de la boîte à bonbons, elle les compte sans se tromper... Madeleine chante juste, mais surtout elle crie très fort ! Madeleine ne regarde jamais dans les yeux, mais elle agite sans arrêt de petits objets devant elle. Madeleine a souvent peur... mais parfois c'est elle qui fait peur !

Toute la famille vit au rythme de Madeleine, de ses réactions d'agitation ou de repli, mais aussi de ses rendez-vous auprès des divers spécialistes qui s'occupent d'elle. Les parents courent sans arrêt pour l'accompagner ici ou là ; l'autre jour ils en ont oublié Lilou à la sortie de l'école ! Et quand ils sont à la maison, c'est encore de Madeleine dont ils parlent. Conscients d'être beaucoup accaparés par les difficultés de leur aînée, ils ont depuis plusieurs mois le projet de proposer à Lilou un interlocuteur privilégié avec qui elle pourrait partager les émotions ressenties dans l'ombre et le fracas de cette grande sœur pas comme les autres.

Et voici Lilou dans mon bureau. C'est une toute petite fille qui m'apparaît vite très mature, avec un excellent niveau de langage. Élève sage, petite sœur aimante, fillette docile, Lilou donne l'impression de faire partout le dos rond, et de s'oublier un peu... À l'école, la maîtresse pense qu'elle sait beaucoup de choses, mais elle ne le montre pas : elle est discrète, intervient peu, et a toujours l'impression d'avoir mal fait. Plutôt solitaire, elle a refusé de fêter son anniversaire et d'inviter quelques amis à cette occasion. Ses parents n'ont pas insisté : tout est déjà tellement compliqué à la maison ! Aveuglés par l'évidence des troubles de Madeleine, ils n'ont jamais nommé son handicap auprès de Lilou. Et Lilou n'a jamais posé de questions, histoire de ne pas faire d'histoires…

De nombreuses situations peuvent bouleverser l'équilibre d'une famille. Un handicap touchant l'un de ses membres en fait partie. Qu'il s'agisse d'un handicap moteur, sensoriel ou mental, la dynamique familiale s'en trouve modifiée. On constate qu'elle évolue alors en passant par plusieurs étapes.

La première étape est l'annonce du handicap. Elle crée un état de sidération qui inhibe toute capacité de penser ou de se projeter. Puis, dans un second temps, l'entourage traverse une période dépressive : lorsque le handicap touche un enfant, les parents ont à faire le deuil de l'enfant parfait qu'ils avaient attendu. Il s'ensuit une phase de renoncement, qui concerne tout ce qu'ils avaient imaginé vivre avec leur enfant et dont le handicap va les priver. Enfin, dans un troisième temps, chaque membre de la famille se repositionne dans une relation adaptée à la personne handicapée, et projette le dépassement des difficultés. C'est le stade combattif, où chacun envisage la manière de réorganiser sa vie pour mieux faire face à la situation.

Les parents sont bien entendu les premiers sur le front, mais la fratrie n'est pas loin derrière… Si les frères et sœurs vivent les choses avec intensité, ils affichent souvent une attitude réservée visant à protéger leurs parents. Poser des mots sur la situation et les difficultés rencontrées, encourager chacun à exprimer les émotions ressenties est salutaire dans ces organisations familiales où chacun s'efface pour concentrer son énergie sur celui dont les souffrances sont les plus visibles.

Les frères et sœurs d'une personne handicapée sont dans une situation complexe. D'un côté, ils sont face à un enfant qui est semblable à eux puisqu'il est l'un des leurs, appartient à la même génération et est issu des mêmes parents. Mais en même temps, cet enfant est différent d'eux, au sens où il s'éloigne d'une norme plus ou moins intériorisée par chacun. Ceci les conduit à s'interroger à la fois sur le lien familial et fraternel, et sur la norme sociale.

L'impact du handicap sur la fratrie

Le handicap vient ébranler l'ordre familial classique ou pré établi. Les relations des individus entre eux et les places de chacun se modifient sous l'effet de cette situation.[32]

Souffrance des parents, tourment des enfants

Particulièrement sensibles aux émotions de leur entourage, les tout jeunes enfants perçoivent avec acuité les mouvements psychiques de leurs parents. Que ceux-ci soient tristes ou soucieux et ils se demandent ce qu'ils ont fait pour susciter cela. Pour le tout-petit, le premier bouleversement n'est pas le handicap, mais la souffrance de ses parents, qu'il est indispensable de nommer, pour éclairer l'enfant et le rassurer.

Se faire légers

Soucieux de ne pas peser eux aussi sur les épaules de leurs parents, les frères et sœurs d'un enfant handicapé apprennent très tôt à se faire « légers » dans la vie familiale : pas de vagues, pas un mot plus haut que l'autre, pas de caprices, pas de plaintes. Leur

32. On peut consulter sur ce thème les ouvrages de Régine Scelles, notamment *Liens fraternels et handicap*, (2010), Paris, Érès.

histoire familiale singulière les conduit paradoxalement à devenir des enfants « sans histoires », des enfants « parfaits », animés du désir inconscient de réparer la blessure narcissique parentale. Ils taisent leurs petites peines du quotidien comme leurs chagrins plus profonds.

Dans la mesure où ce silence peut laisser penser qu'il n'y a pas de problème, il arrange souvent leur entourage. Les parents, déjà très affectés par la situation et inquiets pour la fratrie, peuvent choisir de se laisser leurrer. Ils justifient alors le peu d'explications ou d'informations qu'ils donnent par le fait de ne pas vouloir troubler un équilibre que les frères et sœurs leur semblent avoir trouvé.

Pourtant, ce n'est pas parce que la souffrance est muette qu'elle n'existe pas. Certains enfants luttent ainsi dès le plus jeune âge contre leurs propres émotions, et aussi contre leurs rêveries et leurs fantasmes. Ils veulent « faire bonne figure », ne pas inquiéter leurs parents, mais c'est au prix d'appauvrir leur vie psychique, et souvent aussi leur vie relationnelle.

Des parents très (trop ?) mobilisés

Le plus souvent, le handicap mobilise toute l'énergie des parents, et les frères et sœurs ont le sentiment d'être délaissés, voire « abandonnés ». Un peu plus grands, certains en viennent même à formuler qu'ils préféreraient eux aussi être handicapés pour que leurs parents s'occupent un peu plus d'eux ! Dans ce fantasme, il y a le souhait de bénéficier des « avantages » accordés à la personne en situation de handicap, mais aussi le désir de réduire l'étrangeté de leur frère ou de leur sœur, de mieux comprendre ce qu'il est, ce qu'il ressent.

Quelle place pour chacun ?

Le handicap bouleverse radicalement les places dans la fratrie : les derniers peuvent se retrouver les premiers, et même adopter une position pseudo parentale à l'égard du frère ou de la sœur en situation de handicap.

Qu'il soit moteur, sensoriel ou mental, le handicap est en effet susceptible de grever l'évolution de la personne concernée dans un ou plusieurs domaines. Un enfant plus jeune pourra se développer plus rapidement, éprouvant alors des sentiments mêlés de fierté et de tristesse dans la mesure où ses progrès mettent en lumière les déficiences de son frère ou de sa sœur. Les parents se réjouissent des avancées du premier, et se désolent en même temps des difficultés du second ainsi mises en évidence. Il n'est pas rare de rencontrer des cadets qui, comme Lilou dans notre exemple, cachent leurs acquisitions – ou même les inhibe – dans le souci de ne pas changer l'ordre des choses au sein de la fratrie.

Enfin, raisonnables dès le plus jeune âge, hyper matures, les frères et sœurs des enfants handicapés se comportent souvent à leur égard comme de vrais petits parents. C'est une position qui les prive pour une part de leur propre enfance, mais demeurer dans une relation fraternelle de type horizontal est une gageure. La jalousie et la rivalité qui existent normalement dans toute relation frère-sœur semblent interdites par la situation de handicap. Dans une famille ordinaire, ces sentiments sont constructifs et structurants. Mais quand l'objet de la jalousie est un enfant handicapé envers lequel tout sentiment agressif est difficile à reconnaître, ils deviennent source d'une grande culpabilité. Comment souhaiter surpasser, voire anéantir un être perçu comme plus faible que soi et ayant besoin de sollicitude ? De même, ils peuvent s'empêcher de formuler ou même de penser la difficulté et le poids représentés par la personne handicapée. S'agissant de son frère Naïm qui était pris en charge dans un internat thérapeutique, Nora, 5 ans, m'avait ainsi confié : « J'aime mieux quand il n'est pas là. Mais c'est méchant de penser ça. »

Comment les jeunes enfants appréhendent-ils la différence et la norme sociale ?

Comme nous l'avons abordé dans le chapitre sur la différence sexuelle, avant l'âge de 2 ans les enfants perçoivent mal les différences sur un plan visuel. Ils ne notent pas qu'un corps n'est pas semblable au leur, ou qu'une couleur de peau est différente. Ils peuvent encore moins se figurer qu'un enfant de 6 ans qui ne parle pas présente une difficulté spécifique : eux-mêmes parlent encore peu, ou mal, ils côtoient à la crèche des enfants plus jeunes avec lesquels ils communiquent de manière infra verbale, c'est dire que ce qui pose question à un enfant plus grand ou à un adulte est encore très loin de leurs préoccupations ! Et s'ils voient une personne en fauteuil roulant, tout au plus manifesteront-ils l'envie de faire eux aussi un tour de manège…

Ensuite, jusqu'à 5 ou 6 ans, même s'ils deviennent capables de distinguer visuellement ce qui est identique et ce qui est différent, ils demeurent peu sensibles à la question de la norme sociale. Pour eux, la diversité constitue le monde : la notion de ce qui est dans la norme et de ce qui s'en écarte viendra plus tard – à moins qu'un adulte n'insiste expressément sur cet apprentissage. Ce dont ils prennent peu à peu conscience en revanche, c'est de la difficulté rencontrée par un enfant donné. Si leur copain Oscar est paralysé, ils remarquent bien en effet qu'ils peuvent faire certaines choses que lui ne peut pas faire, comme jouer à chat dans la cour de récréation ou monter sur un toboggan. S'ils rencontrent Madeleine, la grande sœur de Lilou, au jardin public, ils notent en effet qu'elle ne leur répond pas quand ils lui parlent, ou qu'elle ne veut jamais jouer au loup avec eux. Pour autant, leur regard n'est pas encore stigmatisant : les jeunes enfants prennent les gens comme ils sont… Très centrés sur eux-mêmes, la dimension individuelle prime, et à ce titre ils admettent fort bien que chacun ait son individualité propre. C'est traditionnellement à partir de l'école élémentaire (soit 6 ans) qu'il devient important de « faire comme les autres », et cela ne cessera de s'accentuer jusqu'à la fin de l'adolescence. La dimension d'appartenance groupale devient centrale au fil des années, et pour s'assembler il faut souvent se ressembler ! Plus ils avancent en âge, plus les enfants s'observent, se jugent, s'apprécient ou… s'excluent les uns les autres.

Pourtant, un jeune enfant qui compte dans sa famille une personne en situation de handicap est confronté plus tôt que d'autres à la question de la norme et de la différence. Et dans ce cas, ce n'est pas ce qu'il voit ni ce qu'il discerne lui-même qui est en jeu, mais ce qu'il lit dans le regard des autres porté sur son frère ou sa sœur, ce qu'il comprend dans leurs réflexions ou leurs moqueries éventuelles. Avoir un frère ou une sœur handicapé(e), c'est être soi-même différent…

En parler en famille

Dans une recherche de 2006 sur les groupes de parole pour les frères et sœurs d'enfants handicapés[33], il est souligné que ceux-ci n'ont généralement pas les réponses aux questions qu'ils se posent. En effet, d'une part ils rencontrent peu les professionnels, et d'autre part ils s'interdisent de poser à leurs parents les questions qui les taraudent. Ils sont ainsi dans une grande solitude pour gérer leurs inquiétudes. Ceci peut les pousser à inventer leurs propres scénarii. Ils imaginent par exemple qu'ils pourraient développer eux aussi la maladie ou le handicap. Ils peuvent également confondre la réalité avec leur fantasme : « C'est parce que je n'ai pas voulu qu'il naisse / parce que j'ai souhaité qu'il disparaisse, que mon frère est malade. »

33. Sous la direction scientifique de Régine Scelles, Professeur en Psychopathologie, Université de Rouen.

La situation de handicap entraîne le groupe familial dans des mouvements psychiques et relationnels qui peuvent être source de difficultés pour chaque individu et pour l'ensemble de la famille. Et c'est encore plus vrai lorsque le handicap ne se dit pas, ne se parle pas, ce qui est très fréquent. Les parents, submergés par leurs tracas, n'ont pas envie de remettre au centre des conversations familiales la cause principale de leurs souffrances. Ils estiment souvent que ce qui se voit se passe de mots ou encore, en ce qui concerne les plus jeunes, qu'ils ne sont pas à même de comprendre, ou que cela les peinerait inutilement.

Pourtant, dans ces situations, la parole allège considérablement le poids pesant sur la fratrie. Nommer le handicap, mais aussi les émotions ressenties par l'enfant comme la peine, l'agressivité, la jalousie, permet de reconnaître et de circonscrire les choses. En apportant un éclairage sur la cause du handicap, réalité et fantasme sont aussi remis à leur juste place, faute de quoi les enfants, notamment les plus petits, laissent divaguer leur imagination dans des contrées d'où ils reviennent pleins d'angoisse et de culpabilité. Enfin, parler ensemble permet à chacun d'investir une position active : autour du handicap d'un enfant, tous les membres de la famille peuvent proposer des idées pour rendre la vie plus facile.

La règle est au fond toujours la même : plus un sujet fait partie des conversations familiales, plus l'enfant se familiarise tôt avec les mots qui le désignent et avec la réalité qu'il recouvre, et moins il y a de risque qu'un pacte de silence ne s'instaure, avec tous les dégâts collatéraux que cela suppose, et la difficulté à envisager alors un autre mode de fonctionnement. René Kaës parle de « pacte dénégatif »[34] pour désigner une alliance inconsciente liant les membres d'un groupe qui se mettent d'accord pour ne jamais penser, ressentir et verbaliser certaines choses. Ce mode de fonc-

34. Notion introduite par René Kaës dans les années quatre-vingt, notamment reprise dans *Les alliances inconscientes*, (2009), Paris, Dunod.

tionnement vise le maintien de la cohésion du groupe. En effet, nous sommes maintenus collés les uns aux autres par les problématiques frappées de silence mieux que par celles sur lesquelles nous sommes libres d'échanger et de penser. La liberté de penser permet en effet de se « dé-coller », de prendre du recul et de la distance. Or il n'est pas rare qu'une famille dont un membre est handicapé s'organise autour d'un « pacte dénégatif ». Pour (r)établir une circulation de parole, il peut alors être nécessaire de solliciter l'aide d'un thérapeute familial.

Mais posons ici les bases d'une libre communication autour du handicap au sein de la famille. Comment en parler avec les enfants dès le plus jeune âge ? Nous détaillerons comment nommer le handicap et expliciter sa cause, comment reconnaître les mouvements relationnels qu'il peut induire, les positions que chaque membre du groupe familial occupe, et enfin les difficultés que la situation peut poser à chacun.

Nommer le handicap

Si l'enfant handicapé est l'aîné

On peut permettre au plus jeune de prendre conscience du handicap de son frère ou de sa sœur en nommant les choses que celui-ci *ne peut pas* faire, et en veillant à les contrebalancer toujours avec ce qu'il *peut* faire. Respecter cet équilibre est très important afin que l'enfant se constitue une représentation nuancée, et non uniquement marquée d'éléments négatifs ou en creux.

Lui donner des indications concrètes pour mieux vivre et communiquer avec son frère ou sa sœur est également fondamental. Ainsi il se sent acteur de la relation, et ne vit pas le handicap comme une fatalité insurmontable : il y a des manières de contourner ou de pallier la difficulté de faire ou de communiquer ensemble.

« Oscar ne peut pas se servir de ses jambes. Il ne peut pas courir, mais avec son fauteuil roulant, il va très vite ! Tu peux jouer au ballon, et même faire la course avec lui !! »

« Madeleine ne peut pas parler parce qu'elle est autiste. C'est aussi pour ça qu'elle n'aime pas te regarder dans les yeux, et il ne faut pas la forcer à le faire. Mais toi tu peux lui parler, et tu verras qu'elle comprend beaucoup de choses. »

« Pierre ne peut pas t'entendre quand tu lui parles ou quand tu cries parce qu'il est sourd. Tu dois lui toucher le bras pour l'appeler. Et pour lui parler, il faut te mettre devant lui, alors il saura ce que tu veux lui dire en regardant tes lèvres bouger. Il est très fort pour ça ! Je vais te montrer. »

« Rachel ne te voit pas parce qu'elle est aveugle. Ça ne sert à rien de lui montrer quelque chose avec ton doigt. Tu peux lui parler, ou prendre sa main pour lui faire toucher un objet. Elle peut très bien reconnaître une forme avec ses doigts, même si elle ne la voit pas ! »

Si l'enfant handicapé est le puîné

Il est important de parler aux frères et sœurs rapidement après l'annonce du handicap, de manière à ne pas induire un décalage au niveau des ressentis entre les divers membres de la famille. Les parents ont bien sûr besoin de temps pour s'approprier la nouvelle, afin de ne pas la livrer avec une intensité émotionnelle trop vive. Mais il n'est jamais bon qu'un groupe familial soit trop longtemps scindé en deux, entre *ceux qui savent* et *ceux qui ne savent pas* (parents/enfants, ou grands enfants/jeunes enfants). Cela nuit gravement à la communication, sans compter l'angoisse ou la souffrance que le tout-petit perçoit chez ses proches sans parvenir à en déterminer la cause. Nul n'est besoin d'en dire trop de prime abord, ou de tout dire en une seule fois. Il convient plutôt de donner à l'enfant une idée de la difficulté à venir, et aussi des moyens pour y faire face.

Si le handicap est annoncé durant une grossesse, comme une trisomie 21 par exemple, on peut dire : « Le docteur nous a dit que ton petit frère va naître avec une trisomie 21. C'est une maladie de naissance. Ce n'est la faute de personne, c'est comme ça. Ça ne se verra pas tout de suite, il sera un bébé comme les autres. Mais ensuite, il aura sûrement plus de mal que toi à parler ou à apprendre à l'école. Alors on va l'aider, pour qu'il y arrive le mieux possible ! »

Pourquoi ta sœur est-elle handicapée ?

Il est essentiel de formuler la cause du handicap. D'une part, cela permet à l'enfant de ne pas se sentir responsable de ce qui arrive à son frère ou à sa sœur. Et d'autre part, cela évite qu'il imagine pouvoir lui aussi « l'attraper » comme on attrape un rhume.

« Madeleine est autiste. Elle est née comme ça. Ce n'est la faute de personne. Mais dans le centre où elle va, on s'occupe d'elle pour qu'elle apprenne plein de choses et pour qu'elle ait moins peur des autres. »

« Oscar a eu un accident quand il était petit. C'est pour ça qu'il ne peut plus marcher maintenant. Ça n'arrive pas souvent ce genre de choses. Mais avec son kiné, il fait plein de progrès, et il se débrouille très bien avec son fauteuil, même pour jouer au basket ! » Un jeune enfant ne sait pas ce qu'est un « accident ». Mais le mot est dit, l'enfant s'habitue à l'entendre, et en grandissant il pourra poser des questions, demander des précisions.

Ce que ça change dans notre famille

Le handicap entraîne des modifications concrètes dans la vie familiale, et des remaniements dans les relations.

Il est fondamental d'annoncer ce qui va pratiquement changer, dans la vie quotidienne, d'expliquer pourquoi, et d'en mettre en valeur les avantages.

« Ton frère Naïm va aller dans une école spécialisée et il va y dormir tous les soirs, sauf samedi et dimanche. Donc il ne sera plus tous les jours avec nous à la maison. On le retrouvera le vendredi soir, et on pourra aller à la piscine ensemble le week-end ! C'est une grande chance pour lui d'aller là-bas car il va faire beaucoup de progrès. Toi tu seras aussi plus au calme, tu pourras inviter tes copines à la maison. » Il est toujours utile de chercher systématiquement la manière de figurer les choses sous forme imagée, avec par exemple une photo de Naïm dans l'institution qui l'accueille, et un calendrier permettant de visualiser les jours où il dort à la maison et les jours où il dort à l'internat.

Mais au-delà des changements concrets, il y a aussi tout ce que le handicap bouleverse dans les relations intrafamiliales. Il est important de le formuler, car d'une part le tout-petit constatera qu'en effet il perçoit les choses avec justesse puisque ses parents le lui confirment, et d'autre part il se sentira reconnu comme un interlocuteur de valeur. De plus, énoncer permet d'ouvrir le dialogue sur ces questions, et l'enfant se sent alors autorisé à formuler ce qu'il en pense. « Tu sais Lilou, Papa et Maman sont très occupés avec Madeleine, car il faut l'accompagner chez des docteurs, et il faut toujours faire attention à ce qu'elle fait. Parfois, tu as peut-être l'impression qu'on s'occupe trop d'elle et pas assez de toi. Tu as le droit de nous le dire si tu trouves que ça ne va pas ! »

Tu n'es pas la mère de ta sœur, toi aussi tu es une enfant !

Dans le même ordre d'idée, ce peut être une bouffée d'oxygène que de rappeler à l'enfant qu'il a le droit… d'être un enfant ! Et comme beaucoup de choses, si cela va sans dire, cela va encore mieux en le disant.

« Madeleine a un papa et une maman pour s'occuper d'elle. Toi, tu n'es pas obligée de la surveiller tout le temps, de faire attention à elle dans la rue. Tu peux inviter tes copines à la maison si tu veux. C'est à nous de réfléchir comment organiser les choses avec Madeleine pour que tout se passe bien avec tes amies. »

Inviter chacun à exprimer ses émotions

La situation de handicap dans une famille mobilise beaucoup d'émotions diverses : des mouvements dépressifs et de découragement, mais aussi des mouvements dynamiques pour aller vers un dépassement des difficultés. Les frères et sœurs se sentent autorisés à formuler ce qu'ils ressentent si les parents le font aussi, et s'ils précisent aux plus jeunes qu'ils ont le droit de dire leur peine, leur colère, leur jalousie sans que cela ne les atteigne exagérément. Autrement dit, c'est une manière de repositionner chacun à sa juste place : les parents sont là pour protéger les enfants, et pas l'inverse. Ils peuvent entendre les difficultés que ceux-ci expriment sans être anéantis.

« C'est difficile avec Madeleine. Je suis triste qu'elle ne parle pas. Et des fois je suis en colère quand elle crie. Et toi Lilou, est-ce que tu es triste aussi, ou en colère ? »

Il s'agit donc de nommer ses sentiments, en accentuant les mimiques avec les tout-petits, et d'inviter l'enfant à en faire autant.

Comment parler à un enfant de son propre handicap ?

Il est classiquement pénible pour les parents d'un enfant handicapé d'envisager de parler avec lui de son propre handicap. Ils craignent que trop d'émotions les submergent, ou encore de blesser leur enfant en laissant voir leur chagrin ou leur inquiétude. Les parents peuvent ainsi avoir le désir que leur enfant *ne se rende pas compte*, ce qui serait propre à le maintenir dans une situation peut-être plus douce, mais de nature à freiner son évolution.

Tous les spécialistes s'accordent sur le fait que tenir un discours sur son handicap à l'enfant concerné est fondamental pour l'aider à se construire, avec cette part de son identité qui ne le définit pas tout entier mais contribue à faire de lui ce qu'il est. En effet, comment s'adapter à sa propre réalité et progresser si l'on ne sait pas où se situer ? Si nous rencontrons une difficulté dans notre travail, nous avons besoin d'en prendre conscience afin de mettre en place les conduites ou les apprentissages adéquats pour la dépasser. Il en va de même pour un enfant en situation de handicap. Dans la vignette clinique exposée au début de ce chapitre, Madeleine est évidemment totalement submergée par les colères qui l'habitent au moindre changement, elle n'en a pas le contrôle. Toutefois, le fait de pouvoir lui formuler qu'elle est énervée parce qu'elle est inquiète de prendre le train par exemple, peut lui permettre – et permettre à son entourage – de prendre peu à peu conscience des situations qui déclenchent ses crises et, par là, de les anticiper et de mettre en place des stratégies permettant de les prévenir en partie.

Se familiariser très tôt avec les mots

S'habituer dès le plus jeune âge, avant même que l'enfant possède le langage, à nommer le handicap, les difficultés, mais aussi les progrès, est une manière d'ouvrir une libre circulation des paroles. Les parents se familiarisent ainsi avec les mots, de manière à ce qu'il n'y ait pas de rupture entre un *avant* où chacun faisait « comme si de rien n'était », et un *après* où les propos tenus pourraient faire l'effet d'un diagnostic « couperet », à la fois pour ceux qui les prononcent et celui qui les reçoit.

Commenter les progrès, nommer les difficultés, proposer des stratégies

Il est important de commenter et de valoriser avec force expressivité les progrès de l'enfant : « C'est formidable Madeleine ! Tu as réussi à t'habiller toute seule ! Je suis très fièr(e) de toi ! ».

Si les progrès sont suffisamment et systématiquement valorisés, alors on peut se permettre de nommer les difficultés. Il ne s'agit pas de blesser l'enfant bien sûr, mais de l'aider à prendre conscience du chemin à parcourir en lui proposant des pistes pour y parvenir. « C'est très bien de m'aider à faire le gâteau Madeleine. Mais tu dois bien faire ce que je te montre. On doit recommencer parce que tu as tout versé par terre ! Regarde, c'est comme ça que tu dois mélanger, dans le plat, tout doucement. Tu veux encore essayer *(en tendant la cuillère)* ? »

Faire la part des émotions de chacun

Parler avec un enfant de son handicap permet de rendre à chacun les émotions qui lui appartiennent. Les parents, tout en proximité avec leur petit, tendent en effet à projeter sur lui les émotions qu'ils ressentent. S'ils se sentent accablés ou découragés, ils ne peuvent pas se représenter que leur enfant pourrait voir ou ressentir les choses autrement. C'est également vrai pour les frères et sœurs d'ailleurs, qui attribuent à l'enfant handicapé les sentiments qu'eux-mêmes éprouvent. Inviter l'enfant, dès le plus jeune âge, à exprimer ce qu'il ressent, c'est se rendre compte qu'il ne vit pas les choses comme son entourage. Il les vit de sa place, à partir de sa réalité propre, et cela peut contribuer à faire évoluer le regard que sa famille pose sur lui.

S'il est trop difficile pour l'enfant de dire ses émotions, parce qu'il est trop jeune, parce qu'il ne parle pas, on peut lui parler de ce que d'autres enfants dans sa situation peuvent ressentir. « Tu sais Oscar, il y a peut-être des jours où tu te sens très fort parce que tu arrives à faire des choses formidables, même si tu ne peux pas marcher. Mais il y a peut-être aussi des jours où tu te sens découragé, des jours où tu voudrais pouvoir courir comme tes frères et sœurs. C'est normal, tu as aussi le droit d'être en colère de ce qui t'arrive. »

À lire avec les enfants…

Vivre avec un handicap, (2008), de Catherine Dolto, illustré par Frédérick Mansot Paris, Gallimard Jeunesse.

Comment te dire…
… que tu vas aller chez le docteur

C'est une très mauvaise journée pour Samuel, 2 ans. Il a fait une chute à la crèche et son arcade sourcilière est ouverte… Tout d'abord c'est son éducatrice, Térésa, qui veut désinfecter sa plaie. Elle verse un produit sur une compresse, et hop, Samuel la voit arriver directement sur son front ! Il a si peur qu'il pousse un hurlement et jette sa tête en arrière pour éviter le coton. Boum ! Il se cogne contre le mur, redoublant dans ses pleurs… « Mais enfin Samuel, ça ne pique pas ! Il ne faut pas te mettre dans un état pareil ! » Si Samuel l'avait su, peut-être en effet aurait-il eu moins peur, mais comment le deviner ?

Finalement, Térésa prend Samuel dans ses bras et, tout le consolant, elle met un peu de désinfectant sur sa petite main : « Tu vois, c'est comme de l'eau ! » Samuel se laisse alors soigner. Elle lui donne un biscuit pour qu'il se remette de ses émotions, et appelle ses parents pour venir le chercher : la plaie nécessitera sûrement des points de suture.

Voilà Papa ! Samuel est rassuré. « Allez Samy, on va aller faire recoudre ton bobo ! » À l'arrivée à l'hôpital, il y a beaucoup de monde dans la salle des urgences. Des enfants qui jouent, des enfants qui pleurent, des enfants qui dorment, des enfants qui courent partout. Samuel est un peu perdu, il n'a pas bien compris ce qu'il vient faire ici. Il commence à jouer au loup avec un autre petit garçon, et au moment où il va parvenir à l'attraper, voici qu'une dame en blanc vient l'appeler. Samuel n'a pas du tout envie de quitter son nouveau copain, mais son papa ne lui laisse pas le choix. Les voilà tous deux assis dans un box d'examen. La dame en blanc veut lui enlever son pansement. Ah non ! Ça ne va pas recommencer ! Elle observe longuement son front et Samuel la dévisage avec méfiance, reculant sa tête comme s'il allait l'enfoncer dans le torse de son père. Ensuite la dame en blanc ouvre des tiroirs pour prendre dedans des tas de choses emballées dans du plastique. Samuel a maintenant très peur, il se demande ce qui se trame... Il veut partir retrouver son copain, mais son père le rattrape au vol. Il est en pleurs sur ses genoux quand la dame en blanc laisse son matériel sur la paillasse et vient s'asseoir à côté de lui. Elle lui parle enfin ! Tout en lui caressant doucement le bras, elle lui dit : « Ne t'inquiète pas, je vais t'expliquer exactement tout ce que je vais faire pour soigner ton bobo ». Samuel ne pleure plus. Il l'écoute attentivement.

Sous prétexte d'éviter les difficultés, l'enfant arrive souvent chez le médecin ou à l'hôpital sans avoir pu l'anticiper. « Si je lui dis qu'on va lui faire une piqûre, il risque d'avoir peur / j'ai peur qu'il s'inquiète / il ne voudra pas monter dans la voiture / il va pleurer… » La liste des justifications pourrait s'allonger à l'infini. Le médecin, le dentiste, l'hôpital sont associés pour beaucoup d'adultes à l'angoisse, à la douleur, à la réduction du sujet à l'état de « patient », objet du savoir et du pouvoir médical. Autrement dit, l'idée que nous nous faisons des soins nous empêche d'aider nos enfants à aborder sereinement ces moments. Les adultes n'en disent rien à leurs enfants parce qu'ils ne se sentent pas capables d'en dire quelque chose de rassurant.

Parents et professionnels réunis, nous éviterions beaucoup de malentendus si nous prenions pour habitude d'informer systématiquement les plus jeunes de la finalité d'un rendez-vous, de l'identité de la personne qu'ils vont rencontrer, et de ce qui va s'y passer, au moins dans la mesure de ce que nous en savons.

Anticiper un événement pour mieux se l'approprier

Nous avons tous fait cette expérience : si l'infirmière se précipite sur nous avec une seringue à la main, sans nous expliquer ce qu'elle va nous faire et pourquoi, nous avons un mouvement de recul. Préférons-nous être soignés par un médecin qui ne dit rien de ce qu'il nous fait et de ce qu'il nous prescrit ? Ou bien par celui qui nous explique tout d'abord ce dont nous avons besoin, et quels bénéfices ou effets secondaires on peut en attendre ? Par le second bien sûr !

Eh bien les enfants ne sont pas différents. Ils ont besoin de pouvoir anticiper ce qui va se passer pour mieux s'y préparer et pour se l'approprier. Il est inutile de parler de la visite chez le docteur deux semaines à l'avance : les tout-petits ayant peu de repères chronologiques, ils ne pourront apprécier correctement le temps qui les sépare de ce moment. Mais en parler la veille, et de nouveau juste avant le rendez-vous, en expliquant pourquoi on y va, et comment va se dérouler la consultation, c'est éviter à l'enfant un effet de surprise qui se traduit le plus souvent par une réaction de peur.

Sur le site de l'association Sparadrap[35], on peut lire quelques conseils donnés aux soignants par une jeune patiente de 7 ans. Cette petite fille a été hospitalisée deux mois et demi durant pour une maladie grave. Voici ce qu'elle dit : *« Ne me surprenez pas. Dites-moi ce que vous allez faire avant de le faire. Ça me gênait beaucoup quand les médecins sont entrés dans ma chambre, m'ont réveillée et puis ont commencé à me faire des choses. J'ai détesté ça. S'il vous plaît, expliquez-moi ce que vous allez faire bien avant de me toucher. S'il me faut une piqûre, n'attendez pas le dernier moment pour me le dire. »*[36]

35. L'association Sparadrap a pour mission de guider les enfants dans le monde de la santé en les reconnaissant comme de véritables interlocuteurs. Elle a été créée en 1993 par des professionnels et des parents grâce au soutien de la Fondation de France.

36. Monique Olivia McIntyre, (10 septembre 2002), lettre à *The Washington Post*, consultable sur le site de l'association Sparadrap (www.sparadrap.org).

Ne trahissons pas la confiance que les enfants placent en nous !

L'enfant évolue dans un monde tout entier régi par les adultes : sa famille l'éduque et le protège, son assistante maternelle ou les éducatrices de la crèche l'accueillent, ses enseignants l'accompagnent sur le chemin de la connaissance, et les soignants veillent à sa santé. Les tout-petits ont spontanément confiance dans les adultes… jusqu'à preuve du contraire !

Or un enfant qui n'a plus confiance dans les adultes se retrouve en situation d'insécurité. Comment se sentir protégé si les référents ne sont pas fiables ? Comment suivre des règles éducatives énoncées par des proches si ceux-ci ne sont pas respectables ? Comment accepter d'apprendre quand ceux qui énoncent le savoir ont perdu tout crédit ? C'est tout le développement de l'enfant qui s'en trouve alors affecté.

La confiance d'un enfant envers les adultes peut être entamée par des faits graves, tels que des actes de maltraitance par exemple. Mais certains, sans se trouver dans des situations aussi dramatiques, sont malmenés par des adultes qui régulièrement ne font pas ce qu'ils disent, ou font ce qu'ils ne disent pas.

Un enfant à qui l'on a promis une fois que le docteur ne lui ferait pas de piqûre et qui se retrouve vacciné au cours de la consultation saura s'en souvenir ! Lors des visites ultérieures, il y a fort à parier qu'il sera terrorisé à l'idée qu'on lui réserve peut-être un soin douloureux dont on ne l'a pas informé. La petite patiente américaine qui a dicté ses consignes au *Washington Post* dit encore ceci : *« Soyez honnête. J'étais vraiment en colère quand on me disait que quelque chose n'allait pas faire mal et que ce n'était pas vrai. Je déteste les piqûres. Ça fait mal. »*[37]

37. *Ibid.*

Nous allons envisager successivement quatre situations de soins auxquelles tout enfant peut être confronté : tout d'abord la traditionnelle visite chez le docteur, puis la sempiternelle piqûre ; nous ferons ensuite un détour par l'hôpital pour une intervention chirurgicale, et nous terminerons notre parcours par une consultation chez le « psy », psychologue ou psychiatre pour enfants.

Tu as rendez-vous chez le docteur !

Le médecin est là pour nous soigner. C'est un personnage bienveillant. Pourtant, que celui d'entre nous qui n'est jamais angoissé dans sa salle d'attente jette à son enfant la première pierre !

Le médecin touche le corps ; il entre dans notre intimité et utilise parfois des instruments étranges. Si délicat et attentionné soit-il, il fait intrusion dans la coque protectrice que nous nous sommes fabriquée tant bien que mal. Devant lui, nous sommes vulnérables et nous nous sentons nus, au sens propre comme au sens figuré. Il est enfin celui qui fait lien entre la vie et la mort, ce qui lui confère un pouvoir tout particulier. Qu'il en joue avec hauteur ou qu'il fasse preuve d'humilité, cela ne change pas grand-chose : selon le diagnostic, sa parole est un onguent qui rassure ou un couperet qui tranche.

Mais le médecin est aussi le partenaire privilégié de notre santé, et il est important pour chacun d'entre nous, adultes comme enfants, de pouvoir nouer avec lui une relation de confiance. Alors comment aider un tout-petit sur ce chemin ? Tout d'abord, il est bon de se procurer une mallette de docteur au rayon des jouets : elle n'a pas fini de nous servir !

Qui est le docteur ?

Le docteur est un personnage très tôt identifié dans la vie d'un enfant. N'est-il pas la première personne à le tenir entre ses mains lors de la naissance ? Ensuite, les visites chez le pédiatre ou chez le médecin de famille sont régulières, surtout au cours des trois premières années où se font toutes les vaccinations. Lorsque c'est possible, garder le même interlocuteur aidera l'enfant à l'identifier et à lui faire confiance.

Le médecin est à présenter comme un personnage positif : « Ton docteur est là pour t'aider à grandir, et pour te soigner quand tu es malade. Après manger, on va aller le voir parce que tu as mal à l'oreille. »

Pour les tout-petits qui ne parlent pas encore, mimer le symptôme les aidera à comprendre le motif de la visite. « On t'emmène chez le docteur parce que *aïe aïe aïe !* », fait l'adulte en faisant la grimace et en se tenant l'oreille. « Tu as mal à ton oreille ! », peut-il ajouter en désignant l'oreille de l'enfant.

Le docteur n'est pas là pour te punir...

« Si tu n'es pas sage, le docteur va te faire une piqûre ! » Cette phrase est un classique, hélas ! Il m'arrive même de l'entendre dans mon cabinet de psychiatre lorsque des parents se trouvent démunis face à un enfant trop agité...

C'est que le lien entre la maladie – et donc le docteur – et la punition est tenace dans l'imaginaire collectif. La maladie peut en effet être associée à une sanction lorsque des comportements ou des choix de vie se payent au prix fort sur le plan de la santé : cancer et abus de tabac, problèmes cardiaques et déséquilibre alimentaire, infections sexuellement transmissibles et pratiques à risque... Quand les adultes menacent les enfants de la piqûre du docteur, cela fait aussi référence à la peur qu'ils peuvent avoir eux-mêmes d'être punis par une maladie s'ils n'ont pas un mode de vie « biologiquement correct ».

Mais évidemment, associer le docteur à la punition ne facilite pas l'instauration d'une relation de confiance... Le message est donc à proscrire résolument !

Comment se déroule la visite ?

C'est le moment de sortir la mallette de docteur et tous ses instruments de plastique coloré !

Avec ce support ludique, on peut expliquer tout le déroulement de la visite en décrivant et en mimant les gestes, et en nommant les parties du corps, soit sur l'enfant soit sur une peluche.

« Tout d'abord, le docteur va te mesurer. Ensuite il va écouter ton cœur : il va mettre le stéthoscope dans ses oreilles... Baboum, baboum, baboum... oh, j'entends ton cœur qui tape ! » Les plus grands, à partir de 3 ans, seront très vite demandeurs de refaire eux-mêmes ces gestes sur leur ours ou leur poupée. « Boum, boum, boum ! », vont-ils répéter.

On peut ainsi passer en revue, sur le mode du jeu, tous les organes que le médecin va examiner.

Nous y voilà !

On a compris que si l'enfant a un « doudou », ce n'est pas le moment de l'oublier !

Le tout-petit sera heureux et amusé de retrouver chez le docteur les instruments identifiés dans sa mallette-jouet, et les gestes accomplis précédemment sur un mode ludique. Plus le déroulé de la visite se rapproche du jeu mis en scène, plus il se sent rassuré et peut participer à ce qui se passe – au moins en l'absence de soins douloureux.

Enfin, si le médecin s'adresse à lui avec des mots qu'il ne comprend pas, il est bon de reformuler les choses, car les parents sont les mieux placés pour se faire comprendre de leur enfant.

Après la visite

En sortant de la visite, il est utile d'inviter l'enfant à exprimer son ressenti : « Comment ça s'est passé pour toi, Samy ? Tu le trouves gentil ce docteur ? Est-ce que tu as compris ce qu'il a dit ? Est-ce que tu as eu peur ? Est-ce qu'il y a quelque chose que tu n'as pas aimé pendant la visite ? »

Il n'est pas rare que les enfants de 3 ans et plus jouent encore quelques jours avec la mallette de docteur en rentrant à la maison. C'est leur manière de s'approprier cette expérience, et de se retrouver en situation de maîtriser, sur leur peluche, des actes dont ils ont été eux-mêmes l'objet dans la réalité.

Tu vas avoir une piqûre !

Parfois, le rendez-vous est pris chez le docteur pour faire une piqûre : un vaccin, une prise de sang, une injection de médicament. Et personne n'aime ça, ni les enfants, ni les adultes !

La piqûre concentre en elle tout l'imaginaire associé au soin désagréable ou douloureux. D'abord, la seringue est munie d'une aiguille qui traverse la peau et entre dans le corps, ce qui fait vivre la sensation d'une effraction. Ensuite, on nous *fait* une piqûre, ce qui nous met dans la position inconfortable de celui qui subit quelque chose de désagréable sans pouvoir s'en défendre. Mais ces angoisses d'adultes se doublent chez l'enfant de peurs irrationnelles. Par exemple, ils imaginent que la seringue et l'aiguille sont énormes, ou que le sang va jaillir.

Lorsque l'enfant a été menacé d'une piqûre pour cause de désobéissance, ses proches se trouveront bien embarrassés d'avoir utilisé ce chantage le moment venu ! Mais même sans cela, il n'est pas rare que les petits assimilent ce geste à une forme de punition. Il y a ceux qui en ont déjà eu et qui n'en veulent plus, et ceux qui n'en ont jamais eu et qui n'en veulent pas. Il y a ceux qui ont peur d'avoir mal, et ceux qui ont peur d'avoir peur. Et puis il y a ceux qui sont angoissés mais ne le montrent pas.

Dans tous les cas, il est très important d'expliquer à l'enfant comment les choses vont se dérouler, afin qu'il ne soit pas surpris et qu'il puisse se préparer à ce moment. Essayons donc de répondre à quelques questions que l'enfant se pose forcément même s'il ne les formule pas.

Avant la piqûre

On va où ?

« Samy, on va chez le docteur après le dodo. Comme d'habitude, le docteur va vérifier que tu grandis bien. Mais cette fois, il va aussi te faire une piqûre. »

Une piqûre, pour quoi faire ?

« C'est pour être plus fort que certaines maladies graves (quand il s'agit d'un vaccin) / C'est pour te soigner (quand il s'agit d'une injection médicamenteuse) / C'est pour regarder dans ton sang si tout va bien (quand il s'agit d'une prise de sang). »

Une piqûre, ça fait mal ?

Les patchs et crèmes anesthésiantes sont efficaces, et il est judicieux d'en demander la prescription au pédiatre. De plus, cela place l'enfant et son parent dans une position active pour mieux anticiper le geste, et c'est aussi un bon moyen de charger ses armes psychologiques ! « Avant de partir, Samuel, on mettra comme un pansement sur ton bras, à l'endroit où le docteur va faire la piqûre. C'est un produit pour que la piqûre ne fasse pas mal. »

Une piqûre, ça dure longtemps ?

Voilà un point positif sur lequel on ne se privera pas d'insister ! « Une piqûre, c'est très vite fait ! Le docteur va mettre un produit, comme de l'eau, avec un coton, à l'endroit où il va faire la piqûre. Puis il te prévient quand il fait *"pique !"*. Il ne faut pas bouger, et c'est déjà fini ! »

Une piqûre, ça se passe comment ?

La mallette de docteur va encore servir ! Mimer la piqûre sur l'enfant, sur une peluche, permet au tout-petit de s'approprier les choses avec son corps, sur un mode ludique. « On passe le coton avec de l'eau. Le docteur dit *"je pique !"*. Parfois tu peux sentir quelque chose et tu dis *"aïe !"*, mais parfois on ne sent rien du tout. Ensuite le docteur met dessus un petit pansement. » Ainsi l'enfant saura précisément à quoi s'attendre. Il aura moins peur, et donc moins mal, car l'angoisse rend plus sensible à la douleur.

Pendant la piqûre

C'est mon docteur qui fait la piqûre ?

Plus le contexte est rassurant, plus le geste est anodin. Il vaut mieux que ce soit toujours le même médecin qui fasse les vaccins : l'enfant le connaît et il connaît les lieux, les peluches de la salle d'attente, la disposition du bureau médical. S'il se retrouve dans un espace qui lui est familier, il se sentira tranquillisé. Le doudou, les bras des parents sont également des éléments propres à réconforter le tout-petit.

Est-ce que ma maman va rester avec moi ?

Parfois, certains soignants préfèrent éloigner les parents, considérant que leur présence peut rendre les choses plus difficiles. Il est en effet pénible de voir souffrir son enfant sans rien pouvoir faire. C'est surtout pour des piqûres intraveineuses que la question peut se poser (injections ou prises de sang), car il est parfois nécessaire de faire plusieurs tentatives pour réussir le geste. Il vaut mieux se renseigner avant pour savoir si les parents sont invités à sortir pendant la piqûre. Ils pourront ainsi prévenir leur enfant, sans quoi il se sentira trahi, abandonné. « Le docteur préfère être tout seul avec toi pour te faire la piqûre, Samuel. Il me demandera de sortir et je reviendrai tout de suite après. Mais je penserai très fort à toi et je suis sûre que tout se passera très bien, car le docteur sait très bien faire les piqûres. C'est son travail. »

Je peux pleurer ?

Veillons à laisser le tout-petit libre de réagir comme il le veut ou comme il le peut durant la piqûre, sans l'enfermer dans un schéma conforme à ce qui serait le plus confortable pour l'adulte. Non, il n'est pas là pour montrer combien il est courageux ou sage. Oui, il a le droit de ne pas être content, il a même le droit de crier ou de pleurer s'il a mal.

Donne-moi un truc pour que ça se passe bien !

On peut en effet proposer à l'enfant des stratégies pour mieux vivre ce moment : par exemple, penser à quelque chose qui lui fait plaisir, chanter une chanson, respirer profondément, lui raconter une histoire, ou bien compter avec lui pour les plus grands. Certains enfants préfèrent regarder la piqûre pour mieux contrôler, d'autres préfèrent regarder ailleurs : il n'y a pas de règle, l'essentiel est qu'il se sente libre de faire comme il l'entend, et non contraint d'avoir à faire comme l'adulte le souhaite.

Après la piqûre

Console-moi !

La réaction de l'enfant, quelle qu'elle soit, est à accueillir avec bienveillance. Les tout-petits, mais aussi parfois les grands enfants, ont besoin d'être pris dans les bras, consolés après un geste douloureux.

Est-ce que j'ai été courageux ?

L'enfant a besoin d'être félicité après avoir franchi cette épreuve, et déculpabilisé. « Bravo Samy ! Tu as réussi ! C'était difficile, je sais. Ce n'est pas grave de pleurer. On a toujours le droit de pleurer quand on a peur ou quand on a mal. »

La piqûre, parlons-en !

Ensuite, on pourra revenir sur ce moment et demander à l'enfant ce qu'il a ressenti. « Est-ce que tu as eu peur ? Est-ce que tu as eu mal ? Est-ce que le produit qu'on avait mis avant a bien marché ? »

Tu vas te faire opérer !

La perspective d'une intervention chirurgicale n'est agréable pour personne, et c'est encore plus troublant pour un jeune enfant.

Tout d'abord, une intervention chirurgicale constitue un moment de séparation. Que l'hospitalisation soit longue ou courte (beaucoup de chirurgies peuvent à présent être programmées en hospitalisation de jour), le tout-petit va partir seul au bloc opératoire, et être séparé de son environnement familier.

Ensuite, une intervention confronte à un nouveau milieu, propre à dérouter le jeune enfant qui est très attaché à ses repères. L'hôpital est un univers qui n'a rien de chaleureux ni de convivial : les couloirs se suivent et se ressemblent sans que rien ne puisse être relié à quelque chose d'intime ou de personnel, et par ailleurs l'enfant est confronté à un grand nombre de visages nouveaux qui apparaissent et disparaissent au gré de l'organisation du service.

De plus, une intervention chirurgicale suppose des examens et des gestes de soins qui peuvent susciter de l'angoisse, de la peur ou de la douleur. Toutes ces réactions se trouvent amplifiées par le fait que le tout-petit est en rupture de ses habitudes.

Enfin, n'oublions pas l'angoisse qui étreint les parents : même l'idée d'une intervention des plus banales est pénible, faisant craindre de voir souffrir son enfant en étant impuissant à le soulager.

Alors, comme dans les situations précédemment abordées, plus l'enfant a la possibilité d'anticiper ce qu'il va vivre, plus il l'appréhende de façon sereine. Mais attention, il y a beaucoup d'informations à donner dans le cas d'une hospitalisation. Un tout-petit ne peut pas les assimiler d'un seul coup. Il faut donc dispenser les indications par étapes, en répétant à chaque fois l'étape précédente.

Dans un premier temps, on commence par expliquer à l'enfant pourquoi il va être opéré. À un autre moment, en lui rappelant qu'il va être opéré et pourquoi, on lui indique où cela va se passer, quand, et combien de temps il va rester hospitalisé. Dans un troisième temps, on lui précise qu'il va être endormi, et en quoi cela consiste. La veille de l'intervention, on déroule avec lui la succession des événements pré et post-opératoires. Enfin une fois sur place, à l'hôpital, ces éléments sont à nouveau repris.

Tu vas te faire opérer des amygdales : montrer sur le corps le lieu de l'intervention

L'important est que l'enfant situe la zone sur laquelle il va être opéré. Il faut la lui montrer en la nommant, sur son corps et sur le corps de l'autre.

« Tu as très souvent bobo dans ta gorge, Violette, ici. Alors le docteur va enlever tes amygdales pour que tu n'aies plus jamais mal. Mes amygdales à moi sont là, au fond de ma gorge. Et les tiennes aussi, elles sont là, au fond de ta gorge. »

Le tout-petit ne peut bien sûr pas comprendre ce que sont les amygdales, mais l'important est qu'il sache où le problème se situe, et qu'il se familiarise avec un mot qu'il entendra dans la bouche des soignants.

Enfin, si son papa ou sa copine Yaëlle ont aussi été opérés, des amygdales ou d'autre chose, cela banalise la chose. « Papa, il n'a plus d'amygdales dans sa gorge, parce qu'on les lui a enlevées quand il était petit. Et il est beaucoup plus tranquille maintenant. » Donner des exemples a une vertu rassurante.

Tu vas aller à l'hôpital : situer l'hôpital dans l'espace de l'enfant

Ce qui est évident pour nous ne l'est pas forcément pour un jeune enfant qui a tout à bâtir de sa compréhension du monde. Poser des repères spatio-temporels est donc fondamental. Pour être opéré, on doit aller à l'hôpital.

Parfois les rendez-vous auprès du chirurgien ont déjà eu lieu en milieu hospitalier. « Le docteur va t'opérer dans la grande maison où nous sommes déjà allées le voir. Tu sais Violette, là où il y a des vitres tout en couleur avec des étoiles dessinées dessus. » Donner quelques repères qui ont pu accrocher visuellement l'enfant lui permet de mieux situer le lieu.

Mais il se peut aussi que l'enfant ne soit jamais entré dans un hôpital. Les consultations auprès du chirurgien et de l'anesthésiste ont pu se tenir en ville, et le tout-petit s'attendra à retrouver le docteur dans le lieu où il l'a vu les fois précédentes. « Le docteur va t'opérer à l'hôpital, Violette. C'est une très grande maison où il y a tout ce qu'il faut pour soigner les enfants. Et dedans, il y beaucoup de docteurs et d'infirmièr(e)s qui travaillent. Demain, on passera devant l'hôpital avec la voiture pour que tu le voies. » Si l'enfant a l'occasion de se familiariser avec le lieu préalablement, c'est en effet préférable (et cela peut aussi être rassurant pour les parents !).

Tu vas rester plusieurs jours à l'hôpital et je dormirai à côté de toi

L'enfant doit pouvoir se préparer à la durée de son hospitalisation, et savoir si l'un de ses parents va rester avec lui. Les parents sont généralement les bienvenus dans les services de pédiatrie, et chaque fois que c'est possible, leur présence est précieuse pour le tout-petit. « Tu vas dormir une seule nuit à l'hôpital Violette, et moi je dormirai à côté de toi. »

À partir de 3 ans, on peut faire un calendrier avec des dessins figurant les jours qui séparent l'enfant de son hospitalisation, ceux qu'il passera à l'hôpital, et ceux qu'il passera en convalescence à la maison avant de retourner à la crèche ou à l'école.

Amener son doudou et quelques objets familiers auxquels l'enfant est particulièrement attaché lui permettra de se sentir moins perdu dans cet univers qui lui est étranger.

Tu seras endormi(e) et tu ne sentiras rien

Tout enfant en âge de parler demandera immédiatement si « ça fait mal », une opération... Et il est en effet fondamental de lui préciser qu'il va être anesthésié. « Pour que tu n'aies pas mal quand le docteur va t'opérer, il va t'endormir. Et comme ça tu ne sentiras rien, tu ne verras rien, et tu n'entendras rien. Comme quand tu dors. » Mimer les choses, c'est encore mieux, alors on peut faire semblant de dormir et inviter l'enfant à faire de même : « Je dors. Je ne sens rien, je ne vois rien et je n'entends rien ! ».

Avant l'intervention, il importe d'expliquer à l'enfant de quelle manière le docteur va l'endormir : ce peut être en lui faisant une piqûre, ou avec un masque. On peut alors lui proposer d'endormir son ours en peluche avec sa mallette de docteur.

Une opération, ça se passe comme ça

Aujourd'hui, les équipes chirurgicales prenant en charge des enfants donnent généralement beaucoup d'explications, qu'il est bon de reprendre avec l'enfant. Et les plus frappantes pour un tout-petit ne sont pas toujours celles qu'on croit ! Tout ce qui va le changer dans ses petites habitudes est à signaler.

« Le matin de l'opération, pas de petit déjeuner, Violette ! C'est pour mieux t'endormir, pour que tu n'aies pas mal. » Mieux vaut en effet informer l'enfant de ces désagréments, qui peuvent prendre pour lui une importance que l'on ne soupçonne pas : ce n'est pas tant le fait d'avoir faim que la rupture d'avec sa routine qui le perturbera.

« En arrivant à l'hôpital, on va te prêter un pyjama tout bleu. Puis on te fera boire un sirop qui va te donner un peu sommeil. » C'est la prémédication qui précède généralement l'anesthésie, pour mettre l'enfant dans les meilleures conditions de détente pour aborder les soins.

« Tu auras très envie de dormir, et quelqu'un va venir te chercher pour t'amener vers le docteur que tu connais. Moi, je vais rester dans la chambre parce que je n'ai pas le droit de venir avec toi. On se fera un bisou, et on se dira *"à tout à l'heure !"* Mais ne t'inquiète pas, je ne vais pas partir, je vais rester là et je vais t'attendre. » Il est indispensable de prévenir le tout-petit qu'il devra se séparer de ses parents pour le temps de l'intervention.

« Ensuite le docteur va t'endormir. Et comme tu ne sentiras rien, il va pouvoir t'opérer. »

Toutes ces étapes peuvent être rejouées avec une peluche, afin que l'enfant en intègre la succession, qu'il se l'approprie et qu'il ait le moins possible de surprise une fois arrivé à l'hôpital.

Tu te réveilleras dans une salle spéciale avant de revenir dans ton lit

N'oublions pas de préciser au tout-petit qu'il va se réveiller dans une « salle de réveil », et non auprès de sa maman.

« Après l'opération, Violette, quand tu dormiras encore, le docteur va t'emmener dans une salle avec d'autres enfants pour attendre que tu te réveilles. C'est seulement quand tu seras bien réveillée qu'on se retrouvera. »

Enfin, il est préférable de préparer l'enfant à ce qu'il peut ressentir en se réveillant : on est moins angoissé devant un symptôme désagréable ou douloureux quand on sait qu'il peut se manifester.

« En te réveillant, tu peux avoir envie de vomir. L'infirmière te donnera un médicament pour que ça passe. »

« En te réveillant, tu peux avoir faim ou soif, mais tu dois attendre un peu avant de boire ou de manger. »

« En te réveillant, tu peux avoir mal là où tu as été opérée. L'infirmière te donnera un médicament pour que ça passe. »

Si tu as un peu mal après, c'est normal, il faudra nous le dire

Là encore, prenons soin d'instruire l'enfant sur les suites opératoires prévisibles. « Tu sais Violette, quand le docteur va enlever tes amygdales, tu vas avoir mal à la gorge, ici, pendant quelques jours, mais on te donnera des médicaments pour que ça passe. Et puis on te donnera à manger de la compote, et aussi des flans et des glaces. C'est pour que tu n'aies pas mal dans la gorge quand tu avales. »

Inviter l'enfant à exprimer ce qu'il ressent lui permet de mieux l'identifier, et laisse la possibilité à son entourage de le rassurer. « Tu as mal quelque part Violette ? Ici ? À la gorge ? C'est normal, le docteur l'a dit. »

Enfin, si l'on a établi un calendrier pour cette période opératoire – pour un enfant à partir de 3 ans par exemple –, on veillera à le faire suivre afin que le tout-petit puisse repérer le temps qui lui reste à passer à l'hôpital ou en convalescence.

Tu as rendez-vous chez le psy !

Je suis un médecin qui n'examine pas le corps. Je ne fais pas de piqûre ni de gestes invasifs qui pourraient faire mal. Expliquer à un tout-petit qu'il va voir une dame pour parler et jouer, pour l'aider à grandir, n'a donc *a priori* rien d'inquiétant... Et pourtant, combien d'enfants, surtout parmi les plus jeunes, arrivent dans mon bureau sans savoir ce qu'ils viennent y faire ! Je ne porte pas de blouse blanche, mais lorsque les parents me disent « Bonjour Docteur ! », la plupart des enfants me demandent si je vais leur faire une piqûre...

Lorsque je questionne les parents sur ce qu'ils ont expliqué à leur enfant, ils répondent souvent « Rien », ou « Pas grand-chose, parce que je ne savais pas que dire ».

Sans vouloir baliser à l'avance une rencontre qui est singulière avec chaque enfant, un rendez-vous chez un psychologue ou un psychiatre est néanmoins d'autant plus porteur que l'enfant sait ce qu'il vient y faire et ce qu'il peut en attendre.

Un « psy », ça sert à quoi ?

Il arrive à tout le monde d'avoir des soucis dans la vie. On peut être confronté(e) à des événements difficiles, tels qu'un deuil, une maladie, une séparation. Parfois, on ressent un malaise à l'intérieur de soi, qui peut se traduire chez les plus jeunes par différents symptômes : des troubles du sommeil ou de l'appétit, un désintérêt pour le jeu, une difficulté à entrer en contact avec les autres, une irritabilité avec des colères, une agressivité, des phénomènes de régression, des maux de ventre ou de tête...

À un moment donné, des parents peuvent donc décider de faire aider leur enfant (et de se faire aider) par un « psy », psychologue ou psychiatre.[38]

« Yvonne nous a dit que tu étais très en colère à la crèche, Zacharie. Elle a expliqué que tu as mordu des enfants, et aussi que tu pleures et que tu cries beaucoup. On va aller chez une dame, tu joueras avec elle, on parlera, et elle pourra t'aider. Parce qu'on est malheureux quand on est en colère. »

Le « psy », c'est qui ?

Les jeunes enfants nous donnent souvent de très jolis surnoms, comme « le docteur ou la dame des soucis », ou encore « la dame ou la gardienne des secrets »...

« La dame qu'on va voir s'appelle Marie-Noëlle. Elle est là pour comprendre tes soucis et pour t'aider. C'est un "docteur des soucis" ! Pour soigner, elle écoute, elle joue et elle parle. Elle ne fait pas de piqûre, elle ne touche pas le corps. »

Chez le « psy », ça se passe comment ?

La ou les premières séances se déroulent avec l'enfant et ses parents, de manière à comprendre la situation, les motifs de la

38. Un psychologue a suivi un cursus universitaire de psychologie clinique. Il peut pratiquer des bilans psychologiques à l'aide de tests, et faire des prises en charge psychothérapiques selon diverses méthodes. Un psychiatre est un médecin spécialiste. Le pédopsychiatre travaille plus spécifiquement auprès des enfants et des adolescents. Il peut poser un diagnostic, prescrire des examens complémentaires, des rééducations, et des médicaments si nécessaire. Il peut également pratiquer des psychothérapies selon diverses méthodes.

démarche, et le contexte familial et environnemental. C'est aussi une manière de faire connaissance avec l'enfant, de devenir pour lui un personnage familier.

« La première fois, on ira tous ensemble dans le bureau. On va parler, et tu pourras jouer ou dessiner. »

Ensuite seulement, pour les enfants de 2 ans et plus et selon les situations, on peut envisager de recevoir l'enfant seul, pour quelques séances ou pour un suivi plus régulier.

« On va retourner voir le "docteur des soucis", Zacharie. Maintenant que tu la connais, tu pourras parler tout seul avec elle, et aussi jouer, dessiner. Moi je t'attendrai juste à côté, dans la salle d'attente. Et quand vous aurez fini, vous viendrez me chercher. »

Le « psy » sait garder un secret…

La confidentialité est sûrement l'élément clé à expliquer afin que l'enfant puisse pleinement profiter des temps d'échange qui lui sont proposés. Le « psy » ne révèle en effet rien aux parents du contenu des séances. Cela crée pour l'enfant un espace protégé et sécurisé où il peut se laisser aller à exprimer ce qu'il souhaite et ce qu'il ressent, à travers divers supports.

Il vaut mieux que les parents s'abstiennent de questionner leur enfant sur ce qu'il a dit ou fait durant ces moments. Lui, en revanche, a la liberté d'en parler comme il le souhaite… et évidemment aussi de ne rien en dire ! La seule exception à cette règle est l'enfant victime d'une maltraitance : le professionnel est alors amené à rompre le secret de manière à pouvoir le protéger.

Les soignants insistent en général largement sur l'importance du secret et de la confidentialité, au début, puis au fil de la prise en charge. Toutefois, il est toujours utile que cette notion soit relayée par les parents, ce qui montre à l'enfant qu'eux aussi l'ont bien entendue et s'engagent à la respecter. « Quand tu vas voir le “docteur des soucis”, tu peux lui raconter tout ce que tu veux. Elle garde tout pour elle, comme un secret. Et nous on ne sait rien de ce que tu racontes. Ça reste entre toi et elle. »

À lire avec les enfants…

Un grand nombre de livres traite de ces sujets, dans toutes les séries connues des enfants, telles que *Petit Ours Brun, Tchoupi, Léo et Popi…*

Insistons plus particulièrement sur le travail de l’Association Sparadrap, qui édite des documents sur le monde de la santé, destinés aux parents et aux enfants, pouvant être consultés, téléchargés ou commandés sur leur site internet (www.sparadrap.org). On y trouve notamment des livrets, conseillés à partir de 3 ans : *Je vais chez le docteur / J’aime pas les piqûres / Aïe ! J’ai mal… / Je vais me faire opérer / Je vais chez le dentiste / J’ai des soucis dans la tête… Et si on en parlait ensemble ?*

Un grand nombre de termes médicaux, avec leur définition et des illustrations, sont recensés dans *Le petit dico de la santé* (www.sparadrap.org).

Citons enfin : *Dis-moi Docteur ! Les soins et les actes médicaux expliqués aux enfants et à leurs parents,* (2010), Paris, Albin Michel.

Comment te dire…
… que ton grand-père a un cancer

Ève est âgée de 3 ans. Ses parents travaillent dans une association humanitaire. Ils sont souvent amenés à partir en déplacement à l'étranger, et leurs horaires de travail sont irréguliers, leur permettant rarement de se trouver à la sortie de l'école. Ce sont les grands-parents maternels d'Ève qui s'occupent d'elle en fin de journée, et qui l'accueillent lorsque ses parents voyagent. Sa grand-mère est encore en activité, mais son grand-père est un enseignant fraîchement retraité, très investi dans sa nouvelle mission. Au jardin public, Ève et Papi René ne semblent pas avoir soixante ans d'écart, et ils jouent à chat perché sans que l'on puisse déterminer lequel y trouve le plus de plaisir ! Cependant, depuis quelque temps, René se sent très fatigué. Une toux persistante l'a amené à consulter, et après divers examens le diagnostic est tombé : il s'agit d'un cancer du poumon. Pour l'instant traité par une chimiothérapie qui l'épuise, il devra bientôt être hospitalisé pour subir une intervention chirurgicale. Plus question pour lui de s'occuper d'Ève en l'état actuel des choses. La jugeant trop attachée à son grand-père pour lui dire une vérité qui est source d'inquiétude pour tout le monde, sa famille préfère taire la maladie de René. Une étudiante a été recrutée pour aller chercher Ève à l'école, « parce que Papi René ne peut pas le faire en ce moment ». Mais lorsque Ève dort chez ses grands-parents, le plus curieux à ses yeux est que son grand-père reste allongé presque tout le temps, ne mange rien à table, et qu'il ne veut plus jouer avec elle. Nourrissant le sentiment que son partenaire de jeu préféré la boude ou ne l'aime plus, Ève erre dans la maison comme une âme en peine. Comme René, elle s'allonge sur le canapé du salon, son pouce dans la bouche, et reste ainsi de longs moments, les yeux dans le vague. C'est lorsque la maîtresse signale à ses parents qu'elle se conduit de même à l'école, se mettant en retrait et ne participant plus à la vie de la classe, qu'ils se décident à venir consulter.

Une maladie grave entre dans une famille comme la foudre dans une maison. Il y a souvent des symptômes précurseurs : cette fatigue, cet amaigrissement, ces douleurs qui ne disent rien de bon. Pourtant, jusqu'à ce que le diagnostic soit posé, chacun en rejette l'éventualité, pensant que cela n'arrive qu'aux autres. En un temps très court, un basculement s'opère : un proche quitte le monde des bien-portants pour entrer dans celui des malades. Débordé par l'émotion et par un vécu de catastrophe, le malade est dans un état de sidération, ne parvenant plus à penser l'avenir ni à s'y projeter. Mais après le choc de l'annonce, une phase d'adaptation se dessine petit à petit. Il intègre progressivement les sensations corporelles jusque-là inconnues qui sont devenues les siennes, et il se resitue par rapport à son entourage, sa vie, ses priorités. Il détermine ce qui demeure possible, ce qui ne l'est momentanément plus, ce à quoi il faudra vraisemblablement renoncer, et se prépare aux soins qu'il doit subir.

Le trouble ne touche pas seulement la personne malade évidemment, mais aussi tout son entourage, au premier rang duquel se trouve la famille rapprochée. Chacun peut être tour à tour animé de colère, envahi de tristesse, submergé d'angoisse, tandis que d'autres choisissent de continuer à ignorer la réalité douloureuse : « Je ne vois pas la maladie et elle ne me voit pas, nous n'avons rien à faire ensemble… »

Les enfants sont touchés par ce processus au même titre que les autres membres de la famille. Nous avons déjà écrit sur leur extraordinaire capacité à ressentir les émotions qui circulent autour d'eux. Comment penser que dans une situation aussi dramatique, il suffise de ne rien leur en dire pour qu'ils n'en connaissent rien ? L'idée de protéger un enfant par le silence est toujours une « fausse bonne idée ». Qu'il soit directement touché par une maladie personnelle, celle de l'un de ses parents, ou qu'il voit ceux-ci soucieux de la maladie d'une personne aimée, l'enfant est immergé dans le tourment familial. Il a besoin de mots, pour nommer la difficulté et pour structurer ce qu'il ressent, sans quoi il est assailli d'émotions dont il ne comprend pas le sens. Il a besoin de pouvoir lui aussi exprimer sa peine, ou à tout le moins de comprendre qu'il n'est pas le responsable de celle de ses proches.

Nous envisagerons successivement deux situations : la maladie grave qui frappe une personne de l'entourage proche du tout-petit, et celle qui atteint l'enfant lui-même.

Papi est malade

Ce que l'enfant perçoit

Les enfants, surtout les plus jeunes, n'aiment rien tant que leurs petites habitudes. Ève adore que Papi René soit là tous les jours à la sortie de l'école. Ils passent ensemble chez le boulanger, celui avec une grosse moustache qui dit « Bonjour Mademoiselle ! » en tirant une révérence, ce qui la fait toujours rire. Ensuite, quand le temps le permet, c'est au jardin qu'Ève et Papi René vont déguster leur pain au chocolat, si possible sur le banc d'où l'on surplombe toute la pelouse, et quand il n'est pas libre, Ève est un peu contrariée… Mais c'est à ce prix, celui de pouvoir asseoir ses repères et se sentir sécurisé, que l'enfant parvient peu à peu à se laisser surprendre, sans se désorganiser, par tout ce qui n'est pas maîtrisable dans la vie. Ainsi tout changement dans le quotidien d'un tout-petit le dérange tout d'abord, l'inquiète ensuite, et enfin le questionne. Or une maladie grave chez une personne proche va engendrer pour lui une série de modifications très concrètes dans la vie de tous les jours.

Ce peut-être un parent ou un grand-parent qui ne vient plus le chercher à l'école, qui ne joue plus avec lui, qui se retire souvent dans sa chambre et ne mange plus à table. Ce peut-être un adulte de son entourage qui est souvent absent, pour honorer des rendez-vous médicaux par exemple, ou pour des périodes d'hospitalisation. Et puis il y a tous ces signes visibles que les enfants sont capables d'observer, notamment après 3 ans : Papi qui garde toujours sa casquette à la maison ; Papi qui ne tient pas sur ses jambes, qui vomit souvent ; et enfin, Papi qui se repose ou qui dort, même quand il ne fait pas nuit... Dans ces circonstances, les adultes font aussi de longs conciliabules, lorsqu'ils se retrouvent le soir ou qu'ils téléphonent, et on conseille alors généralement aux plus jeunes d'aller jouer dans leur chambre... Et ceux-ci se sentent un peu délaissés, trouvent que l'on s'occupe moins d'eux. Enfin, l'atmosphère du foyer se modifie sous l'effet de la tristesse et de l'angoisse des parents, qu'il s'agisse d'une maladie les touchant eux-mêmes ou touchant leurs ascendants.

Sans être forcément capables de se formuler avec des mots que quelque chose a changé dans leur environnement, les tout-petits le ressentent intensément.

Eux-mêmes éprouvent des émotions, d'autant plus bouleversantes qu'ils n'en comprennent pas l'origine. Ils peuvent se laisser gagner par celles des adultes, et se sentir tour à tour tristes ou en colère, tout comme leurs parents. Comme tous les jeunes enfants, ils peuvent aussi se sentir responsables de ce qui se passe, et avoir l'impression d'avoir fait quelque chose de mal ou d'inapproprié pour que leur entourage se détourne d'eux de la sorte. Si l'on a coutume de leur pointer qu'ils sont agités ou « fatigants », ils s'imaginent même que l'épuisement de leur parent ou de leur grand-parent est de leur fait. Certains enfants expriment alors leur malaise en redoublant d'excitation, et immanquablement ils entendent à un moment ou un autre qu'ils viennent compliquer la vie familiale, voire provoquer du surmenage chez quelqu'un qui n'en aurait pas besoin. Enfin, d'autres luttent contre leurs propres affects afin de distraire ou d'égayer leurs parents, et s'emploient à tenter de leur rendre le sourire.

On voit donc qu'en aucun cas la situation n'est neutre pour l'enfant, même si on lui tait la vérité « pour ne pas l'inquiéter ».

Pourquoi parler à un jeune enfant de la maladie d'une personne proche ?

Lorsque les émotions envahissent à ce point la vie familiale, et que le quotidien de l'enfant connaît des bouleversements concrets, il est fondamental de nommer ce qui se passe.

Tout d'abord, cela permet au tout-petit d'être conforté dans ce qu'il a ressenti : il avait perçu que quelque chose « ne tournait pas rond », il découvre que ce n'est pas le fruit de son imagination puisqu'on le lui confirme.

Ensuite, cela lui évite de se croire à la source du problème : quelque chose ne va pas, en effet, mais il n'y est pour rien. Il cesse aussi d'imaginer des explications fantasques aux bizarreries qu'il observe à la maison.

Enfin, lui parler d'une situation douloureuse à laquelle la famille est confrontée, c'est une manière de lui faire une place, de lui montrer qu'il est un membre du groupe familial à part entière, et qu'il est digne de confiance aux yeux des adultes qui l'entourent.

Cela ne concerne d'ailleurs pas seulement le jeune enfant déjà doué de langage. Même les bébés, qui ne parlent pas encore, ont besoin que l'on s'adresse à eux. S'ils ne comprennent pas le sens de ce qui leur est dit, ils saisissent l'intention de l'adulte de leur communiquer quelque chose. Et de son côté, l'adulte s'habitue à parler à son tout-petit des choses de la vie, préparant ainsi aujourd'hui la communication qu'il aura avec lui demain, lorsque son langage se développera.

Comment lui en parler ?

Comme nous l'avons expliqué à plusieurs reprises, il ne s'agit pas de tout dire en une seule fois, en se déchargeant sur l'enfant de l'angoisse qui nous habite. Respecter son rythme est fondamental. Tout d'abord, partons de ce que l'enfant a vu, compris ou ressenti. Ensuite, expliquons-lui qu'il n'est pas responsable de ce qui se passe. Puis poursuivons en nommant le problème par des mots simples qui le désignent. Enfin, n'oublions jamais de faire une place aux émotions, les nôtres et celles du tout-petit.

Partir de ce que l'enfant a vu, compris ou ressenti

« Tu as vu que Papi René ne vient plus te chercher à l'école. Il est fatigué en ce moment. Tu as remarqué ? » Si Ève répond « oui », on lui demande de préciser ce qu'elle a observé. Si elle répond « non », alors l'adulte peut formuler lui-même quelques constats : « En ce moment, il n'a pas très faim. Il a besoin de se reposer beaucoup, de s'allonger sur son lit. Tu t'en es rendue compte ? »

Déculpabiliser l'enfant

« Papi ne joue plus avec toi en ce moment parce qu'il est trop fatigué. Tu n'y es pour rien. Ce n'est pas à cause de toi. Il aimerait beaucoup le faire, mais il ne peut pas. »

Prononcer le mot « maladie »

On peut en rester là dans un premier temps. Ou bien on peut poursuivre, notamment si l'enfant questionne : « Pourquoi il ne mange pas Papi René ? » C'est alors le moment de prononcer le mot : « Papi René ne mange pas parce qu'il a une *maladie.* »

Préciser que c'est une « grosse » ou une « mauvaise » maladie

Pour Ève, ce n'est pas grave d'être malade. Elle-même l'est plus souvent qu'à son tour, surtout en période hivernale où les virus sévissent dans toutes les collectivités, et elle s'en remet toujours très vite. Alors pourquoi Papi René est-il malade depuis si longtemps ? Ève pourrait comprendre qu'il ne joue pas avec elle un jour ou deux, mais tous les jours, c'est trop ! D'ailleurs elle lui en veut un peu, elle n'aime pas ce Papi René qui dort tout le temps, elle voudrait retrouver l'autre, celui d'avant…

Il se peut qu'elle pose la question : « Pourquoi il est toujours malade Papi René ? » Mais si elle ne la pose pas, c'est à l'adulte de la formuler. « Tu te demandes pourquoi il est tout le temps fatigué Papi René ? Eh bien c'est parce qu'il a *une grosse / une mauvaise* maladie. Toi, quand tu es malade, ça passe très vite. Mais pour lui, ce sera beaucoup plus long. »

Ainsi, Ève peut se préparer à modifier certaines choses dans sa relation à son grand-père. Elle ne sera pas chaque jour dans l'attente de le retrouver « comme avant », aussi enjoué et dynamique. Elle apprendra que le temps qu'elle passe avec lui se vit sur un autre mode : Ève peut dessiner à côté de Papi qui se repose, c'est aussi une manière d'être ensemble.

Faut-il dire à un tout-petit le nom de la maladie ?

Si Ève pose la question : « C'est quoi la maladie de Papi René ? », alors on peut en effet lui répondre. « Papi René a un cancer. » Et on lui montrera l'endroit du corps où se situe le cancer de Papi : « C'est ici, au poumon. »

Ève ne sait pas comme nous ce qu'est un cancer. Le mot, difficile à prononcer pour l'adulte, n'est pas difficile à entendre pour l'enfant. En revanche, à présent, si elle le repère dans les conversations familiales, elle sera moins perdue, elle saura qu'il désigne « la mauvaise maladie de Papi René ». C'est de cette manière qu'un enfant construit peu à peu ses représentations du monde, en associant ce qu'il observe ou ressent à un mot qui nomme et définit sa perception. Ève acquiert ainsi la notion qu'un cancer est une « mauvaise maladie » qui fatigue et qui dure longtemps.

Parfois cependant, les adultes s'inquiètent que le tout-petit ne divulgue le diagnostic en le claironnant à qui veut l'entendre à l'école ou au jardin. Or certaines maladies restent encore frappées du sceau de la honte (c'est encore le cas du SIDA par exemple). Si l'on ne souhaite pas prononcer précisément le nom de la maladie, on peut au moins montrer à l'enfant où elle se situe dans le corps. « Ta maman a une mauvaise maladie dans son sang. Le sang, c'est ce qui est rouge, qui est dans notre corps, et qui coule quand on se fait mal. Tu te souviens quand tu es tombée hier au jardin ? Il y avait du sang sur ton genou. »

N'oublions pas de faire une place aux émotions

Il ne s'agit pas seulement de donner une information à l'enfant, mais aussi de faire une large place à ce qu'il ressent. Et pour cela, commençons par exprimer notre propre peine. En effet, le tout-petit la voit, il la perçoit, il convient donc de la nommer pour le conforter dans la justesse de son intuition. « Ça me rend malheureuse de voir Papi René si fatigué. J'y pense souvent. Des fois, ça me donne envie de pleurer. Et toi, Ève ? » Ainsi l'enfant constate qu'il est légitime d'avoir du chagrin, que même les adultes peuvent être tristes ou verser des larmes, ce qui le met plus à son aise pour pouvoir exprimer le sien. Non, il n'y a pas que les bébés qui pleurent, ça arrive même aux grands, et c'est normal !

Papi se fait soigner

Pour les personnes qui souffrent d'une maladie grave, le diagnostic est un séisme, mais les soins qui en découlent sont une montagne à franchir. Particulièrement dans le cas d'un cancer, ces traitements sont longs, multiples, et extrêmement pénibles. Ce qui conduit la plupart des patients à dire qu'ils se sentaient moins malades avant d'être soignés…

Les traitements peuvent reposer sur de la chirurgie, qui nécessite alors une hospitalisation. Ils peuvent aussi inclure des traitements médicamenteux ou radiothérapiques avec des effets secondaires souvent marqués.

Il est indispensable d'expliquer à l'enfant que, lorsque l'on est malade, il faut se faire soigner pour aller mieux. Mais il convient de préciser ce que ces soins vont impliquer pour le tout-petit qui vit aux côtés de la personne traitée.

Papi prend des médicaments

Certains traitements peuvent être pris à domicile sous forme de comprimés. Mais d'autres nécessitent de se rendre à l'hôpital pour quelques heures ou pour une journée. Les effets secondaires de certains de ces traitements médicamenteux sont si spectaculaires – en particulier dans le cas des chimiothérapies anticancéreuses – qu'il convient d'en prévenir l'enfant.

Plusieurs éléments peuvent être posés successivement. Tout d'abord, il est bon de donner à l'enfant des éléments de repérage temporel. « Papi René doit aller à l'hôpital tous les mercredis pour soigner sa *mauvaise maladie*. Le mercredi, tu ne vas pas à l'école. C'est Djamila qui te garde pendant que Papi est à l'hôpital. »

D'autre part, si on lui parle des effets secondaires des médicaments qu'il est susceptible de constater, il s'en inquiétera moins. Expliquons-lui par exemple pourquoi son grand-père ne joue plus avec lui : « Papi prend des médicaments qui le fatiguent beaucoup, c'est pour ça qu'il ne peut plus jouer avec toi ». Il est aussi utile d'évoquer le fait que la personne ne mange pas, qu'elle n'a pas faim, et peut-être qu'elle vomit. Enfin, l'enfant dès 2 ans repérera que son grand-père porte tout le temps sa casquette à la maison : « Papi prend des médicaments qui font tomber ses cheveux. C'est pour ça qu'il garde toujours sa casquette, même pour regarder la télé ! »

Papi va être hospitalisé

« Papi René va aller à l'hôpital pour se faire opérer. Le docteur va l'endormir pour qu'il ne sente rien et qu'il n'ait pas mal, et ensuite il va essayer d'enlever sa *mauvaise maladie*, ici, au poumon. »

Ce qui importe à Ève, c'est bien sûr de savoir si Papi va rester longtemps à l'hôpital, si elle pourra aller le voir, et quand il va rentrer à la maison. Faire avec elle un calendrier avec une image symbolisant les jours d'hospitalisation, et une pour le jour du retour à la maison, contribuera à la rassurer en l'aidant à se repérer. Souvent les services hospitaliers ne sont pas accessibles aux enfants pour des visites, et il est important de le dire : « Tu ne pourras pas aller voir Papi René à l'hôpital car les enfants n'ont pas le droit d'aller dans ce service. Mais on pourra lui téléphoner. »

Papi va-t-il guérir ?

La guérison est bien sûr la question cruciale, celle qui hante chacun, et à laquelle il est douloureux d'avoir à répondre. Si les adultes n'osent pas la formuler, les enfants, eux, n'hésiteront pas. Devant un état pathologique qui dure, avec toutes les conséquences que cela produit sur la vie familiale, ils s'impatientent et la question fuse, sidérant généralement leur entourage qui ne sait que leur dire. « Il va bientôt guérir Papi ? »

Le plus simple est sûrement de dire ce que l'on sait, avec des mots simples et adaptés. Selon les situations, ce peut être :

– « Oui, il va guérir, mais le docteur a dit que ce sera long. » Suivant les informations données par le médecin, on peut indiquer approximativement à l'enfant sur un calendrier combien de temps va durer le traitement.

– « Il va guérir, mais le docteur devra le surveiller, car la maladie peut revenir. » Ainsi, l'enfant ne sera pas surpris de voir son grand-père continuer à aller parfois à l'hôpital, et d'entendre le sujet revenir dans les conversations familiales.

– Ou enfin : « Le docteur dit qu'il ne sait pas. C'est une *très mauvaise* maladie. On doit attendre de voir si le traitement marche. »

La maladie grave pose bien sûr la question de la mort possible. Dire à un jeune enfant que son grand-père va guérir si l'on sait qu'il est condamné, c'est d'abord lui mentir, et ensuite le priver de ce temps psychique de préparation dont nous avons tous besoin pour faire face à un événement douloureux. Il vaut mieux alors dire qu'« on ne sait pas » s'il va guérir, ce qui laisse entendre que ce n'est pas sûr. Cela permet à l'enfant de faire doucement le chemin pour s'approprier cette idée. Une fois cette réponse faite, veillons toutefois à ne pas nous en contenter. Continuons à inviter l'enfant à exprimer ses émotions, ses questions. Si un jour ou l'autre on le trouve triste et qu'il n'en dit rien, on peut mettre des mots sur ce que l'on observe et sur ce que l'on ressent : « J'ai l'impression que tu es triste, Ève. Moi aussi, il m'arrive d'être triste quand je pense à Papi René qui est malade. C'est peut-être ça qui te rend malheureuse toi aussi. Ou peut-être autre chose ? »

Et si un jeune enfant est atteint d'une maladie ?

Chez un enfant jeune, la maladie peut recouvrir diverses réalités. Des maladies graves, telles que des cancers, peuvent également toucher des tout-petits. Des maladies congénitales, telles que la malformation d'un organe par exemple, nécessitent des traitements lourds – notamment des interventions chirurgicales, parfois multiples. Enfin, des maladies chroniques, telles que le diabète ou l'épilepsie, constituent des « compagnons de route » avec lesquels il faut apprendre à vivre.

Dans tous les cas, la maladie de l'enfant suscite des réactions émotionnelles intenses au sein de l'entourage, tout spécialement chez les parents. Les particularités du quotidien de l'enfant malade, ou les changements survenus dans sa vie si la maladie n'est pas congénitale, imposent rapidement de donner au tout-petit des explications afin qu'il puisse se situer dans la réalité qui est la sienne. Mais comment aborder ce sujet délicat avec un jeune enfant, alors que les adultes sont eux-mêmes très affectés ?

Partons d'abord du vécu de l'enfant, car c'est à partir de ce que l'enfant perçoit et ressent que nous toucherons du doigt l'absolue nécessité de lui parler d'une part, et déterminerons quelles paroles peuvent lui être utiles pour faire face à la situation d'autre part. Car c'est bien de cela dont il s'agit : non pas de l'informer pour que la chose soit dite, mais de lui permettre de s'approprier une part de son histoire, fut-elle douloureuse, afin qu'il puisse y prendre un rôle actif. Et ceci vaut pour le jeune enfant qui parle comme pour celui qui n'est pas encore entré dans le langage. Ce sont les mots que les adultes posent sur les situations, les commentaires qu'ils formulent, les souvenirs qu'ils évoquent, la narration qu'ils font pour l'enfant de son histoire, qui lui permettent d'investir un statut de sujet, acteur de sa propre existence. À partir de là, et s'il est assez grand pour s'exprimer verbalement, il devient capable de poser des questions. Il convient que l'adulte accepte de les entendre, même s'il n'a pas de réponse à donner. L'enfant les pose d'abord pour apprendre à penser sa propre vie, et il peut tout à fait comprendre que l'adulte ne sache pas que lui répondre, à condition que celui-ci le lui explique.

Lorsqu'un enfant souffre d'une maladie, cela affecte à la fois son corps, sa vie affective et relationnelle, et enfin l'organisation concrète de son quotidien. Voyons de quelle manière il est touché dans ces différents registres, et comment lui donner les mots par lesquels il accédera à une meilleure compréhension de ce qui lui arrive.

Dans chacun de ces registres, nous nous appuierons sur trois exemples cliniques : Fadel, 2 ans, qui souffre d'une malformation cardiaque de naissance ; Harriet, 4 ans, qui présente une maladie épileptique ; et enfin Giulia, 5 ans, atteinte d'une tumeur cancéreuse.

Dis-moi pourquoi j'ai mal

Une maladie grave est rarement asymptomatique. Elle parle à travers le corps, et l'enfant ressent un certain nombre de symptômes physiques.

Il peut se sentir fatigué, constater qu'il ne peut pas courir et sauter dans la cour comme tous ses copains, qu'il est obligé de s'asseoir, de se reposer. Il arrive qu'il fasse des malaises. Il peut aussi avoir mal, au niveau d'une ou plusieurs parties de son corps touchées par la maladie.

Pour un jeune enfant, c'est un long processus que de se bâtir des repères corporels et sensori-moteurs, c'est-à-dire d'acquérir une conscience de l'espace autour de lui, de son propre corps, et de ses limites. Si une maladie grave se manifeste avant 3 ans, elle arrive à un moment où ces repères ne sont pas construits. Entre 3 et 6 ans, ils sont encore mal assurés. L'enfant qui ressent dans son corps des symptômes inhabituels n'a pas encore à sa disposition les outils pour les définir et les circonscrire mentalement. Leur manifestation est donc très angoissante.

Imaginons une crise d'asthme. Elle se manifeste par un essoufflement et une difficulté à respirer. Si un adulte, connu pour être asthmatique, présente une crise, il sait la reconnaître. Il identifie rapidement le degré de gravité de la crise, et met en œuvre la conduite à tenir adéquate. Si un adulte qui ne se sait pas asthmatique présente une crise, il est désorienté et probablement angoissé, mais il a néanmoins à sa disposition des représentations mentales qui lui permettent de comprendre la situation et de l'analyser, même s'il ne l'a encore jamais vécue dans son corps. Il a déjà entendu parler de l'asthme, ou se souvient d'un collègue qui faisait souvent des crises. Mais si un tout-petit se trouve dans cette situation, il est très perturbé car il ne peut se raccrocher à aucune représentation, ni corporelle ni mentale, de son malaise. C'est pourquoi les manifestations physiques inhabituelles et/ou douloureuses sont déstructurantes chez le jeune enfant lorsqu'elles restent hors sens.

Ainsi, si rien n'est dit à l'enfant de la pathologie qui l'affecte et de la manière dont elle se manifeste, ses symptômes s'accompagneront d'une très forte angoisse. Une souffrance est beaucoup plus inquiétante quand elle n'est pas définie, et l'inquiétude majore la souffrance : un cercle vicieux s'installe. Nous connaissons tous ce sentiment : qu'une douleur que nous ne connaissons pas survienne et nous voilà soucieux ; si notre médecin ne la reconnaît pas non plus, nous sommes alarmés ; mais s'il sait tout de suite de quoi il s'agit et qu'il nous l'explique, la douleur a beau être toujours présente, elle nous paraît tout à coup plus anodine...

Partir des symptômes que l'enfant montre, c'est d'abord lui permettre de situer le problème dans son corps. Ensuite, c'est lui ouvrir la voie d'une compréhension de ce qu'il ressent. Il pourra ainsi supporter plus facilement ses symptômes ou ses douleurs, voire les prévenir en adoptant un comportement adapté. Enfin, si un traitement lui a été prescrit pour le soulager, il pourra le demander s'il pense en avoir besoin.

Un tout-petit régulièrement fatigué doit pouvoir comprendre pourquoi il n'arrive pas à jouer comme les autres. « C'est normal que tu n'arrives pas bien à courir, Fadel. Le docteur a expliqué que ton cœur est malade. Le cœur, c'est ici. Tu sens qu'il tape ?

Baboum, baboum… Si le cœur ne marche pas bien, c'est plus difficile de respirer *(en mimant l'essoufflement).* On peut jouer ensemble en restant assis, sans courir. Mais bientôt, le docteur va t'opérer et ensuite tu iras très bien. »

S'il est très angoissant de faire des malaises, il est moins angoissant de savoir pourquoi… Harriet présente parfois des malaises épileptiques à l'école, avec des ruptures de conscience. « La maîtresse m'a dit que tu étais tombée deux fois dans la cour aujourd'hui. Tu n'y es pour rien, c'est à cause de la maladie que le docteur a vue quand il a mis le casque avec les fils sur ta tête.[39] Ça t'arrivera peut-être d'autres fois, même si tu prends bien tes médicaments. Il faut aussi bien dormir. Tu risques de faire plus de malaises si tu ne dors pas assez. »

Devant une douleur, on peut dire : « Je vois que tu as mal à la tête, Giulia. C'est à cause de cette petite boule que tu as ici, dans ta tête. C'est elle qui te fait mal. Le docteur l'a vue quand il a fait des photos de ta tête.[40] Je vais te donner ton médicament, et ça ira mieux. »

Comme toujours, il convient de préciser à l'enfant qu'il n'est pas responsable de ce qui lui arrive. « Ce n'est pas de ta faute si ton cœur est malade / si tu fais des malaises / si tu as cette petite boule dans la tête. Une maladie, ça peut arriver à tout le monde. Tu n'y es pour rien. Maintenant, on va faire tout ce qu'il faut pour la soigner ! »

Dis-moi pourquoi tout le monde fait attention à moi

Lorsqu'un enfant est gravement malade, le regard porté sur lui change, et les attitudes à son égard également.

---

39. Le diagnostic d'épilepsie repose sur un électro-encéphalogramme. Il s'agit d'un examen non invasif où l'on observe l'activité électrique du cerveau grâce à des électrodes placées sur le cuir chevelu (c'est le même principe qu'un électro cardiogramme pour le cœur).
40. Giulia a passé une IRM (Imagerie par Résonance Magnétique).

En premier lieu, tout l'entourage – les parents bien sûr, mais aussi la famille, la nourrice ou l'enseignant(e) – se montre particulièrement prévenant, protecteur, attentionné.

Ensuite, la marche vers l'autonomie est ralentie. La maman d'un bébé de 12 mois qui vient tout juste d'apprendre à marcher ne le laissera pas s'essayer à sa nouvelle acquisition de crainte qu'il ne tombe. On laissera de côté l'apprentissage de la propreté chez un tout-petit de 2 ou 3 ans, car il y a bien d'autres priorités quand la maladie menace. Et si un enfant de 5 ans commençait à s'habiller seul, il sera à nouveau assisté, car le désir de protéger un petit passe par une forme de maternage où les soins qui touchent le corps tiennent une place de choix.

Enfin, dès qu'un enfant est malade, les exigences le concernant sont moindres. Il fait souvent ce qu'il veut à la maison, et même chez l'assistante maternelle, à la crèche ou à l'école, la tolérance est de mise. Ceci ne contribue pas à établir des rapports sereins avec le reste de la fratrie ni avec les camarades de crèche ou d'école ! Il y a ceux qui se détournent de celui qui est trop fatigué pour jouer au loup avec eux. Il y a ceux qui le jalousent de l'attention que lui portent les éducatrices de la crèche ou la maîtresse, et de l'indulgence qu'elles lui témoignent. Sans compter qu'ils se font gronder dès qu'ils le touchent, même sans le faire exprès, même sans vouloir lui faire mal !

La maladie place donc l'enfant en situation d'exception… ce qui peut contribuer à le mettre en position d'exclusion. Les autres enfants se demandent pourquoi il est moins puni pour des fautes semblables. Et d'ailleurs, lui-même ne le comprend pas non plus. Il préférerait être traité « comme les autres », et il a raison.

Un enfant avec lequel on parle régulièrement de sa pathologie est plus à même de se positionner face à son entourage. Il peut exprimer à sa manière ce dont il a besoin, accepter ce qui l'aide, et refuser ce qui ne lui convient pas dans l'attitude des autres.

Fadel est très agacé que sa maman l'empêche de jouer au ballon avec les enfants de son immeuble au square. Mais à présent, il emporte toujours avec lui des petites figurines de chevaux pour leur faire faire la course sur le banc jardin, et plusieurs camarades l'attendent avec impatience pour participer aussi.

Harriet est en moyenne section de maternelle. La maîtresse l'oblige pourtant à faire la sieste avec les petits afin qu'elle soit plus reposée. Et Harriet a horreur de ça ! D'ailleurs elle ne dort pas… « Je préfère dormir la nuit », précise-t-elle à sa maman. « Alors je vais te proposer quelque chose, réplique celle-ci. Le soir, tu files au lit tout de suite après manger, tu fais une bonne nuit, et moi je parle à la maîtresse pour qu'elle ne t'envoie plus dormir avec les petits. D'accord ? »

Il est important d'expliquer à l'enfant pourquoi on lui apporte une aide, et tout aussi important de lui laisser la possibilité de la refuser : « Je t'aide à t'habiller pour que tu sois moins fatiguée Giulia. Mais si tu préfères, tu peux le faire toute seule. Il faut me le dire. Alors, c'est toi ou c'est moi qui enfile le pull ? »

Dis-moi pourquoi on va tout le temps chez le docteur

Pour l'enfant comme pour l'adulte, la maladie s'accompagne de la ronde des blouses blanches, et c'est bien dans les soins et les traitements qu'elle est ressentie le plus fortement. Le quotidien est rythmé par les visites médicales, les examens, les hospitalisations. Avec à chaque fois pour l'enfant la peur et l'angoisse de ce qu'on va lui faire, et pour son entourage la crainte d'une mauvaise nouvelle, sans compter la douleur de voir son enfant souffrir.

Plus la maladie est grave, et plus il est important que l'enfant comprenne la visée des soins qui lui sont prodigués, sans quoi il peut les refuser ou les mettre en échec.

« Fadel, tu te souviens qu'on va à l'hôpital aujourd'hui ? Le docteur va regarder ton cœur avec un appareil qui fait des photos. Il va aussi faire une piqûre pour regarder ton sang. Je sais que tu n'aimes pas les piqûres, mais c'est pour préparer l'opération qui va te guérir. C'est très important pour toi, car après cette opération, tu pourras courir et jouer au ballon ! »

« Giulia, tu te souviens qu'on va à l'hôpital demain pour commencer un nouveau traitement ? Après, tu vas te sentir fatiguée, et tu auras peut-être envie de vomir. Mais c'est très important pour toi, car ce traitement va combattre la petite boule qui te fait mal dans la tête ! »

Donner à l'enfant des moyens pour se représenter les objectifs du traitement peut l'aider. Dans le film de Noémie Lvovsky *La vie ne me fait pas peur* (1999), on suit les tribulations d'une bande de quatre adolescentes dont l'une est atteinte d'une tumeur cérébrale. Dans une scène, on la voit se représenter mentalement, sous la forme d'un dessin animé humoristique, son traitement chimiothérapique qui boxe sa tumeur et finit par la désagréger. Pour aider un jeune enfant à comprendre à quoi sert un médicament – et donc à mieux le supporter malgré les effets secondaires –, on peut ainsi figurer le traitement qui s'attaque à la maladie en utilisant le support du dessin, ou en faisant incarner les rôles par des figurines appartenant à l'enfant (un chevalier qui combat une créature maléfique, une fée qui combat une sorcière…). « Tu vois Giulia, le médicament va se battre comme ça avec la mauvaise boule, comme ce chevalier contre ce monstre. Le traitement est là pour t'aider. C'est parce qu'il se bat très fort ici, dans ta tête, que tu vas te sentir toute fatiguée ensuite. »

Dis-moi pourquoi je me sens mal

Un jeune enfant qui souffre d'une maladie importante est assailli d'émotions contradictoires. Les bouleversements qu'il sent à l'intérieur de son corps et qu'il peine à se représenter, le changement de comportement de ses proches et ce qu'il perçoit de leur inquiétude, un quotidien fait de soins plus que de jeux : c'est beaucoup à gérer pour un tout-petit...

Selon les jours, et selon son état physique, il peut se sentir triste ou découragé, ou au contraire rire et jouer comme si rien ne le tourmentait. Et de fait, les tout-petits vivent beaucoup dans l'instant présent. S'ils ne souffrent pas à un instant donné, ils sont capables d'oublier l'existence de leur maladie... jusqu'à ce qu'elle se manifeste à nouveau.

Nommer les émotions qui nous habitent et celles que l'on repère chez l'enfant l'aide à se sentir mieux. Ainsi il est moins seul, il est écouté, compris, il partage ce qu'il ressent avec l'adulte. « J'ai l'impression que tu es triste aujourd'hui, Giulia. C'est peut-être que tu es fatiguée à cause du traitement, et que tu ne peux pas aller à l'école ni voir tes copines. Ou c'est peut-être autre chose ?... Tu as envie de me parler de ce qui t'embête ? »

L'aide d'un professionnel, psychiatre ou psychologue, peut être utile dans ces circonstances, car le parent est souvent trop pris dans sa propre peine pour laisser son petit exprimer totalement la sienne. L'enfant peut même se l'interdire pour protéger son parent, s'il sent celui-ci très affecté par la situation.

Ma maladie, c'est quoi ?

Dans la manière d'aborder la maladie avec un tout-petit, la première étape est de déterminer ce qui peut lui être utile.

Nous l'avons vu, l'important est tout d'abord qu'il puisse repérer où se situe la maladie dans son corps, et connaître les symptômes dont il souffre. Ceci l'aide à mieux les supporter en y étant préparé, à les prévenir lorsque c'est possible, ou à demander à en être soulagé.

Ensuite, lui permettre de comprendre quelles sont ses limites compte tenu du mal dont il souffre l'aide à se situer dans ses relations aux autres et dans les actes de la vie quotidienne.

Troisièmement, lui expliquer la façon dont il va être traité, où, quand, dans quel but et avec quels effets est fondamental. C'est un point clé, car de cette information dépend la possibilité de conduire à bien les soins.

Faut-il aller plus loin et nommer la maladie ?

C'est sûrement moins urgent que de dire à l'enfant de quoi cette maladie est faite au quotidien. Toutefois, lorsqu'il s'agit d'une maladie chronique avec laquelle l'enfant devra composer sa vie durant, il est bon qu'il connaisse le nom que les médecins et ses parents utilisent pour en parler. Il l'entendra en effet régulièrement, devra apprendre à en reconnaître les signes, et se familiariser avec l'art et la manière de vivre avec… « Les malaises / les crises que tu fais, c'est de l'*épilepsie* Harriet. Toi tu peux leur donner un autre nom si tu veux, mais le docteur dit toujours *épilepsie.* »

Pour les autres pathologies, lorsque le médecin les nomme dans le cours d'une consultation, on peut préciser à l'enfant que c'est le nom « scientifique » de sa maladie, celui que les médecins lui donnent. « Le docteur parle de *cardiopathie*, Fadel. La *cardiopathie*, c'est la maladie de ton cœur, ici. »

Si l'enfant pose la question en revanche, il faut lui répondre. Comme nous le disions précédemment, un diagnostic de cancer, qui fait frémir les adultes, ne représente rien pour l'enfant, car il n'y associe aucune représentation. Seule la réticence de l'adulte à répondre à la question posée en prononçant le mot peut l'inquiéter. « La petite boule dans ta tête s'appelle un *cancer*, Giulia. Le docteur l'appelle *cancer,* mais toi, tu peux continuer à l'appeler *la boule,* c'est comme tu veux. »

Mais un jeune enfant peut avoir compris l'essentiel sur sa pathologie sans en connaître le nom. Souvent, il l'a nommée à sa manière, ou sur proposition de ses parents, par un petit nom qui la lui rend familière : j'ai ainsi déjà entendu *la petite boule, la petite bille, la malacoeur…*

Il est donc primordial de faire le tri entre ce qui peut servir d'une quelconque manière à l'enfant pour faire face à la situation, et ce qui lui est inutile. Trop lui en dire sur sa maladie peut le déborder complètement. Il n'est pas armé pour supporter une annonce trop brutale ou trop précise. Il s'agit de privilégier la narration à l'information, afin que l'enfant puisse se saisir de cette histoire qui le concerne, et en devenir acteur.

Est-ce que je vais guérir ?

Souvenons-nous qu'à chaque âge et pour toute question, il y a une réponse possible et adaptée, qui ne ment pas et préserve la sensibilité de l'enfant.

Dans le cas précis, la question – mais surtout la formulation de la réponse – peut sembler délicate. Envisageons plusieurs situations.

– « L'épilepsie *(ou le diabète)* est une maladie qu'on peut garder toujours avec soi. Alors tu vas apprendre à vivre avec elle, Harriet ! »

– « Bien sûr tu vas guérir Giulia, mais le docteur a dit que ça va être long. » Suivant les informations données par le médecin, on peut donner des repères à l'enfant sur la durée du traitement. « On ira tous les mercredis à l'hôpital jusqu'à Noël. Regarde, on est ici sur le calendrier, ça c'est un jour et un dodo, et Noël c'est ici. »

– « Tu vas guérir Giulia, mais on devra continuer à aller à l'hôpital de temps en temps pour être sûrs que la maladie ne revienne pas. »

– Ou enfin : « Le docteur fait tout ce qu'il peut pour te guérir, Giulia. C'est pour ça qu'il essaie plusieurs traitements, pour te donner les meilleures chances. »

La dernière proposition concerne une maladie dont le pronostic est défavorable. Dans ce cas, probablement les parents ne sont pas les mieux placés pour répondre à l'enfant, trop envahis qu'ils sont par leur propre frayeur. Un professionnel, médecin, psychologue, sera plus à l'aise pour échanger avec lui. En tous cas, il est important que l'enfant s'autorise à formuler toutes les questions qu'il a en tête. L'adulte peut être en mesure d'y répondre, avec des mots simples et adaptés, et d'une manière qui jamais ne ferme l'avenir. Il peut aussi dire qu'il ne sait pas car, pour diverses raisons, on n'a pas toujours réponse à tout. Enfin, il peut proposer à l'enfant d'autres interlocuteurs qui lui paraissent plus adéquats. Il n'est pas rare, d'ailleurs, que celui-ci, s'il se sent menacé par son état de santé, adresse plus facilement sa demande à un professionnel ou à une personne moins proche de lui plutôt qu'à ses parents, parce qu'il a peur – et souvent avec raison – de les inquiéter. En tous cas, aucune question ne doit rester sans réponse, parce que la maladie crée un sentiment de solitude, et qu'une maladie dont on ne parle pas et qui n'est pas « partageable » isole plus encore. La réponse peut être : « Je ne sais pas, mais on va essayer de trouver quelqu'un à qui tu pourras le demander. »

À lire avec un enfant dont un proche est malade…

Peu de références existent pour les plus jeunes sur ce sujet, ou alors elles sont diffusées par des réseaux spécialisés. *Le loup est malade,* de Brigitte Marleau, peut constituer un support (2010, Boomerang).

À lire avec un enfant qui a une maladie grave…

J'ai une maladie grave… On peut en parler !, livret proposé par l'Association Sparadrap sur www.sparadrap.org. Si les parents ne se sentent pas prêts à lire eux-mêmes ce livret avec leur enfant, celui-ci peut le découvrir avec une personne de son entourage ou avec un professionnel.

La petite bille de Camille, (2012), de Céline Lamour-Crochet et Coralie Saudo, Clermont-Ferrand, Tournez La Page.

Comment te dire…
… que ton petit chat est mort

Pour ses 2 ans, les parents d'Agnès lui ont offert un très joli petit chat, tout blanc avec une tache noire sur le museau. En quelques mois, Agnès et Tom sont devenus les meilleurs amis du monde. Ils jouent ensemble, dorment ensemble, grandissent ensemble. Tom s'enhardit au même rythme qu'Agnès, voire un peu plus vite… Ce matin, pendant que la petite fille est à la crèche, le voici qui se glisse sous le grillage du jardin pour aller découvrir le vaste monde. En rentrant du travail, la maman d'Agnès retrouve le chaton mort sur la route, non loin de la maison, vraisemblablement percuté par un véhicule. Que dire à Agnès ? Il est l'heure de partir la chercher, et sa mère est désarmée. Agnès est si attachée à Tom ! Alors, tout d'abord, il lui semble plus simple de ne rien dire… De retour à la maison, Agnès commence immédiatement à appeler son compagnon et à fureter à travers le jardin. Sa maman fait mine de le chercher avec elle. Puis, Tom restant introuvable, elle explique à sa fille la chose suivante : « Connais-tu le Royaume des Chats, Agnès ? C'est un royaume où les hommes ne peuvent pas aller. Il n'y a que des chats. Un roi des chats, une reine des chats, des princes et des princesses chats... Les chats les plus jolis et les plus courageux sont appelés par le roi pour vivre dans ce royaume. C'est une grande chance pour eux. Je pense que Tom est parti là-bas... »

Agnès semble un peu étonnée, et répète avec des yeux ronds : « Royaume des chats ? » Sans doute aurait-elle préféré que Tom soit moins remarquable et qu'on ne le lui prenne pas !

Ce soir-là, Agnès pleure, refuse de dormir, et ses parents finissent par la prendre dans leur chambre. Le lendemain, au réveil, elle semble apaisée, et chacun pense que l'incident est clos.

Mais quelques jours plus tard, alors que ses parents font un grand rangement dans le garage, Agnès échappe à leur vigilance, franchit le portail entr'ouvert, et part sur les chemins, direction le Royaume des Chats… Hors d'haleine parce qu'il est tout d'abord parti dans la mauvaise direction, son papa la rattrape à deux pas d'un carrefour dangereux. Il a eu très peur, et il est en colère… « Tu ne dois jamais partir comme ça ! », hurle-t-il. À quoi Agnès répond en sanglotant : « Je voulais retrouver Tom… »

La mort est un sujet tabou. Il y eut des époques, sans doute, où l'on vivait mieux avec les morts qu'aujourd'hui. Des époques où l'on mourrait à la maison, où l'on était veillé, où la vie bruissait autour de la mort. Il y a encore des cultures, en Afrique par exemple, où les morts demeurent intégrés au monde des vivants mieux qu'en Occident. Mais au XXIe siècle dans nos contrées, la mort, la vieillesse et la maladie sont confinées dans des espaces aseptisés, loin des regards des plus jeunes et des bien-portants.

L'idée de la mort, la nôtre ou celle de ceux que nous aimons, terrifie la plupart d'entre nous. À côté de la demande classique : « Dis Maman, comment on fait les bébés ? », les interrogations les plus redoutées par les parents concernent probablement la mort. « C'est quoi être mort ? », « C'est quand qu'on sera mort ? », ou encore « Après la mort, on va où ? », sans compter « Est-ce que tu es vieille ? Est-ce que tu vas mourir bientôt ? ». Ainsi, les questions les plus fondamentales, celles qui touchent à l'essence même de l'existence, sont celles qui nous mettent le plus mal à l'aise. C'est d'ailleurs au même moment, vers l'âge de 3 ans, que l'enfant manifeste son désir de savoir et de comprendre, aussi bien sur l'origine de la vie que sur son terme. Françoise Dolto[41] préconisait de répondre très simplement : *« Nous mourrons parce que nous vivons »*, au sens où la mort fait partie intégrante de la

41. Françoise Dolto, (2007), *Lorsque l'enfant paraît*, Tome 1, Paris, Seuil, Coll. Points Essais.

vie. Et de fait, il n'y a pas de vie, végétale, animale, humaine, sans mort intrinsèquement programmée. Et elle proposait de compléter ainsi : « *Nous mourrons quand nous aurons fini de vivre* », avec l'idée que chacun possède son propre parcours, sa propre durée de vie, et que la mort en marque la fin. Ces deux petites phrases semblent si évidentes qu'on pourrait, au premier abord, les trouver simplistes... Et pourtant, elles couvrent les deux notions essentielles à transmettre à un jeune enfant qui s'interroge sur la mort : d'une part la vie et la mort sont une seule et même histoire ; et d'autre part, la mort vient marquer la fin d'un chemin, elle est sans retour.

On peut parler de la mort avec un jeune enfant dans deux types de circonstances distinctes. Il y a tous les moments où l'on parle ensemble de toutes les choses de la vie, et donc, pourquoi pas, de la mort. Et puis il y a les moments douloureux où survient le décès d'un proche, et il s'agit alors pour les adultes entourant le tout-petit de pouvoir lui en dire quelque chose, et de l'accompagner face à cet événement.

La vie, l'amour, la mort (et aussi le soleil et la nuit...)

À partir de 3 ans, la plupart des jeunes enfants entrent dans la litanie des « pourquoi ? ». Pourquoi la vie, pourquoi le monde, pourquoi le soleil et la pluie, pourquoi la mort, pourquoi le jour, la lune, la nuit ?... Cet inventaire épuise parfois les adultes, qui n'ont d'ailleurs pas réponse à tout, loin de là. Mais il témoigne surtout de l'extraordinaire effort des petits pour comprendre le monde dans lequel ils vivent, et plus fondamentalement le sens de l'existence : d'où je viens et où je vais ? Le caractère quasi philosophique de ces questions ne doit pas pour autant les reléguer au rayon des sujets d'exception, et les adultes, pour impressionnés qu'ils soient d'avoir à en traiter avec leur enfant, peuvent le faire à partir de beaucoup de situations quotidiennes.

Parler de tout, tous les jours, tout le temps

L'origine de la vie, c'est d'abord le petit frère qui va bientôt arriver dans la maisonnée ou chez les voisins de palier, c'est la chatte qui met bas ses petits, ou encore le poussin qui sort de l'œuf. La mort, c'est communément celle du papillon de nuit tombé au petit matin sur la table de la cuisine, ou celle du pigeon que l'on croise inanimé sur le trottoir en allant à l'école. Plutôt que de hâter le pas et de détourner les yeux en espérant que les plus jeunes feront de même, on peut alors s'arrêter un instant : « Regarde ce pigeon, Agnès. Il ne bouge plus. Est-ce que tu sais pourquoi ? » Comme beaucoup d'enfants, Agnès répondra qu'il dort… C'est alors l'occasion de lui expliquer que « lorsqu'on dort, on est vivant, on respire ». Et on bouge, même dans notre sommeil ! « Ce pigeon ne bouge plus du tout et ne respire pas, Agnès : il est mort. »

Si l'on saisit toutes ces petites occasions offertes par la vie de tous les jours pour aborder avec son enfant, même très jeune, les moments-clés de l'existence, alors on lui donne des éléments pour comprendre peu à peu la vie et le monde, et on le prépare mieux à affronter un événement qui pourrait un jour le concerner de plus près.

Le petit chat est mort ce matin

À trop vouloir protéger nos enfants des aspects douloureux de l'existence, nous ne leur rendons aucun service. On a coutume de dire que l'on combat mieux un ennemi qu'on connaît ; de la même manière, on surmonte mieux une situation avec laquelle on a déjà eu l'occasion de se familiariser, même de façon indirecte.

Ainsi, ne pas dire à Agnès la vérité sur la mort de son chaton ne présente pas l'avantage de lui épargner la souffrance de la séparation, puisque cette réalité-là ne peut être changée. En revanche, cela présente l'inconvénient de la priver de la possibilité de surmonter une épreuve de la vie par l'expérience qu'on en acquiert, et ce quel que soit l'âge.

Devant la mort, la tentation est grande de « raconter des histoires ». Tenir des discours à connotation poétique pour voiler la cruauté de la réalité. De Tom appelé à un bel avenir au Royaume des Chats à Mamie partie habiter une étoile, les adultes, en ces circonstances, retrouvent leur âme d'enfant, et se racontent à eux-mêmes autant qu'ils racontent à leur petit un conte, dont le lyrisme agit comme un baume sur leur cœur endeuillé. Sans doute imaginent-ils que les images et les métaphores parlent mieux à un tout jeune enfant que les mots prononcés sans ambages. Peut-être aussi sont-ils eux-mêmes blessés par la vérité nue des termes précis. La phrase « il est mort » marque en effet la rupture, le passage définitif. Elle ferme tous les espoirs. Mais si l'imaginaire semble apporter un peu de douceur, atténuer le choc de la nouvelle, il convient toutefois de s'en méfier, en particulier avec les enfants les plus petits. Car ceux-ci n'ont aucune distance face à la parole de l'adulte : ils la prennent au pied de la lettre. Ainsi, si Mamie est partie habiter dans une étoile, il n'est pas inimaginable qu'un tout jeune enfant refuse de dormir pour observer le ciel en attendant qu'elle lui fasse signe ! Tout comme Agnès partie seule sur les chemins en pensant qu'elle finirait par trouver le Royaume des Chats…

Alors, qu'aurait pu lui dire sa maman ? Pour éviter que les enfants ne s'engagent sur des voies imaginaires où ils risquent de se perdre, nous nous devons de nommer la réalité avec les mots qui la définissent. Et d'autre part, donner une explication sur les circonstances de la mort de Tom protège Agnès des suppositions les plus fantasques qu'elle pourrait faire à ce sujet. « Agnès, Tom est parti sur la route ce matin. Tu sais que la route, c'est très dangereux à cause des voitures. Eh bien je pense qu'une voiture ne l'a pas vu, et qu'elle a roulé sur lui. Je l'ai retrouvé un peu plus loin. Il ne bougeait plus et il ne respirait plus. Il est mort. » On peut ensuite rapprocher la mort de Tom d'une autre situation, afin qu'Agnès se construise peu à peu une représentation de ce qu'est une personne ou un animal mort. « Tu sais, Agnès, comme le pigeon sur le trottoir, l'autre jour en allant à la crèche. » Enfin, il est toujours important de faire une place aux émotions, celles de l'adulte et celles de l'enfant. « Je suis très triste pour toi. Je sais que tu l'aimais beaucoup. Mais Papa et Maman sont là, avec toi, pour t'écouter et te consoler. »

Une telle explication met Agnès en situation de connaître une vérité qui la concerne, et de se construire des représentations de ce qu'est la mort. Accessoirement, elle apprendra aussi qu'il est risqué de s'aventurer seul hors du jardin quand on est si petit…

Grand-père est mort

La mort d'une personne proche confronte beaucoup de parents à un problème plus délicat encore. D'abord, ils sont eux-mêmes très bouleversés, ce qui ne leur facilite pas la tâche pour l'évoquer avec leur tout-petit. Ensuite, suivant le lien qui unissait le jeune enfant à cette personne, ils craignent que cette nouvelle ne constitue pour lui un traumatisme.

Mais en premier lieu, interrogeons-nous sur ce que les plus petits savent de la mort. Nous expliquerons ensuite pourquoi la mort d'une personne proche ne doit jamais être passée sous silence. Puis nous tenterons de trouver les mots, pour dire la mort qui s'annonce, la mort qui est là. Enfin, nous définirons les conditions adéquates pour tenir cette parole, et nous analyserons quelques réactions possibles des jeunes enfants et la manière de les commenter (ou pas).

Avant 6 ans, que savent-ils de la mort ?

Le « savoir » que les plus petits ont sur la mort dépend bien sûr de leur âge, de ce que leur entourage leur en a dit, et de l'expérience personnelle éventuelle qu'ils en ont.

Ainsi, comme nous l'avons évoqué plus haut, les enfants se questionnent sur la mort dès l'âge de 3 ans, au moment même où ils développent une curiosité sur le monde en général, et où ils formulent des interrogations sur leur origine et sur la différence sexuelle. Selon Jean Piaget (1896-1980), connu pour ses travaux sur la psychologie du développement, l'enfant n'accéderait toutefois à une représentation construite de la mort et de son caractère irréversible qu'à partir de l'âge de 7 ans. Est-ce à dire que les plus jeunes seraient incapables d'en comprendre quelque chose ? Nous les voyons jouer pourtant, dès 2 ou 3 ans, à la bataille de chevaliers ou à la guerre, et apostropher leur camarade en criant : « Pan ! T'es mort ! » Pour peu que nous ayons pris le temps de leur expliquer que ce pigeon immobile sur le trottoir est mort car il ne bouge plus et ne respire plus, ils sont bien capables, à une autre occasion, de repérer un insecte mort sur le tapis de leur chambre. À partir de 2 ou 3 ans, ils peuvent en effet associer la mort à la fixité, l'opposer au vivant, à l'animé. Cependant, même si on leur précise qu'on est mort pour toujours, cette notion-là demeure complexe pour eux, car ils n'ont pas encore installé les repères temporels leur permettant d'appréhender le temps qui passe, la durée, la pérennité.

Les enfants entre 2 et 6 ans ont donc un savoir parcellaire sur la mort. Ils en saisissent les caractéristiques mais pas la portée, ce qui explique qu'ils ne manifestent pas d'angoisse particulière à cette idée. Le tableau se parachèvera les années passant, au fil des échanges et des expériences : le poisson rouge qui flotte à la surface de l'eau, une assemblée vêtue de sombre devant l'église du quartier, une visite au cimetière, une scène de film à la télévision…

Si une personne de l'entourage d'un tout-petit vient à mourir, il sera d'autant plus aisé d'en parler avec lui et de lui permettre d'en comprendre quelque chose qu'on aura préalablement rebondi sur les occasions qui se sont présentées pour aborder cette notion de manière générale, et qu'on se sera appuyé sur les exemples que le règne animal et végétal nous offrent chaque jour. Pour que la mort ne constitue pas un traumatisme, elle est à considérer dans le droit fil de l'existence.

Mais qu'en est-il des bébés ? Avant l'âge de 2 ans, l'univers des bébés est caractérisé par une grande dépendance aux objets concrets et à l'instant présent. Les bébés découvrent le monde à travers leur corps et leurs sens, comprennent un certain nombre de règles sur le fonctionnement du monde physique et sur leur capacité à agir dessus. Les notions abstraites, telle que la mort, ne sont donc pas accessibles à leur compréhension. De là à dire que la mort d'une personne proche pourrait ne pas les affecter ni les concerner, il n'y a qu'un pas… que nous ne franchirons pas ! En effet, un bébé brutalement séparé d'une personne qui s'occupe quotidiennement de lui repère cette absence, précisément à travers sa sensorialité. La sécurité interne qu'il bâtit peu à peu et renforce chaque jour se fonde sur la gestuelle spécifique des personnes qui l'entourent au plus près, sur la manière qu'elles ont de le tenir, de le porter, de le caresser, sur leur odeur, le timbre et la prosodie de leur voix, le rythme de leur élocution… Si tout ceci vient à manquer tout à coup, le bébé en est très ébranlé. On peut alors se demander dans quelle mesure un bébé peut avoir une forme de connaissance perceptive de la mort d'une personne de son entourage si celle-ci n'est pas impliquée dans des soins quotidiens auprès de lui. Eh bien il peut également en percevoir quelque chose si ce décès affecte profondément sa mère, son père, sa nourrice, ou toute personne qui vit dans une grande proximité avec lui. Par exemple, une mère intensément déprimée par le décès de sa sœur sera triste, irritable, peu disponible, elle mettra moins d'enthousiasme à communiquer avec son bébé, aura la voix plus sourde, moins chantante, toutes choses qu'un tout-petit repère parfaitement.

Pourquoi est-il important de parler à un tout-petit de la mort d'un proche ?

Nous avons déjà plusieurs fois posé le principe selon lequel un enfant, même tout petit, même bébé, est en droit d'attendre que l'on s'adresse à lui pour lui parler de tous les événements de la vie qui le concernent directement ou indirectement. Dans *Lorsque l'enfant paraît*[42], Françoise Dolto disait à ce propos : « *Si quelqu'un de la famille meurt, il est important de ne jamais priver un enfant de la nouvelle de cette mort. Il perçoit l'expression changée des visages familiers. (...) Ne pas le lui dire, c'est le traiter comme un chat ou un chien, l'exclure de la communauté des êtres parlants.* »

Lorsqu'il s'agit de la mort d'une personne proche, l'enfant peut être directement confronté à l'absence d'un membre de son foyer, sa mère, son père, un frère ou une sœur. Si l'un de ses grands-parents décède, ses habitudes et ses repères peuvent aussi se trouver concrètement modifiés : Papi qui ne vient plus le mercredi avec son journal et son paquet de chouquettes, le rituel de la visite dominicale auquel on ne souscrit plus, ou les vacances à la campagne qui ne font plus envie à personne maintenant que la maison est vide. Mais même si rien ne change dans sa vie quotidienne, un tout-petit peut être affecté par la tristesse qui s'est abattue sur son foyer si ses parents ont perdu un ami cher ou une cousine qu'ils aimaient beaucoup.

Il y a donc une parole à tenir sur la mort d'un proche, dans tous les cas et quel que soit l'âge de l'enfant. Si l'on s'adresse à un

42. *Ibid.*

bébé qui ne parle pas encore, on ne s'attendra bien sûr pas à être compris, mais en s'adressant à lui, on l'intègre dans la communauté familiale.

Chronique d'une mort annoncée

Lorsqu'une personne présente une maladie grave, il peut arriver un moment où la mort est prévisible, voire imminente. Les médecins l'ont dit, plus aucun espoir n'est permis, le traitement donné est dit « palliatif » : sa visée n'est plus de soigner ou de guérir, mais de contrer la douleur et de procurer un apaisement.

Dans une telle situation, mieux vaut en dire quelque chose à l'enfant. Il n'est pas différent de nous, lui aussi a besoin de s'armer pour faire face à la difficulté. Or, ce qui nous prend par surprise nous dévaste plus que ce à quoi nous avons pu nous préparer.

Reprenons l'exemple d'Ève et de son Papi René dans le chapitre précédent. Annoncer à Ève que son grand-père est mort des suites de sa maladie sera sûrement moins difficile si l'on a pu lui dire, quelques jours auparavant : « Papi va bientôt mourir. » Et compte tenu de ce qui lui a déjà été expliqué sur la « mauvaise » maladie de René, elle peut même en comprendre un peu plus encore : « Tu sais Ève, les médicaments ne marchent pas bien pour Papi René. Il est trop fatigué à force de se battre contre cette méchante maladie. Il ne peut pas continuer comme ça. Je pense qu'il va bientôt mourir. »

Certains penseront important d'emmener un enfant, même jeune, dire au revoir à son grand-père. Suivant les circonstances, d'autres préféreront surseoir à cette visite. On peut alors proposer à l'enfant de lui envoyer quelque chose, un dessin par exemple. Ceci lui permettra, à travers l'expression graphique, de se donner des représentations de ce qu'il vit et de ce qu'il ressent. Par ailleurs, c'est une manière de le rendre actif dans une situation où l'on ne peut rien faire d'autre qu'attendre…

Il est mort : quels mots choisir ?

Aussi abrupt que cela puisse paraître, ces trois mots-là, « il est mort », sont sûrement les plus adaptés. Il existe des termes précis pour désigner chaque réalité, et les enfants ont besoin d'une parole structurante, qui leur permette de se repérer et de construire leurs représentations de la vie et du monde. « Ève, je t'ai dit hier que Papi René était très malade et très fatigué, et qu'il allait bientôt mourir. Eh bien il est mort ce matin. » Non, Papi n'est pas parti dans les étoiles, ni dans l'espace, ni sur une autre planète, encore moins en voyage. Nous avons vu les effets délétères que pouvait avoir la métaphore chez un tout-petit qui n'a pas accès à son sens second. Françoise Dolto[43] cite ainsi le cas d'une toute petite fille à qui l'on avait raconté une histoire de ce type sur la mort de son frère, et qui s'épuisait à le chercher. Elle avait abandonné ses jeux, ses centres d'intérêt, et n'a pu s'apaiser que lorsqu'on l'a emmenée sur la tombe de son frère et qu'elle a pu le situer. Dolto disait alors la chose suivante : *« Il faut que la réalité demeure dans les mots de la réalité (…). Les parents croient que l'enfant va souffrir de la mort. Bien sûr ! Plus tard ! Mais cette enfant-là, c'était de l'insolite qu'elle souffrait, et cet insolite aurait pu la lancer dans une magie dont elle ne serait pas sortie. »*[44]

Mais une fois prononcés les trois mots « il est mort », d'autres les accompagneront. D'abord pour préciser les circonstances du décès et déculpabiliser l'enfant, ensuite pour insister sur le soulagement que peut parfois procurer la survenue de la mort lorsque c'est le cas, enfin pour que chacun puisse exprimer ses émotions, et pour évaluer ce que le tout-petit a compris de ce qui arrive.

Tout d'abord, en effet, les circonstances du décès pourront être précisées. Dans le cas où le décès fait suite à une longue

---

43. *Ibid.*
44. *Ibid.*

maladie, cette situation aura déjà été expliquée au tout-petit, et le lien peut alors être souligné : « Papi René est mort à cause de cette mauvaise maladie qu'il avait au poumon, ici. » Dans le cas d'un décès brutal, accidentel, il est important de signifier à l'enfant qu'il n'y est pour rien. En effet, si son Papi l'a grondé la veille pour une quelconque bêtise et que l'enfant lui en a voulu, il pourrait avoir le fantasme qu'il est responsable de sa mort. Comme si l'agressivité éprouvée l'espace d'un instant à l'égard de son grand-père s'était muée en une réelle force destructrice. « La voiture de Papi a glissé sur la neige. Parfois tu joues à faire des accidents avec tes petites voitures. C'est ça qui est arrivé. Ce n'est de la faute de personne. C'est comme ça, on n'y peut rien. »

Ensuite, lorsque des paroles apaisantes peuvent être prononcées sur la survenue de la mort, c'est une bonne chose, à la fois pour l'adulte qui parle et pour l'enfant qui les reçoit. Dans une longue et pénible maladie, ou chez une personne très diminuée par le grand âge, la mort peut effectivement constituer une délivrance. « Tu sais, Ève, Papi René était très fatigué par cette grosse maladie. Je pense qu'il est plus tranquille maintenant. »

Enfin, parce que perdre un être cher nous submerge d'émotions, il est illusoire d'espérer les cacher à un tout-petit. Lorsque le flot est si puissant, nous n'avons pas d'autre choix que de les reconnaître et les nommer. « Je suis très triste de la mort de Papi René. Tu vas me voir pleurer souvent, c'est normal, c'était mon papa et je l'aimais beaucoup. Toi aussi tu as le droit d'être triste, Ève. »

À quel moment et dans quelles conditions parler à un tout-petit de la mort de son grand-père ?

Dans beaucoup d'autres circonstances traitées dans ce livre, nous avons préconisé d'attendre d'être soi-même apaisé sur le plan émotionnel pour pouvoir aborder certains sujets avec les plus jeunes. Dans le cas d'un décès, la situation est différente. Tout d'abord parce que les sentiments ressentis sont très intenses et violents. Quelqu'un qui reçoit par téléphone l'annonce du décès d'une personne aimée peut s'effondrer dans l'instant, y compris en présence du jeune enfant dont il s'occupe à ce moment-là. Ensuite parce que la mort d'un proche nous engage pour les jours qui suivent dans un tourbillon : longues conversations familiales, démarches administratives, organisation des obsèques, déplacements si le défunt vivait dans une autre région. Le tout-petit assiste à tout cela, et il n'est pas imaginable d'attendre que la quiétude revienne pour pouvoir lui en dire quelque chose : c'est maintenant qu'il a besoin de comprendre ce qui se passe et pourquoi tout son entourage est ébranlé.

Mais dans cette tourmente qui n'épargne personne, pas même les plus jeunes, deux points peuvent préserver du naufrage : premièrement, pour pouvoir soutenir ses enfants, il faut savoir se faire aider soi-même ; deuxièmement, pour leur parler, on peut se faire accompagner par un proche. Les parents sont les mieux placés pour parler à leurs enfants, même s'ils vont mal eux-mêmes, parce que c'est leur place d'être au plus près d'eux dans les épreuves de la vie. En revanche, ils peuvent se sentir moins fragiles si une personne de confiance les épaule de sa présence dans ce moment. Ce peut être bien sûr l'autre parent, mais parfois il n'y a pas d'autre parent, et dans certaines situations tragiques, c'est précisément le décès de l'un des parents qu'il s'agit d'annoncer à l'enfant. Le soutien d'une personne de la famille ou d'un ami peut alors s'avérer bienvenu. Un enfant se sent aussi très démuni, et même très angoissé, face à un parent qui s'écroule. La présence d'un tiers est dans ce cas rassurante pour tout le monde.

Que dire face à ses drôles de réactions ?

Les enfants réagissent parfois à l'annonce d'un décès d'une façon qui peut paraître incongrue, et ce à tout âge. Les plus jeunes peuvent afficher une indifférence totale, continuer à jouer, sembler n'avoir rien entendu, ou se montrer pressés de regarder leur dessin animé préféré. L'adulte est alors décontenancé, partagé entre l'idée de s'être tiré à peu de frais d'une annonce difficile, et la colère devant un petit qui leur apparaît tout à coup comme un monstre d'égoïsme.

Dans tous les cas, on se gardera de commenter sa réaction. Tout d'abord, ce n'est pas parce qu'un enfant donne l'impression de ne pas écouter qu'il n'écoute pas. Souvent, en consultation par exemple, je vois des enfants jouer pendant que leurs parents parlent ; pourtant, tout à coup, ils peuvent intervenir de façon très adaptée. Derrière un jeu, ils se sentent protégés. C'est une manière de ne pas recevoir frontalement le regard et les mots de l'adulte, surtout lorsque celui-ci parle de choses qui lui tiennent à cœur et peuvent mobiliser de l'émotion.

Ensuite, avant 7 ans, les enfants peuvent connaître quelques éléments sur la mort, mais en aucun cas n'en réalisent la portée, car la projection dans le temps leur est encore difficile, et même impossible pour les plus jeunes. Comment, alors, saisir un phénomène qui a quelque chose à voir avec l'éternité ? Et comment avoir une réaction adaptée à ce que l'adulte attend, alors même que la perception et la compréhension du phénomène sont différentes ?

Mais dans les moments ou les jours suivants, il peut aussi arriver que l'enfant joue à des jeux qui mettent en scène la mort. Il peut courir dans toute la maison avec un pistolet en hurlant « Pan ! Pan ! T'es mort !! ». Cela peut choquer l'adulte en deuil, et pourtant, c'est sa manière à lui d'élaborer la situation, de la comprendre, de s'en donner des représentations.

Enfin, certains enfants font les « clowns », dans une tentative désespérée de ramener leurs proches au rire et à la gaieté. Ils ne parviennent souvent qu'à exaspérer tout le monde, et pourtant, ils sont en lutte contre le sentiment dépressif qui s'est abattu sur le foyer.

Toutes ces réactions décalées sont donc à comprendre comme des moyens que les jeunes enfants mettent en place pour gérer la douleur, la leur, mais surtout celle qu'ils perçoivent chez leurs proches. Il vaut mieux ne pas les commenter « à chaud », car le risque est de les qualifier de manière péjorative et de rendre l'enfant à sa solitude. En revanche, dans un moment plus privilégié, le soir au coucher par exemple, on peut revenir sur ces attitudes. À un enfant qui ne montre aucune émotion, on peut signifier qu'on l'autorise à être triste ou à pleurer lui aussi, car certains s'en empêchent pour ne pas attrister plus encore leurs parents : « Moi je suis triste que Papi René soit mort, Ève. Toi aussi tu as le droit le droit de pleurer, si tu veux, si tu en as besoin. » À un enfant qui exaspère par son excitation, on peut dire : « Tu as beaucoup fait le clown aujourd'hui. Tu essaies de nous faire rire, parce que tu vois qu'on est triste à cause de la mort de Papi. Et c'est vrai qu'on n'a pas très envie de rire en ce moment. Mais ça reviendra, tu sais, ne t'inquiète pas. »

Grand-père va être enterré

De nombreux parents confrontés à un deuil dans leur famille s'interrogent sur l'opportunité d'emmener leur tout-petit à l'enterrement, et sont plutôt tentés de le laisser chez son assistante maternelle ce jour-là. Leurs craintes portent sur plusieurs points. Tout d'abord, ils appréhendent ce moment pour eux-mêmes, et pensent que ce peut être également difficile pour un jeune enfant, que le « bain d'émotion » de cette journée risque d'être excessif pour lui. Deuxièmement, ils redoutent que celui-ci se comporte mal, qu'il coure dans l'église ou dans le cimetière, joue à cache-cache derrière les tombes, et qu'il les mobilise trop pour qu'eux-mêmes puissent vivre pleinement ce dernier accompagnement de la personne défunte. Enfin, emmener un enfant à un enterrement suppose de pouvoir lui expliquer le déroulement et la signification du rituel, et il leur paraît alors insurmontable de trouver les mots.

Pourtant, il y a aussi beaucoup de bonnes raisons d'associer un tout-petit à cette cérémonie. Nous allons envisager lesquelles, avant de choisir les paroles qui le soutiendront dans ce moment.

Pourquoi emmener un jeune enfant à un enterrement ?

En premier lieu, participer à un enterrement permet au jeune enfant de mieux saisir ce que signifie la mort d'une personne proche ou familière. En effet, nous avons vu que la compréhension de ce phénomène par un enfant de moins de 6 ans se résumait à quelques éléments clés, disjoints : un mort ne bouge plus, un mort n'est plus vivant, et après ? Que devient-il ? Où va-t-il ? Viendra-t-il me chercher à l'école demain ? La notion d'irréversibilité et de permanence de la mort est difficile à appréhender à cet âge, et il n'est pas rare que des jeunes enfants s'obstinent à chercher ou à attendre la personne dont la mort les a séparés. L'enterrement vient justement signifier que le retour à la vie n'est plus possible. On accompagne le défunt « jusque dans sa dernière demeure », ainsi l'enfant peut le situer, savoir où il est. Et si Ève s'étonne de ne pas le voir comme d'habitude à la sortie de l'école, on peut alors lui rappeler que son Papi est au cimetière, et qu'il ne se trouvera donc plus devant la porte de sa classe lorsque l'après-midi prend fin.

Ensuite, si parler aux tout jeunes enfants et aux bébés de ce qui les concerne est une façon de leur faire une place qui compte dans la vie familiale, les tenir à l'écart d'un événement aussi important est une manière de les exclure. Là où les adultes pensent les protéger d'une épreuve, ils les confrontent en réalité à la solitude : pendant que toute la famille sera réunie dans une communauté émotionnelle, eux joueront aux cubes chez leur assistante maternelle. Puis ils retrouveront leurs parents bouleversés après un moment d'une grande intensité, peu disponibles, quand pour eux cette journée n'aura été qu'une parmi d'autres. Les adultes parleront entre eux de choses incompréhensibles, auront besoin de partager leurs impressions. Et, dans ce décalage, ils se sentiront bien seuls.

Enfin, dans ces situations douloureuses, le groupe familial se soude. On se souvient, on se serre et on s'embrasse, on pleure ensemble, mais on rit aussi parfois, à l'évocation de certains souvenirs ou de certains traits de caractère du défunt. Une force de cohésion opère généralement dans ces moments-là, le temps de la cérémonie, de la marche vers le cimetière, puis au retour, lorsque l'on partage un repas ensemble. La participation de l'enfant, même tout petit, même bébé, scelle son appartenance à ce groupe. Il ne s'en souviendra pas forcément, mais il y aura toujours une grand-mère, un oncle ou une tante pour lui reparler plus tard de cette journée, lui raconter, qu'il avait d'ailleurs échappé à la vigilance de ses parents pour aller prendre une fleur sur le cercueil. Peut-être même aura-t-on pris des photos, et il sera acquis pour lui qu'il était là lors de l'enterrement de son grand-père, occupant déjà sa place dans l'histoire familiale en marche.

Mais une fois postulée l'idée que la participation du tout-petit est pertinente, on ne peut se passer de mots pour l'accompagner. Alors que lui dire pour l'aider à donner du sens à cet événement ?

Comment lui parler de l'enterrement de son grand-père ?

Un enterrement, c'est d'abord la famille qui se réunit pour vivre ensemble, autour de la personne décédée, un moment riche en émotions. Le rituel a une signification, qu'il convient d'expliquer à l'enfant, afin qu'il n'en soit pas qu'un spectateur passif, mais qu'il puisse y participer pleinement.

Une réunion familiale

La mort de son grand-père lui ayant été annoncée, savoir que toute la famille va se réunir pour lui dire « au revoir » est une perspective rassurante pour l'enfant. « Demain, Ève, on va accompagner Papi René au cimetière et lui dire au revoir. Toute la famille sera là : Mamie, ta marraine Chantal, ta cousine Géraldine, ton oncle Hector. Il y aura aussi des amis de Papi, et son frère que tu ne connais pas. » On s'attachera à ce stade à insister sur les appuis que l'enfant pourra trouver auprès des personnes qui seront présentes, qu'il connaît et qu'il aime. Cela contribue à créer le sentiment d'un environnement humain chaleureux autour de lui.

Des émotions

Dans un second temps, il est important de le prévenir que toutes ces personnes sont affectées par le décès de son grand-père. Elles seront donc tristes : on peut alors mimer le visage triste, les larmes qui coulent. Ève doit se préparer à l'idée que l'enterrement est un moment fort à partager ensemble, mais ce n'est pas exactement une fête, et il ne sera pas question, ce jour-là, d'aller sur le manège de chevaux de bois qui tourne sur la place avec sa cousine Géraldine… « Tout le monde est triste à cause de la mort de Papi René. Demain, beaucoup de personnes vont pleurer. C'est normal, c'est toujours comme ça quand quelqu'un qu'on aime est mort. »

Un rituel qui a du sens

Afin que le tout-petit en saisisse le sens, il est fondamental de lui expliquer les grandes étapes du rituel auquel il va participer, en insistant sur ce qu'il peut avoir d'apaisant, de réparateur.

Tout d'abord, « Papi René sera couché dans une grande boîte. Elle est fermée pour qu'il soit bien tranquille. C'est comme une cabane pour qu'il soit bien à l'abri. » On peut même dessiner le cercueil, ainsi, l'enfant qui n'en a jamais vu ne sera pas surpris quand celui-ci apparaîtra. Il saura que c'est là que repose son grand-père, qu'il y est protégé.

Ensuite, « on fera une cérémonie : on va tous se réunir, parler de Papi René, mais aussi écouter de la musique, chanter. Comme ça on pensera très fort à lui. » Il va de soi que cette cérémonie peut être religieuse ou laïque, le message à faire passer est qu'elle est un moment de communion autour de la personne défunte.

Enfin, « on va emmener Papi René au cimetière. C'est un endroit où les morts se reposent. On mettra sa cabane dans la terre, et puis de belles fleurs dessus, avec son nom. Et chaque fois qu'on aura envie d'aller lui rendre visite, on saura que c'est là qu'on peut aller. C'est comme s'il avait une maison dans la terre. » Un tout jeune enfant peut d'ailleurs avoir été déjà familiarisé avec ce rituel si on lui a un jour proposé d'enterrer un animal domestique, voire un petit animal mort, comme un papillon ou un oiseau tombé du nid. Si c'est le cas, il faut souligner le lien entre les deux événements. L'étape du cimetière est essentielle, car c'est elle qui permet à l'enfant d'associer la personne décédée à un lieu concret dans lequel elle repose. Si la personne est ici, elle ne peut donc pas être dans le ciel ou dans une étoile... Ces univers-là sont d'ailleurs trop vastes pour être rassurants, et un paisible cimetière l'est paradoxalement beaucoup plus.

Mais alors, quand le défunt a choisi une crémation, comment lui donner du sens pour l'enfant ? Où est passée la grande boîte abritant son grand-père ? Où se trouve sa dernière maison ? Avouons-le, la chose est plus délicate à éclairer... Si l'on est croyant, on peut expliquer à l'enfant que le corps n'a plus d'importance quand on est mort. De là à expliquer ce qu'est l'âme, c'est un peu complexe à cet âge-là ! On peut désigner le corps en montrant les diverses parties qui le composent : « Tu vois,

Ève, quand on est mort, notre corps, nos bras, nos jambes, notre ventre, tout ça ne marche plus. Ça ne sert plus à rien. Alors on peut brûler le corps. Et ça ne fait pas mal, on ne sent rien parce que le corps a fini de vivre. Mais tous les souvenirs qu'on a de Papi, on les garde, ça reste avec nous. » On peut aussi s'appuyer sur des notions plus biologiques : « Papi a demandé à retourner dans la terre quand il sera mort, pour être dans la nature. Le corps ne sert plus à rien quand on est mort. Alors on peut le brûler. Ça ne fait pas mal, on ne sent rien parce que le corps a fini de vivre. Ensuite, ça devient des cendres, comme une poussière qu'on met dans la terre pour faire pousser les plantes et les arbres. » N'oublions pas cependant de rassurer l'enfant sur le fait que la grande boîte dans laquelle repose son grand-père sera confiée à des personnes qui s'occuperont de la crémation, qu'il n'imagine pas qu'on fera un grand feu dans le jardin !

La participation du jeune enfant

Si l'on propose à l'enfant de participer à sa mesure au rituel qui va se dérouler, on le rend acteur de ce qui se passe. Lui aussi va pouvoir dire « au revoir » à son grand-père, à sa manière. « Si tu veux, Ève, tu peux faire un dessin pour Papi. Et on le mettra sur la grande boîte. Ou bien tu peux choisir des fleurs que tu poseras sur la terre, là où on va lui faire sa maison. »

Le rituel a pour objectif de créer un temps de communion privilégié avec le défunt, et aussi de marquer la mémoire des vivants. Si un tout jeune enfant y prend une part active, il pose sa touche sur la grande fresque du souvenir familial : il s'en souviendra peut-être, ou bien d'autres le lui rappelleront.

La vie continue sans Grand-père...

Et ensuite ? Après la mort, après les obsèques, que se passe-t-il pour l'enfant ?

La force de l'habitude

La vie reprend son cours, avec parfois une modification sensible dans le quotidien lorsque la personne décédée était très présente auprès de l'enfant. S'il avait l'habitude de voir arriver son grand-père tous les dimanches pour le déjeuner avec une boîte de macarons, il y a fort à parier que les premiers dimanches suivant le décès, il continuera à l'attendre. Peut-être même questionnera-t-il : « Papi ? » Dans le cas où l'événement qui vient de se produire a été suffisamment parlé avec lui, il suffira de lui rappeler le décès, et le lieu où son grand-père repose, pour le ramener à la réalité chaque fois qu'il aura tendance à agir comme si celui-ci était toujours là.

La force de l'évocation

Mais à l'inverse, il se peut aussi que l'enfant ne parle plus du tout spontanément de son grand-père. C'est notamment ce qui se passe lorsque la période de deuil est vécue par les parents de manière particulièrement douloureuse. Le tout-petit se défend alors du trop-plein d'émotion qui submerge la maison en « clivant » ses propres émotions, ainsi que les images, les mots et les souvenirs qui y sont associés. C'est-à-dire qu'il remise cet ensemble dans une partie fermée de son psychisme, et s'en interdit l'accès. Pour éviter que ce clivage ne s'installe, et pour permettre à l'enfant de grandir en intégrant toutes ses expériences de vie à sa personnalité en construction, y compris les expériences douloureuses, il est important que son entourage continue à évoquer la personne défunte. Ce peut être par des mots, en se remémorant des souvenirs, ou encore par des images, des photos que l'on accroche dans la maison, et que l'on commente. Il peut être aussi proposé à un tout-petit de choisir un objet parmi quelques-uns que son grand-père affectionnait : « Regarde, Ève, veux-tu choisir une petite statue dans la collection d'animaux de Papi ? Il les aimait beaucoup, il serait content que tu en prennes une. » Garder un objet est une manière de rester en lien avec la personne décédée, de continuer à la faire vivre à l'intérieur de soi. Plus l'objet fait partie de la vie quotidienne de ceux qui restent, moins il est sacralisé, plus le souvenir demeure vivant. On y pensera avant de disputer un tout jeune enfant qui mélange à ses Playmobil® les petites statuettes d'animaux que son grand-père gardait précieusement dans la vitrine de son bureau !

Et lorsqu'il s'agit d'un suicide ?

Le suicide demeure un véritable tabou, et dans la plupart des cas, les circonstances de la mort ne sont alors pas évoquées par l'entourage.

Pour un enfant de moins de 6 ans, le suicide n'existe pas. Il peut jouer inlassablement à « Pan ! T'es mort ! », mais il ne retourne jamais le pistolet sur lui en disant « Pan ! Je suis mort !! » Alors si son cousin s'est suicidé, comment lui dire quelque chose de ce qui s'est passé ? Et d'ailleurs, est-il bien nécessaire de préciser les conditions de cette mort ?

On pourrait penser au premier abord que ce n'est pas utile, qu'il sera bien temps pour lui de l'apprendre plus tard, quand il sera plus grand, plus à même de comprendre. Mais alors quand ? À l'âge de raison ? Il semble encore à mille lieues de cela ! À 12 ans ? C'est l'entrée au collège, pas le moment de le perturber avec cette histoire ! À 15 ans ? L'adolescence est une période difficile, il ne faudrait pas que ça lui donne des idées… À 18 ans ? C'est l'année du BAC ! On le voit, il n'y a jamais de bon moment pour parler de la tragédie de l'existence. Si les mots ne sont pas prononcés tout de suite, ils ne le seront jamais, et d'ailleurs, le temps passant, on n'en voit plus guère l'intérêt. Pourtant un tel drame fait partie de l'histoire familiale, y tient une place considérable, mais lorsqu'il est passé sous silence, c'est une place en creux, un emplacement vide. Vide de contenu, vide de sens, alors que tant de choses en parlent par ailleurs. Il constitue ce que l'on appelle un « secret de famille ». Ainsi cet enfant de 5 ans, qui présentait en classe des troubles attentionnels, et à la maison des crises de colère fortement majorées depuis le suicide de son cousin, défenestré du dixième étage. Il était censé ne rien en savoir, et cependant dessinait inlassablement des tours pleines de fenêtres, en construisait en Légo®, en Kapla®, en cubes, en pâte à modeler... donnant le vertige à son thérapeute ! Avait-il entendu ses parents parler entre eux du drame, dans une atmosphère marquée par la douleur ? Toujours est-il que la question qu'il posait à travers ses productions était manifeste. Alors comment y répondre ? Que dire qui puisse être entendu par un tout-petit sans l'agresser par la violence des images associées à l'événement ?

Tout d'abord, il s'agit d'annoncer la mort de quelqu'un : « Agnès, nous sommes très tristes car ton cousin Ferdinand est mort. »

Dans un second temps, en réponse à une question de l'enfant ou spontanément, on peut expliquer que « Ferdinand est mort parce qu'il n'avait plus envie de vivre. Il avait trop de problèmes, ou il était trop malheureux. Alors il a préféré que sa vie s'arrête. » Donner le terme qui recouvre cette réalité est utile pour l'enfant, car c'est un mot qu'il entendra dans les conversations familiales : « Ferdinand s'est suicidé. »

Un suicide survient rarement comme un coup de tonnerre dans un ciel serein. Il y a généralement eu des prémisses, et si Agnès connaissait bien son cousin, on peut aussi s'appuyer sur ce qu'elle a pu observer pour expliquer ce qui s'est passé. « Tu te souviens quand Ferdinand venait avec ses parents à la maison ? Il était toujours triste, il restait assis dans le fauteuil et regardait par la fenêtre, il ne parlait pas avec nous, il ne jouait pas avec toi. Rien ne lui faisait plaisir. Ce n'est de la faute de personne. Personne ne pouvait rien faire pour l'aider. »

Quant aux circonstances du suicide, si l'enfant grandit avec la notion qu'un membre de sa famille s'est suicidé, et s'il n'est pas interdit d'en parler, alors, plus tard, quand la question le taraudera, il s'autorisera à questionner sur la manière dont Ferdinand a mis fin à ses jours.

Les mêmes mots peuvent être utilisés pour parler d'un suicide auprès d'un enfant âgé de 3 à 6 ans, ou pour s'adresser à un bébé de moins de 3 ans. La compréhension de l'événement sera évidemment meilleure chez l'enfant plus grand… et encore peut-on en douter. Car le suicide ne fait pas partie des représentations qu'il s'est déjà construites, même de façon partielle. Mais l'important est que l'adulte s'habitue pour lui-même à trouver les mots pour parler au tout-petit. Ainsi, peu à peu rompu à cette difficulté, il pourra réitérer et poursuivre cet échange dans le temps, évitant ainsi la constitution d'un secret familial dont les conséquences sont particulièrement délétères.[45]

À lire avec les enfants…

Le grand-père de Tom est mort, (2000), de Collette Hellings, illustré par Marie-Aline Bawin, Paris, Mango Jeunesse.

Au revoir papa, (2006), de Emmanuelle Eeckhout et Émile Jadoul, Paris, Pastel.

45. Sur les secrets de famille et leurs effets, on peut consulter les ouvrages de Serge Tisseron : notamment *Secrets de famille, mode d'emploi,* (1996), Paris, Marabout Poche ; et *Les secrets de famille,* (2011), Coll. Que sais-je ?, Paris, PUF.

Et si on parlait de la mort, (2006), de Catherine Dolto et Colline Faure-Poirée, illustré par Frédérick Mansot, Paris, Gallimard Jeunesse.

Au revoir Blaireau, (2010), de Susan Varley, Paris, Gallimard Jeunesse.

Pour les adultes...

Parler de la mort, (1998), de Françoise Dolto, Paris, Mercure de France.

L'enfant face à la mort d'un proche, (2006), de Patrick Ben Soussan et Isabelle Gravillon, Paris, Coll. C'est la vie aussi, Albin Michel.

Comment te dire…
… que ta maman est en prison

Réjane est âgée de 2 ans. Il y a trois mois, sa mère a été interpellée lors d'une perquisition au domicile et incarcérée en préventive pour trafic de substances illicites. Réjane dormait avec sa mère dans le petit appartement où la Police s'est présentée. Elle a donc assisté à une scène que l'on imagine très violente, avant d'être confiée le jour même à sa tante, Sophie, la sœur de sa mère.

Celle-ci se présente à ma consultation avec son compagnon pour me parler de Réjane. Elle la décrit comme apeurée en toutes circonstances, particulièrement lorsque quelqu'un sonne à la porte. Réjane semble également très angoissée quand il s'agit de s'abandonner dans le sommeil. Enfin, l'adaptation actuelle dans une crèche est difficile : elle a du mal à se séparer de sa tante et pleure beaucoup.

Réjane réclame souvent sa mère, dont on lui dit qu'elle va revenir… Nul ne sait quand d'ailleurs, puisqu'elle n'a pas encore été jugée et que sa peine n'est pas définie à ce jour. Ainsi, chaque jour fait naître chez Réjane un espoir déçu.

Lui a-t-on expliqué ce qui s'est passé, pourquoi la Police est venue, pourquoi sa mère est partie ? Sophie pense que Réjane ne peut pas comprendre, et qu'il faut qu'elle oublie : « C'est trop dur pour une petite fille. On essaie de tout faire pour qu'elle se sente bien et qu'elle ne pense plus à ces moments terribles. De toute façon, on ne sait pas si sa mère pourra à nouveau s'occuper d'elle un jour. »

Et pourtant, malgré le silence plein de bonnes intentions de sa tante Sophie, Réjane ne va pas bien…

La prison reste un tabou. Une enquête réalisée en 2012 par l'UFRAMA[46] indique que beaucoup d'enfants dont un ou deux parents sont incarcérés n'en ont pas été informés… alors même que beaucoup de ces enfants se rendent au parloir ! Ainsi, aucune explication n'a été donnée pour 63 % des enfants de moins de 2 ans, 50 % des enfants de 2 à 4 ans, et 23 % des enfants de 5 à 9 ans.

L'emprisonnement d'un proche fait partie des situations susceptibles de générer un secret familial. Le sentiment de honte et de douleur qui habite la famille peut pousser au silence, à l'évitement de toute parole sur l'événement. Chacun se protège et croit protéger l'autre : ne pas ternir l'image d'un proche en révélant qu'il a commis une faute grave ; ne pas compromettre le développement psycho affectif d'un enfant en lui révélant que son père / sa mère / son oncle a enfreint la loi, et qu'il sera privé de liberté – donc séparé de lui – pendant une longue période.

Pourtant, s'il est bien un événement qui change quelque chose dans le quotidien d'un enfant, c'est celui-là. Que l'enfant ait vu « disparaître » son père ou sa mère du jour au lendemain, ou encore qu'il voie ses parents affectés, préoccupés pour une raison qu'il ne comprend pas, comment imaginer qu'il ne se pose aucune question et qu'il suffise de ne rien en dire pour qu'il ne soit pas touché et que tout continue comme avant ?

Réjane pleure quand on sonne à la porte

Cette toute petite fille a été confrontée à un traumatisme majeur. Au décours d'une scène particulièrement violente, sa mère a « disparu » sans que personne ne lui dise où elle est partie, pourquoi, ni quand elle reviendra. Sa vie a brutalement changé :

46. Union Nationale des Fédérations Régionales des Associations de Maisons d'Accueil de familles et de proches des personnes incarcérées.

elle a été confiée à sa tante, qu'elle connaissait peu, et habite dans un nouvel espace.

Sur tout cela, aucune parole n'a été tenue : rien ne lui a été expliqué du départ brutal de sa mère, du caractère exceptionnel de la perquisition, ni du rôle que sa tante assure désormais auprès d'elle. Tout se passe comme si les choses allaient de soi : ça s'est passé, c'est ainsi, il n'y a rien à en dire… Sophie, craignant de ne pas savoir comment aborder la situation, ne fait aucune place à la mère de Réjane dans son discours, et n'a pas affiché de photos de celle-ci dans la chambre de l'enfant. La fillette est donc confrontée à une perte radicale : elle ne voit plus sa mère et on n'en parle plus.

Avec Réjane et sa tante, le travail a consisté à mettre des mots et du sens sur cinq points principaux : tout d'abord évoquer la scène traumatique, ensuite pouvoir dire où est passée la maman de Réjane, en troisième lieu lui expliquer qui va s'occuper d'elle et dans quelles conditions, puis permettre que le lien de Réjane à sa mère demeure vivant, et enfin faire exister la possibilité des retrouvailles.

La violence n'est pas la règle

Surprise dans son sommeil, Réjane a vécu une situation particulièrement traumatisante. On peut en imaginer le fracas, les cris, les gestes brutaux, et finalement sa mère tirée loin d'elle tandis qu'elle reste avec des inconnus qui l'emmènent, elle aussi, ailleurs… Que lui ont dit, expliqué les policiers ? Comment l'aider à se défaire de l'idée que chaque nuit pourrait être porteuse d'un nouveau malheur, interrompue dans la fureur, et que toute personne qui se présente à la porte d'une maison pourrait lui imposer à nouveau la violence qu'elle a subie ?

En faisant silence sur cet événement, on renonce à en cerner la réalité et à en souligner le caractère *hors du commun*. Or c'est ce qui manque à Réjane pour s'en construire des repères structurants.

Il faut donc en parler, raconter ce qui s'est passé pour permettre à l'enfant de s'en représenter les différents moments, panser les plaies par des mots, et les accompagner de gestes apaisants. « Tu as eu très peur. C'est normal, il y avait beaucoup de bruit, et tu ne savais pas ce qui arrivait. Mais maintenant tu es en sécurité, personne ne viendra te réveiller dans la nuit. Ici tu peux dormir tranquille. Nous sommes là pour veiller sur toi. » Que peut comprendre de cela un tout-petit de 2 ans ou moins ? Sur le sens des mots, tout dépend de son niveau de langage bien sûr, mais sur le ton de berceuse, les caresses, le contact de son corps blotti contre celui d'un adulte rassurant, beaucoup sans doute. Sophie, sa tante, a donc été invitée à raconter les faits avec les mots que Réjane ne pouvait pas encore formuler mais qu'elle pouvait déjà comprendre, afin qu'elle puisse s'en parler à elle-même. La petite fille s'est ainsi sentie reconnue dans la souffrance qu'elle avait vécue, et rassurée par un adulte qui pouvait poser sur cet événement les repères du langage.

Où est passée Maman ?

Il était urgent de répondre à cette question. Sophie a donc expliqué à Réjane que sa maman était en prison, pour longtemps, mais que dans une prison on pouvait voir les gens. Elle a ainsi donné à la petite fille plusieurs informations essentielles.

Premièrement, elle a nommé le lieu. C'est capital, car même si Réjane ne se figure pas, à son âge, ce qu'est une prison, elle peut néanmoins entendre que sa maman est *quelque part.*

Deuxièmement, elle a introduit une temporalité. Il sera utile de la préciser par des repères visuels une fois la durée de la peine connue, par exemple à l'aide d'un calendrier dont on barre les jours après y avoir fait figurer la date de la sortie en rouge.

Et enfin, elle a ouvert la possibilité d'une rencontre. Si sa maman est bien *quelque part,* il est important que Réjane puisse le vérifier. Pouvoir la situer, penser à elle dans un décor précis, fut-il aussi froid que celui d'une prison, c'est mieux que de ne pouvoir raccrocher sa pensée à rien. Nous avons aussi convenu que des photos de sa mère soient accrochées dans la chambre de Réjane.

Qui va s'occuper de moi ?

Les liens de filiation restent très présents dans la structuration d'un enfant, même si le parent est loin. Il faut donc composer avec, quel que soit le fantasme d'offrir au tout-petit un « nouveau départ ». Reconnaître l'existence de ces liens ne compromet aucunement la création d'un nouveau nid pour l'enfant, au sein duquel il peut retrouver une sécurité et se construire. Au contraire même, car cela lui évite de se trouver pris dans un conflit de loyauté. Chacun est alors situé à sa juste place : « Ta maman reste toujours ta maman. Moi je suis ta tante, et je vais m'occuper de toi tant que ta maman ne pourra pas le faire. Je t'aime beaucoup, mais je ne remplace pas ta maman, je suis à côté, avec toi. » Il est encore plus clair de s'aider de dessins pour permettre à l'enfant de mieux se figurer la place de chacun, et l'inviter à dessiner lui aussi la manière dont il se représente sa famille s'il est en âge de le faire.

Je pense à elle… Est-ce qu'elle pense à moi ?

Une maman n'oublie jamais son enfant, tout le monde le sait… Et pourtant, souvent les parents incarcérés ne se manifestent pas, parce qu'ils ont honte, parce qu'ils se sentent indignes, parce qu'ils craignent de perturber leur enfant.

Il est fondamental de rassurer l'enfant. On peut par exemple lui dire : « Ta maman pense toujours à toi. C'est difficile pour elle là-bas, c'est pour ça qu'elle ne t'appelle pas. Mais elle sera très contente d'avoir de tes nouvelles. »

Ainsi, si l'enfant ne voit pas son parent au parloir, on peut lui proposer d'envoyer des dessins ou des petits bricolages, de manière à maintenir le lien vivant.

Se séparer pour se retrouver

L'enfant séparé de son parent incarcéré le voit parfois au parloir, mais parfois pas. Dans le second cas, s'il n'y a pas non plus d'autre forme d'échange (courrier, dessins...), cela s'apparente pour lui à une séparation définitive, sans retrouvailles possibles. Si l'enfant est très jeune, en effet, il ne pourra pas anticiper la perspective de retrouvailles lointaines.

Pouvoir faire avec un autre adulte une expérience réussie de séparation-retrouvailles est donc un processus très structurant, qui va lui permettre de retrouver confiance dans le lien qu'il noue avec son entourage. Ainsi, si chaque jour lorsqu'elle va à la crèche accompagnée par sa tante, Réjane peut se séparer en ayant confiance sur le fait qu'elles vont se retrouver à la fin de la journée, elle va peu à peu se sentir sécurisée dans le lien à l'autre. Pour que ces expériences quotidiennes viennent construire quelque chose et non réveiller le traumatisme, elles doivent être abondamment parlées et ritualisées.

Ainsi, il est essentiel que Sophie visite les lieux avec Réjane, et qu'elle lui explique pourquoi elle la confie à la crèche, qui va s'occuper d'elle, et jusqu'à quelle heure. Comme nous l'avons vu dans le chapitre « Comment te dire... que Maman va travailler », ritualiser tous les moments de transition avec des mots, des gestes d'affection, des exclamations, des comptines, est très rassurant pour l'enfant.

En s'appropriant cela, Sophie et Réjane sont peu à peu parvenues à se séparer avec douceur chaque matin, et à se retrouver chaque soir avec joie !

Thibault n'a pas le droit de jouer aux gendarmes et aux voleurs

Thibault est âgé de 5 ans. Son oncle, le frère de sa mère, est incarcéré à perpétuité pour une affaire criminelle qui a eu un fort retentissement médiatique. La mère de Thibault, convaincue de l'innocence de son frère, s'est fortement engagée à ses côtés.

Depuis la condamnation, Valérie se rend chaque dimanche au parloir : après avoir déjeuné en famille, elle accompagne Thibault à sa sieste, lui lit une histoire, puis l'embrasse en lui disant qu'elle va voir une amie ; elle rentre ensuite à la maison pour le repas du soir. Thibault reste avec son papa, et tous deux jouent ou partent en balade, selon la météo. Thibault demande souvent pourquoi Maman ne vient jamais se promener avec eux, d'autant que pendant la semaine elle est très occupée (elle vient d'être promue directrice des ressources humaines dans une grande entreprise, et prend une part très active dans le projet de pourvoi en cassation de son frère). Il a du mal à comprendre qu'elle passe tous ses dimanches avec une amie…

Un soir, Valérie rentre du parloir comme toujours assez fatiguée et triste. Thibault joue avec ses figurines sur le tapis du salon tandis que son père cuisine non loin de lui. Il a attaché les mains d'un Playmobil® avec une petite ficelle et dit : « Allez, à la prison ! C'est pas bien ce que tu as fait !! Dépêche-toi !!! ». Valérie se met alors en colère, reprochant à son mari de laisser Thibault jouer à n'importe quoi ! Elle ramasse les Playmobil®, les jette dans la caisse à jouets : « Tu n'as pas d'autre idée pour t'amuser ?! Va te mettre en pyjama, on va manger ! » Thibault part tout honteux dans sa chambre, en ayant le sentiment d'avoir fait quelque chose de mal.

Valérie et son mari viennent me consulter pour savoir comment parler à Thibault de la situation. Jusqu'à présent, ils n'ont rien pu lui en dire, ni ses grands-parents chez lesquels il se rend fréquemment. Thibault ne connaît d'ailleurs même pas l'existence de cet oncle. Le frère de Valérie occupe pourtant la tête de tous les membres de la famille. « Nous avons des photos de lui, précise Valérie. Elles sont dans des petits cadres, à la maison et chez mes parents. Mais nous n'avons jamais parlé de lui à Thibault. Il ne m'a jamais demandé si j'avais un frère, je ne lui ai jamais dit que j'en avais un. » Mais maintenant Thibault grandit, il porte le nom de famille de son père et celui de sa mère, donc celui de son oncle, et ce nom n'est pas si courant… « On pourrait faire le rapprochement, dit Valérie. Un jour, quelqu'un lui en parlera… Il vaudrait mieux que ce soit nous. »

De prime abord, on peut penser que la situation de Thibault est moins perturbante que celle de Réjane, exposée dans la vignette clinique précédente. La personne emprisonnée n'est pas l'un de ses parents, Thibault n'a pas été confronté à la brutalité d'un changement de vie ou d'une séparation, il n'a jamais connu son oncle donc celui-ci ne lui manque pas. Oui, mais voilà, il manque à sa mère ! C'est avec lui qu'elle passe tous ses dimanches, pour lui qu'elle travaille chaque soir sur son ordinateur jusqu'à minuit, de lui qu'elle parle avec son mari ou ses parents quand son fils est couché, et c'est même à cause de lui qu'il est interdit à Thibault de jouer au jeu préféré des petits garçons : les gendarmes et les voleurs…

Cet oncle est donc un absent très encombrant ! Alors comment parler de lui ? Construire avec l'enfant l'arbre généalogique de la famille est un bon point de départ. Ensuite les mots viennent plus facilement et retissent l'ensemble de l'histoire familiale, cernant ses ombres cachées…

Tout enfant se situe dans une généalogie

Il n'est pas rare qu'une personne incarcérée soit brutalement rayée du discours familial. C'est le cas dans la famille de Thibault. Il n'est pas censé connaître l'existence de son oncle emprisonné, du moins c'est ce que ses parents veulent croire. En effet, il y a des photos de lui dans la maison, et il serait bien étonnant que Thibault n'ait pas entendu prononcer son nom au détour d'une conversation parentale qui ne lui était pas destinée. C'est donc un inconnu familier… mais les enfants ont bel et bien un sixième sens pour éviter de poser les questions qui pourraient gêner leurs parents !

Partir de la construction de l'arbre généalogique est une bonne base pour échanger. Chaque membre de la famille peut être identifié par une photo et nommé. Cela permet petit à petit de raconter l'histoire de chacun, et du groupe familial dans son ensemble. Valérie pourra ainsi évoquer son frère, son enfance avec lui, son affection pour lui, et dire qu'aujourd'hui elle est très triste car il est en prison.

Le temps des questions… et celui des réponses

Il est essentiel de signifier à l'enfant qu'il peut poser toutes les questions qu'il a en tête sur l'histoire de sa famille. Peut-être Thibault aura-t-il envie de demander tout de suite pourquoi son oncle est en prison. Mais peut-être aussi aura-t-il besoin de temps pour se faire à cette première annonce et réaliser tout ce que cela éclaire des particularités de son quotidien : le fait que sa mère soit toujours préoccupée, le fait que ses grands-parents soient souvent tristes, le fait qu'ils aient toujours des choses très importantes à se dire entre eux.

S'il sait qu'il peut revenir avec ses questions et qu'il obtiendra des réponses, il se sentira apaisé… et sans doute moins pressé.

Valérie pourra aussi expliquer à son fils certains de ses comportements qui peuvent paraître étranges. Ainsi le dimanche, quand elle se rend au parloir, elle pourra lui dire : « Tu te souviens, je t'ai parlé de mon frère qui est en prison. Mon frère, c'est ton oncle. C'est lui que je vais voir tous les dimanches. C'est pour ça que je ne reste jamais avec vous le dimanche, parce que c'est le seul jour où je peux aller le visiter. »

La question de la raison de l'incarcération paraît la plus effrayante : que répondre ? Faut-il tout dire ? Dans un premier temps, il convient simplement poser le principe que l'on va en prison quand on a fait quelque chose qui est *interdit* et *grave*. C'est le juge qui décide : il a un grand livre où est écrit tout ce qui est à la fois *interdit* et *grave*. Les deux qualificatifs sont importants, et la notion du grand livre également. En effet, l'enfant aussi fait parfois des choses interdites, comme sauter sur son lit par exemple, ou jouer au foot dans le salon. Mais ces choses ne sont généralement pas graves, et elles ne sont pas inscrites dans le grand livre ! Elles font partie des règles à respecter à la maison (ou à l'école). Il est important d'introduire cette distinction, sans quoi l'enfant peut entrevoir la prison comme une réalité possible également pour lui chaque fois qu'il fait une bêtise.

Ensuite, il posera peut-être d'autres questions, tout de suite ou plus tard. « C'est quoi quelque chose d'interdit et de grave ? » On peut alors tout d'abord lui demander ce qu'il en pense ; cela permet de situer où il en est, et d'éviter de donner une réponse qui soit trop loin de ses capacités de comprendre le monde et qui puisse le heurter. Peut-être Thibault va-t-il répondre : « C'est voler, ou faire mal à quelqu'un ». Sa maman pourra alors confirmer : « Tu as raison, voler ou faire du mal à quelqu'un, c'est interdit et c'est grave ». Puis une autre fois il demandera peut-être : « Il a volé Oncle William ? » Valérie pourra alors dire : « Non, il n'a pas volé, mais il a fait du mal à quelqu'un. » Ainsi, à condition qu'il soit assuré de trouver chez ses parents une oreille ouverte et attentive à ses questionnements, on peut faire confiance à l'enfant pour suivre le fil et s'approprier à son rythme une histoire de famille qui est aussi la sienne.

Faire et être, ce n'est pas pareil

La difficulté peut venir aussi d'une ambivalence des parents quant à la culpabilité de la personne incarcérée (ainsi Valérie pense-t-elle que son frère est innocent bien qu'il ait été condamné). Les jeunes enfants construisent leurs repères sur le monde de façon assez binaire : une chose ne peut pas être bonne par certains côtés et mauvaise par d'autres, et une même chose ne peut pas être tantôt bonne, tantôt mauvaise. La Police poursuit les méchants, donc la Police est gentille. Si la Police envoie quelqu'un d'innocent en prison, alors elle devient méchante, et elle le restera dans l'esprit de l'enfant. Ce n'est qu'après 6 ans que l'enfant peut commencer à manier des idées plus contrastées sans que cela ne mette en péril les repères qu'il s'est construit. Mieux vaut alors que Valérie garde ses doutes pour elle et réserve l'expression de ses questions pour plus tard, quand Thibault sera mieux à même de saisir la complexité de la vie. Ce que l'on peut poser d'emblée en revanche, c'est que *faire quelque chose de méchant* et *être méchant* ce n'est pas la même chose. On peut être gentil et faire une bêtise : un enfant comprendra parfaitement que, bien qu'il soit gentil, il lui arrive quand même de manger des bonbons en cachette, tout en sachant que c'est interdit (interdit mais pas grave) !

À lire avec les enfants…

L'UFRAMA a édité des petits guides destinés à l'information des enfants ayant un parent incarcéré, notamment *Tim et le mystère de la patte bleue* pour les enfants de 3 à 7 ans, et *Avoir un parent en prison* pour les enfants de 7 à 11 ans (téléchargeables sur le site Internet de l'association).

Comment te dire…
… que Maman et Papa se séparent

Isabelle et Joseph ne s'entendent plus. Dans ce contexte, Isabelle a fait une rencontre depuis quelques mois, et elle a décidé de quitter Joseph. Ils ont pris rendez-vous pour parler de leurs deux enfants : Katia, 4 ans, et Léopold, 10 mois.

Au moment où je les reçois, les conditions matérielles de la séparation ne sont pas encore précisées : ils ne savent pas qui gardera l'appartement familial, ni quelle organisation ils souhaitent mettre en place pour leurs enfants. Pour l'instant, c'est Isabelle qui a quitté le domicile pour vivre chez son ami… mais les enfants n'ont pas été mis au courant. En effet, leur mère est systématiquement présente chaque soir après son travail, leur donne le bain, dîne avec eux et avec Joseph, leur lit une histoire et les accompagne pour le coucher. Ensuite, dès qu'ils dorment, elle s'éclipse… pour revenir le lendemain à sept heures trente. Elle réveille alors les enfants, les habille, les fait déjeuner, puis les emmène à la crèche et à l'école. Le week-end, Isabelle et Joseph sont présents en alternance auprès des enfants. Tantôt c'est Isabelle qui est là, tandis que Joseph est hébergé par des amis. Tantôt c'est Joseph qui reste, tandis qu'Isabelle est avec son compagnon.

Grâce à ce système complexe, ils ont fait jusque-là l'économie d'informer Katia et Léopold de leur projet de divorce. Mais jusqu'à quand tenir ainsi ? Il est arrivé que les enfants se réveillent la nuit, appellent leur mère, alors Joseph raconte qu'elle est fatiguée, qu'elle dort, qu'elle ne peut pas se lever... Parfois ils peinent à se calmer, à se rendormir. À plusieurs reprises, Katia a demandé à Isabelle pourquoi elle était déjà tout habillée le matin en entrant dans leur chambre, alors qu'habituellement elle se prépare à la hâte pendant qu'ils déjeunent avec leur père. Enfin, il n'y a jamais plus de sortie tous ensemble le samedi et le dimanche, et l'aînée l'a bien remarqué : elle demande systématiquement si Papa vient aussi, au zoo, au jardin, au manège ou voir les poissons...

Pourtant, malgré l'inconfort de cette situation, Isabelle et Joseph ne se décident pas à parler à leurs enfants. D'abord ils pensent que ce n'est pas le moment, car Katia et Léopold sont perturbés. Les éducatrices de la crèche signalent que Léopold pleure beaucoup et ne dort pas bien à la sieste. Et la maîtresse trouve Katia très distraite à l'école, absorbée dans ses pensées. Ils ne souhaitent donc pas aggraver les choses. Et de plus, ils ont du mal à se mettre d'accord sur les modalités de la séparation : chacun veut garder l'appartement, chacun veut avoir la résidence principale des enfants. Alors dans ces conditions, que dire ?

On pourrait gloser sans fin sur les conséquences douloureuses de la séparation de deux parents pour les enfants issus de leur union. Bien sûr, il est idéal pour un enfant de grandir avec un couple qui s'aime et s'apprécie. Mais ce n'est pas toujours la réalité des choses : un ménage sur trois divorce en France aujourd'hui et, dans les grandes villes, on approche même d'un sur deux. Il s'agit donc d'un phénomène massif.

Évidemment, on peut dire aussi que mieux vaut des parents qui se séparent que des parents qui se disputent sans cesse. L'enfant gagne au moins une certaine quiétude dans sa vie quotidienne. Pour autant, quelle que soit la situation, il a aussi le sentiment de perdre beaucoup : d'une part la représentation qu'il s'était construite de la cellule familiale vole en éclats, d'autre part tous ses repères quotidiens s'en trouvent modifiés.

Tout d'abord, comment chacun se représente-t-il une famille ? Pour les plus jeunes, il s'agit de la perception qu'ils ont de la place de chacun dans les soins ou l'attention qui leur sont portés, mais aussi de la perception des liens qui unissent leurs parents au travers de la manière – gestes, paroles – dont ils communiquent. Les adultes, quant à eux, ont souvent en tête la représentation d'une famille idéale, nourrie par leur histoire, par celles qu'ils observent autour d'eux, par leurs lectures, par les films et les publicités qu'ils voient. Ils peuvent avoir le désir de *faire comme* (leurs parents, leurs amis), ou celui de *faire autrement.* Cette représentation diffère suivant le parcours personnel de chacun et le contexte dans lequel il vit. Mais tant que les membres d'une famille acceptent de vivre sous le même toit, même s'il y a des cris et de la fureur, l'espoir de tendre à cette représentation idéale demeure vivant. C'est un espoir fou, irréaliste, mais il peut participer à maintenir collés des couples que pourtant, à l'évidence, tout sépare. La séparation, et plus encore le divorce du fait de la portée symbolique de la loi, vient y mettre fin. Il y a alors un deuil à faire pour tout le monde, les adultes comme les plus jeunes.

Ensuite, la séparation du couple parental entraîne une modification radicale du mode de vie de chacun et, au-delà de la souffrance affective à laquelle elle confronte, toute une série de questions concrètes va être posée et doit être traitée. Quelle résidence pour les enfants ? Quel logement pour chaque parent ? Quels partages et quels arrangements financiers ? Il est d'ailleurs essentiel qu'un accord soit rapidement trouvé, car annoncer à ses enfants que l'on se sépare si l'on ne peut rien leur dire de la manière dont ils vont désormais vivre est très déstabilisant pour eux. La nouvelle est un ébranlement, mais si les parents ont pensé à tout pour la suite, alors cela signifie qu'ils sont malgré tout solides, et qu'on peut continuer à s'appuyer sur eux.

Alors comment annoncer à ses enfants que Maman et Papa se séparent ? Hormis quelques situations exceptionnelles, où l'un des protagonistes fait une rencontre amoureuse fulgurante tandis que l'autre était à mille lieues de se douter de quoi que ce soit, une séparation survient rarement dans un ciel sans nuage. Ainsi, l'enfant observe et ressent qu'il existe une mésentente sévère entre ses parents, et il convient dans un premier temps de la nommer. Puis, une fois que la décision de se séparer est prise, nous déterminerons le moment et les conditions les plus adéquats pour en informer les plus jeunes. Nous distinguerons ensuite les points importants à expliciter, et ceux qui n'ont pas à être portés à la connaissance des enfants. Enfin, nous envisagerons deux situations corollaires à une séparation parentale et la manière de les aborder avec les tout-petits : la diversité (ou la divergence) des modalités éducatives entre les deux foyers parentaux, et la recomposition familiale.

Rien ne va plus !

Le scénario des semaines, des mois ou des années qui précèdent une séparation peut emprunter plusieurs chemins suivant les familles.

Il y a les couples qui expriment ouvertement leur conflit, et qui vivent dans le bruit et la fureur. Et il y a ceux qui, d'emblée ou secondairement, ont trouvé pour *modus vivendi* de vivre ensemble tout en étant séparés.

Les enfants grandissant dans ces deux types de familles ne vivent ni ne perçoivent la situation de la même manière, mais dans tous les cas, il y a quelque chose à en dire.

Guerre ouverte

Il y a des couples qui vivent comme en temps de guerre. Parfois les bombes pleuvent et l'atmosphère est saturée de violence, verbale ou physique. Parfois les éclats s'espacent, mais le silence qui s'instaure entre chaque explosion est oppressant, comme s'il portait toujours en lui la menace de sa rupture brutale. Devant ces situations extrêmes, il semble évident au premier observateur venu qu'il n'y a qu'une chose sensée à faire : déclarer forfait. Et pourtant, certains tiennent quand même, parfois longtemps, s'accrochant désespérément à un semblant de vie familiale. Ceux-là disent que si les enfants n'étaient pas là, ils seraient déjà séparés depuis longtemps. Pourtant, cet argument est souvent une rationalisation, et leur difficulté réside plus probablement dans le fait de ne pas parvenir à lâcher ce qu'ils auraient tant voulu réussir. De la même manière qu'on est vivant jusqu'à la seconde qui précède la mort, on est ensemble tant qu'on n'est pas séparés…

Dans ces familles, les enfants sont habités par l'angoisse. Lorsque la guerre est déclarée, les bombes peuvent tomber à tout moment, et on ne sait jamais quand… Il en résulte un vécu très insécurisant pour les plus jeunes, qui vivent en état d'alerte. Les bébés, essentiellement guidés par leurs sens, réagissent aux éclats de voix, aux portes qui claquent ou aux bris d'objets qu'ils entendent. S'ils ont déjà été réveillés par les disputes de leurs parents, ils peuvent développer des troubles du sommeil, craignant d'être une nouvelle fois surpris par la peur au creux de leur nuit. Des difficultés de séparation peuvent également se manifester, lorsque les petits redoutent que leurs parents ne se déchirent plus violemment encore en leur absence. D'autres, au contraire, se sentent tellement mieux protégés chez leur assistante maternelle ou à la crèche qu'ils pleurent chaque soir au moment de regagner la maison, au grand désarroi des parents.

Dans ces configurations belliqueuses, l'enfant perçoit une menace pour sa propre cohésion et pour son intégrité psychique. Profondément ébranlé dans sa sécurité interne, il traduit par des symptômes ce qu'il n'a pas de mots pour exprimer.

C'est aux parents qu'il revient de donner ces mots, qui auront premièrement pour vertu de nommer ce qui se déroule sous les yeux de l'enfant, et deuxièmement de contribuer à le rassurer en délimitant les choses.

Souvent, les parents gardent le silence car ils sont persuadés que les enfants ne voient rien. Ainsi entend-on fréquemment : « On fait attention : on ne se dispute jamais devant eux. » La parole risquerait alors, pensent-ils, de venir révéler une situation passée inaperçue. Mais les petits ont des oreilles pour entendre, et un sommeil qui n'est pas toujours aussi profond qu'on l'imagine ! Et de même qu'un silence qui suit un opéra de Mozart est encore du Mozart, le silence qui suit une dispute est encore empreint de toute la tension qu'elle a véhiculée. Ainsi, il ne suffit pas de fermer une porte pour protéger les plus jeunes. Seuls les mots peuvent remplir cette fonction, avec un bébé comme avec un enfant qui est déjà dans le langage. Alors, que dire ?

1) Tout d'abord, il est bon de nommer ce que l'enfant a pu observer, de manière à le conforter dans sa perception : « Tu as du voir que Maman et Papa se grondent souvent et crient très fort, Katia. Et toi Léopold, tu as entendu ? »

2) Ensuite, il est important de préciser que ce sont des histoires qui appartiennent aux adultes, et que les enfants n'y ont aucune responsabilité. « Maman et Papa se grondent parce qu'ils sont très en colère l'un contre l'autre. Ce n'est pas à cause de vous, ce sont des histoires d'adultes. » On peut même ajouter : « Moi je suis en colère contre Papa, et Papa est en colère contre moi, mais on n'est pas du tout en colère contre vous, même si on a l'air très énervés. »

3) Enfin, il est nécessaire de rassurer les plus jeunes en délimitant le conflit : « On se gronde beaucoup, c'est vrai, mais il ne faut pas avoir peur. Les adultes crient parfois très fort, mais je ne ferai jamais de mal à votre papa et il ne m'en fera jamais. On se bagarre avec des mots. » Pour les tout-petits, plus le verbe est haut, plus le conflit est fort, plus le danger est réel. Ils sont absolument incapables de faire la différence entre des parents qui se disputent parce qu'ils ne s'aiment plus, et un parent en

colère parce que l'autre a oublié d'aller chercher la voiture chez le garagiste. Si le second crie plus fort que les premiers, ils ont l'impression que l'heure est plus grave. Et dans tous les cas, ils peuvent imaginer que l'affrontement verbal est susceptible de virer à l'agression physique.

4) Mais n'éludons pas ce dernier point : il y a en effet des parents qui en viennent aux mains, et si l'enfant en est témoin, il serait dramatique de ne rien en dire. « Katia, tu as vu que Papa et moi, on s'est grondés très fort hier soir. J'étais si en colère que j'ai frappé ton papa. On ne doit jamais faire ça. C'est interdit de frapper les gens. J'aurais dû aller faire un tour dehors pour me calmer. »

Devant une situation très conflictuelle, un enfant en âge de comprendre et de s'exprimer peut demander de lui-même si ses parents vont « se divorcer ». C'est un mot qu'il a pu entendre à l'école, par d'autres petits copains concernés. Tant que la décision n'est pas arrêtée, mieux vaut lui dire : « Tu as raison, ça ne va pas. Maman et Papa réfléchissent à la meilleure solution. » Il ne s'agit évidemment pas de mentir en affirmant que non, pour rassurer injustement l'enfant. Mais l'annonce d'une séparation parentale est douloureuse pour un petit : inutile de sonner l'alarme tant qu'on n'a pas la certitude que le feu a démarré.

Armistice de circonstance

Mais il y a des situations de mésentente conjugale plus larvées. Comme le chantait Jean Ferrat sur le beau texte d'Aragon : *« Comme une étoffe déchirée, on vit ensemble séparés, dans mes bras, je te tiens absente… Et la blessure de durer, faut-il si profond qu'on la sente, quand le ciel nous est mesuré ? »*[47]

Ce sont des couples au sein desquels le désir est mort, et si chacun le reconnaît, nul besoin de se meurtrir. Parfois il y a

47. Jean Ferrat, (1971), « C'est si peu dire que je t'aime », *Ferrat chante Aragon*, Barclay Records.

des tensions, un rien exaspère l'autre et vice-versa. Mais parfois tout est calme, et chacun continue d'assurer sa fonction parentale sans heurt : c'est ce que Françoise Dolto appelait « le couplage socio amical ».[48] De nos jours, du fait des difficultés financières et de logement – particulièrement dans les grandes villes –, on rencontre de nombreux couples qui n'ont pas les moyens économiques d'assumer une décision de séparation : ils continuent ainsi à vivre sous le même toit, l'un gardant la chambre et l'autre dépliant chaque soir le canapé du salon.

On peut alors se demander si cette situation affecte les enfants, et s'il est nécessaire de leur en dire quelque chose. À l'évidence on se trouve là dans une configuration bien différente de la précédente : pas de cris, pas de disputes, et même parfois une véritable entente amicale !

Il y a pourtant deux écueils importants à ce type d'arrangement.

Tout d'abord, chacun retrouvant sa liberté, l'un ou l'autre des parents est susceptible de tomber à nouveau amoureux ailleurs. C'est alors que la question de la séparation peut concrètement se poser, et si elle s'inscrit dans un cheminement évident pour l'adulte, l'enfant, lui, ne partira pas du même stade de compréhension du déroulement des événements.

D'autre part, si un bébé ne fait probablement pas la différence entre deux parents s'aimant d'amour et deux parents s'aimant d'amitié, un enfant, à partir de 2-3 ans, devient attentif aux signes extérieurs de l'amour que ses parents donnent à voir. Un tout-petit est heureux et ému de voir ses parents s'embrasser ou se prendre dans les bras. Et s'il n'a jamais connu cela chez lui, il peut y être sensibilisé chez des amis, des grands-parents ou des cousins. Arrivera forcément un moment où il (se) demandera pourquoi

48. Françoise Dolto, (1988), *Quand les parents se séparent,* Paris, Seuil.

ses parents, eux, ne s'embrassent pas comme tous les amoureux... Puis vient le temps d'expliquer comment on fabrique les bébés, les caresses que se font les grands quand ils s'aiment, et il s'interrogera sur la manière dont il a été conçu, lui, par deux parents qui ne se touchent jamais... Il aura alors d'autant plus de mal à formuler ses questions que tout le monde fait « comme si » tout était rigoureusement normal. Quelle représentation du couple et de l'amour cet enfant va-t-il se forger en grandissant ? Si cette situation est moins déstructurante que celle précédemment évoquée, elle attaque toutefois insidieusement le dynamisme de l'enfant. Aussi, afin de lui permettre de se construire des représentations plus enthousiasmantes de la vie amoureuse, mieux vaut nommer les choses pour ce qu'elles sont. « Tu sais, Katia, Maman et Papa ont été très amoureux. C'est pour ça qu'ils ont eu envie d'avoir ensemble une merveilleuse petite fille comme toi, et un merveilleux petit garçon comme ton frère. Maintenant on est toujours contents d'habiter ensemble et de s'occuper de vous, mais on n'a plus très envie de s'embrasser ou de se tenir par la main comme font les amoureux, comme ta tante Marie avec Noé par exemple. Maintenant, on est comme de bons amis. C'est aussi pour ça qu'on ne part plus en vacances ensemble, ou que Papa s'en va souvent le dimanche. » Ainsi le jour où l'un de ses parents déclarera être « amoureux » d'une autre personne, Katia ne sera pas complètement surprise...

Notre décision est prise : quand l'annoncer aux enfants ?

Deux repères sont importants à respecter : d'abord, un couple ayant pris la décision de se séparer doit parvenir à se mettre d'accord sur les modalités concrètes de la séparation avant de l'annoncer à ses enfants ; ensuite, cette annonce doit être faite par les deux parents en même temps.

On se sépare, mais tout est prévu

On met souvent un certain temps à se marier, il est normal de mettre longtemps à divorcer. Autant il est essentiel de dire quelque chose du désaccord qui règne entre deux parents lorsque la dynamique familiale s'en trouve affectée, autant le mot de séparation ne doit être prononcé que lorsque la décision est ferme et irrévocable. Et il convient même d'être un peu plus exigeant, et de n'en parler aux enfants que lorsque l'on a une idée des changements qui vont s'ensuivre. Les petits ont en effet besoin de pouvoir se raccrocher à des éléments organisationnels précis pour se rassurer, sans quoi ils ont l'impression que tout s'écroule autour d'eux, que plus rien ne tient.

Il en résulte qu'une fois leur décision prise, les parents doivent autant que possible se déterminer assez vite sur les modalités de sa mise en œuvre, afin de ne pas laisser s'enkyster une situation qui est inconfortable pour tous. Dans l'exemple clinique présenté au début de ce chapitre, Isabelle et Joseph sont précisément dans cet entre-deux, dans une séparation déjà consommée, qui pourtant ne s'incarne dans aucun changement concret, au moins dans ce qui est donné à voir aux enfants. Pourtant, Katia et Léopold ont déjà tout senti, tout compris. Ne leur manquent que les mots de leurs parents pour partager leur expérience. Dolto écrivait à ce propos : *« Les parents doivent humaniser leur séparation, la dire avec des mots et ne pas la garder pour eux sous forme d'angoisse non dicible, exprimable seulement par des humeurs, des états dépressifs ou d'excitation que l'enfant sent comme un ébranlement de la sécurité de ses parents. »*[49]

Pour franchir une autre étape, Isabelle et Joseph ont été encouragés à se poser les principales questions intéressant leurs

49. *Ibid.*

enfants et à y répondre : qui garde l'appartement familial ? Quand leur expliquer la situation et que choisir, ensemble, de leur dire ?

Pour se séparer, il faut être deux

Une séparation parentale peut engager les enfants dans des conflits de loyauté sans fin. Quand la décision est unilatérale, l'enfant, même jeune, perçoit très bien qu'il y a un « gagnant » et un « perdant », et il se mobilise pour compenser la perte chez le parent malheureux.

C'est pourquoi, symboliquement, il est fondamental que l'annonce de la séparation soit faite par les deux parents en même temps, qui se sont préalablement mis d'accord sur le discours à tenir. Comme il faut être deux pour se marier, il faut être deux pour se séparer, et il y va de la responsabilité de chaque parent d'assumer sa part dans la décision prise. L'enfant gagnera beaucoup à avoir face à lui un couple parental solide, et non un couple conjugal fissuré. Et d'autre part, il se trouvera ainsi dégagé de la mission de soutenir le parent abandonné.

Comment te dire… ce qui te concerne et ce qui nous concerne

Comment expliquer à un tout-petit que ses parents se séparent ? Que doit-il savoir, comprendre ?

Tout d'abord, partir de constats concrets lui permet de saisir ce qui pousse ses parents à se séparer. Puis, les modalités concrètes de la séparation doivent lui être clairement expliquées. On s'appliquera ensuite à déculpabiliser l'enfant, à le rassurer sur sa place. Enfin, sachons aussi que certaines informations ne le concernent aucunement dans cette histoire…

Partir de la situation de mésentente constatée et expliquer la décision

Si la mésentente parentale a déjà été nommée, l'annonce de la séparation s'inscrit dans sa suite logique.

« Tu sais, Katia, on se gronde beaucoup ton papa et moi. C'est difficile pour tout le monde. Et on n'arrive pas à s'arrêter de le faire. Alors on a décidé de vivre chacun dans une maison : il y aura deux maisons, une pour Maman et une pour Papa. On va se séparer. »

Le jeune enfant visualise bien ce que signifie « chacun sa maison » : c'est concret, il peut imaginer sa maman dans une maison, et son papa dans une autre. On peut même l'aider à se le figurer en le dessinant, ou en utilisant des petites figurines et des maisons jouet. Le mot « séparation », ou le verbe « se séparer », sont en revanche peu compréhensibles pour un tout-petit. Toutefois, il est important de prononcer ces mots, car c'est bien de séparation que les adultes parleront entre eux. « Isabelle et Joseph se séparent ! » entendra-t-il souvent autour de lui, chez Papi et Mamie, chez ses cousins ou chez la voisine. Et c'est en accolant le terme « séparation » avec l'image des deux maisons, une pour Maman et une pour Papa, qu'on peut l'aider à se forger une représentation de l'épreuve que traverse sa famille.

Expliquer comment la vie va concrètement s'organiser

C'est là le point fondamental. Chez les tout-petits, l'organisation de la vie quotidienne est à la fois ce sur quoi ils prennent appui pour grandir et se développer, et ce qui les rassure quand ils se sentent insécurisés.

Dans les suites d'une séparation, beaucoup de choses vont changer. On veillera à informer l'enfant de tout ce qui le concerne, progressivement, sans énoncer d'un seul coup l'ensemble des bouleversements. Le « programme » sera mieux compris s'il est déroulé dans l'ordre où les questions se posent pour lui (ou dans l'ordre où l'on imagine qu'elles peuvent se poser).

S'il y a deux maisons, j'habiterai dans laquelle, moi ?

Dès que l'on explique à un enfant que Maman et Papa vont habiter dans deux maisons différentes, il se demande immédiatement où il va aller, lui. Quand les plus jeunes peuvent rester en résidence principale dans leur espace habituel, c'est toujours plus simple pour eux. Les bébés construisent leurs repères temporels et spatiaux en référence à leur environnement. Un déménagement est un facteur perturbant en soi. Si le déménagement s'inscrit en plus dans le contexte d'une séparation familiale, c'est beaucoup de désordres en même temps. Quoi qu'il en soit, après l'annonce, c'est la première chose qu'il convient de préciser : « Maman va rester avec toi, ici, dans cette maison. Tu auras toujours ta chambre et tes jouets. Papa va aller habiter dans une autre maison. »

Si Papa va habiter dans une autre maison, je ne le verrai plus ?

« Papa va habiter dans une maison tout près d'ici. Il viendra te voir souvent, et tu iras aussi le voir chez lui. Il reste toujours ton papa et il t'aime toujours autant. »

Visiter la maison de Papa dès que possible, participer à y installer sa chambre sont des étapes de nature à aider le tout-petit à situer les lieux, à constater qu'il a une place, *à la fois* chez Maman et chez Papa (ce qui signifie, pour lui, *à la fois* dans le cœur de Maman et dans celui de Papa). Certains objets importants pour l'enfant peuvent se trouver *à la fois* chez Maman et chez Papa : à travers eux se marque une continuité.

Ce soir, je dors chez Maman ou chez Papa ?

Pour un jeune enfant, dès l'âge de 2 ou 3 ans, il est indispensable de fabriquer un calendrier afin qu'il visualise le planning des visites, avec des photos de Maman dans sa maison et de Papa dans la sienne, ou des dessins avec des codes couleurs différents. Plus l'alternance est ritualisée, toujours le même jour, dans les mêmes conditions, à la même heure, plus l'enfant se repère facilement et se sent sécurisé. Une organisation qui change toutes les semaines ne convient pas à un tout-petit. Chaque jour, on peut consulter le calendrier et rappeler à l'enfant ce qui est prévu : « Ce matin, je t'emmène à l'école / à la crèche. Ce soir, c'est Papa qui vient te chercher ! Tu manges chez Papa, et tu fais dodo chez lui. Tu pourras même jouer avec le château que tu aimes tant, celui qui est dans ta chambre chez Papa. On se retrouve après le dodo. »

C'est bientôt les vacances, on part au ski tous ensemble ?

Il est toujours compliqué pour un tout jeune enfant de comprendre que Maman et Papa, qui faisaient beaucoup de choses ensemble, feront tout désormais séparément. D'une part, il a toujours le désir que la cohésion familiale soit recréée. D'autre part, il n'a tout d'abord pas d'autre représentation des vacances, de Noël ou de son anniversaire, que celle de moments de réunion familiale. Et à présent, ce n'est pas seulement Maman et Papa qu'il voit l'un sans l'autre, c'est aussi les membres respectifs de chaque branche familiale qui ne se mêlent plus.

« Maintenant que Maman et Papa ont chacun leur maison et que toi tu as deux maisons, tu vas aussi partir deux fois en vacances : une fois avec Maman, et une fois avec Papa. Avec Maman, tu iras chez Mamie Odette, et avec Papa tu iras au ski. »

J'ai bientôt 5 ans ! J'aimerais bien
que Maman et Papa soient tous les deux avec moi ce jour-là…

Beaucoup de couples séparés se demandent s'il est judicieux de fêter quelques moments importants ensemble. D'autres ne pourraient l'envisager à aucun prix, quand même se parler pour organiser les vacances est insurmontable. Mais il est aussi une troisième catégorie de familles qui, délivrées d'une relation conjugale pesante, passent soudain plus de temps réunies, et avec plus de plaisir que jamais… Sans entrer dans l'analyse de ce que ces comportements disent de la situation relationnelle de ces couples, demandons-nous ce qui est souhaitable pour les enfants, et quelles paroles peuvent accompagner ces choix.

Un enfant croit ce qu'il voit. Autrement dit, si ses parents lui ont annoncé qu'ils se séparaient et que Papa vient manger à la maison quatre fois par semaine, il finit par penser que la séparation est annulée… Afin qu'il ne s'engage pas sur de fausses pistes et n'entretienne pas des espoirs qui n'ont pas lieu d'être, il est utile de préciser les choses. « Papa vient souvent manger à la maison parce qu'il est très content de te voir. Maintenant qu'on n'habite plus ensemble, on n'a plus envie de se disputer. C'est beaucoup mieux comme ça, et on ne veut pas du tout revenir dans la même maison. »

Si en revanche ce type de situation ne se produit que pour des événements particuliers, il suffit d'en souligner le caractère exceptionnel. « Papa vient ce soir à la maison parce que tu as 5 ans. C'est très important pour lui et pour toi d'être ensemble pour souffler les bougies. Ensuite, il repartira dans sa maison. »

Si enfin aucune communication n'est possible entre des parents fraîchement séparés, on peut expliquer au tout-petit que : « Papa fera un gâteau avec des bougies quand tu iras dans sa maison, après le dodo. Mais il ne sera pas avec nous ce soir. Ce n'est pas à cause de toi. C'est qu'on est encore trop fâchés l'un contre l'autre. »

Faut-il parler de la cause de la séparation ?

Un enfant, quel que soit son âge, n'a pas besoin de connaître la cause précise de la séparation de ses parents. Les adultes peuvent rester généralistes dans les explications qu'ils donnent :

« On se sépare parce qu'on est plus amoureux. On se gronde trop souvent, c'est difficile. »

Françoise Dolto écrivait que toute séparation est une histoire de « désir mort » entre deux individus.[50] Quelle que soit la conséquence – l'ennui, l'agacement, la violence, une autre rencontre amoureuse – on se sépare d'abord parce qu'il n'y a plus assez d'amour. Les enfants n'ont pas besoin d'en savoir plus, le reste appartient à la vie des adultes.

Déculpabiliser l'enfant

L'enfant peut se sentir responsable de la séparation de ses parents à plus d'un titre.

La première idée qui lui vient à l'esprit, surtout s'il est jeune, c'est qu'il est la cause de la mésentente de ses parents. Il a bien remarqué, d'ailleurs, que lorsqu'il fait une bêtise, non seulement il se fait gronder, par sa mère ou son père, mais que cela déclenche également une dispute entre ses parents. Soit c'est Papa qui n'est pas d'accord avec la punition que Maman lui a donnée, soit c'est Maman qui n'est pas contente parce que Papa n'a rien dit... Et il vrai que lorsqu'un couple s'entend mal, l'éducation des enfants offre à chaque instant de nouvelles occasions de discorde !

Et puis, s'il était cet enfant magnifique dont ses parents parlent, ne serait-il pas parvenu à les réunir autour de lui ? Le risque est grand que le tout-petit se dévalorise, et pense qu'il n'est pas si formidable puisqu'il n'est même pas capable d'empêcher l'éclatement de la famille.

Enfin, l'enfant à partir de 4-5 ans entre dans la période œdipienne. Le petit garçon nourrit le fantasme d'évincer son père pour avoir tout l'amour de sa mère, et la petite fille celui de neutraliser sa mère pour s'approprier son père. Et lorsque ces

50. *Ibid.*

fantasmes trouvent une collusion dans la réalité avec la séparation du couple parental, l'enfant peut en concevoir une grande culpabilité, puisque ce qu'il appelait de ses vœux s'est réalisé...

Il est donc particulièrement important de lui dire et de lui répéter, quel que soit son âge : « Tu n'y es pour rien dans ce qui arrive. Ce n'est pas de ta faute si Maman et Papa ne veulent plus habiter ensemble. Ce sont des histoires de grands. »

Rassurer l'enfant sur sa place

L'enfant dont les parents se séparent peut douter de leur amour pour lui.

En effet, ne compte-t-il pas pour quantité négligeable pour que ses parents prennent une décision qui lui inflige une si grande souffrance ? Et d'ailleurs, s'ils l'avaient désiré aussi fort qu'ils le disent, ne s'aimeraient-ils pas encore aujourd'hui ? Et accepteraient-ils l'idée de ne plus habiter avec lui tous les jours ? Maintenant que Papa va déménager dans une autre maison, ne risque-t-il pas de l'oublier ? Un tout-petit peut même s'imaginer que si ses parents se fâchent contre lui, ils pourraient vouloir se séparer de lui aussi...

Un jeune enfant ressent ce type d'angoisse, même s'il n'est pas en mesure de les identifier en les formulant de la sorte. Et même un bébé se sent abandonné dès lors que ses repères spatio-temporels sont bouleversés. Il construit peu à peu ses marques dans un certain espace, avec ses parents présents, le son de leur voix, les rituels que chacun met en place auprès de lui, et brutalement tout change. Son père n'est plus dans la maison, sa voix ne résonne plus. Parfois le tout-petit est amené à dormir dans un autre lieu, inconnu de lui, où cette fois c'est sa mère qui manque. Dans l'incapacité d'analyser les événements, le bébé se guide sur ses perceptions sensorielles. Et ces perceptions ne le trompent pas sur le fait qu'il traverse une zone de turbulences. La voix de ses parents, leurs paroles, leurs mots, peuvent l'aider à s'apaiser en nommant et en donnant du sens aux angoisses d'abandon qu'il éprouve.

1) Tout d'abord, il faut bien reconnaître que oui, c'est très dur d'avoir des parents qui se séparent et qui vont habiter chacun dans une maison différente. « Mais Maman et Papa ne se sépareront jamais de toi. Ils restent tes parents pour toujours et ils t'aiment toujours aussi fort. »

2) Ensuite, il est utile de leur signifier l'amour et le désir dont ils sont issus. « Maman et Papa ne s'aiment plus assez pour vivre ensemble. Mais quand tu es né, on s'aimait très fort, si fort qu'on a eu envie de fabriquer un beau petit garçon / une belle petite fille comme toi. »

3) Enfin, l'enfant a besoin de grandir en entendant que ses parents, même s'ils ne s'aiment plus aujourd'hui, ne regrettent aucunement de s'être unis et de l'avoir conçu. « Heureusement que Maman et Papa se sont rencontrés et se sont aimés. Comme ça tu es né(e) ! Et même si on se gronde beaucoup maintenant, on est très contents que tu sois là, et on a tous les deux très envie de s'occuper de toi. »

Quand Maman et Papa n'arrivent pas à se mettre d'accord...

Dans un certain nombre de séparations, les parents, trop pris dans leurs conflits, ne parviennent pas à trouver un accord sur la garde des enfants et l'organisation de la vie quotidienne. Lorsque la situation s'étire en longueur, il est important de l'expliquer au tout-petit. « Nous sommes trop fâchés l'un contre l'autre pour arriver à décider si tu vas rester habiter avec Maman ou aller avec Papa. » Mais il ne faut surtout pas en rester là. En effet, il est en effet très déroutant pour un enfant de constater que ses parents ne parviennent pas à le protéger et à savoir ce qui lui conviendrait.

Invoquer un personnage qui peut se placer au-dessus de la mêlée et arbitrer le différend est donc plutôt rassurant. Le tout-petit en a d'ailleurs déjà fait l'expérience ! Quand il se dispute à la crèche avec son copain Zadig, il y a toujours une éducatrice pour venir régler le litige et dire qui peut jouer avec le garage en premier. « Nous allons demander à quelqu'un de nous aider à trouver la meilleure solution pour toi. On va aller voir un juge qui va nous écouter et dire ce qui est mieux. »

Chez Maman c'est comme ci, chez Papa c'est comme ça ! Comment s'y retrouver ?

Deux maisons, c'est aussi souvent deux systèmes éducatifs différents, et deux fois plus de sources de confusion, pour les enfants comme pour les parents. Si cette dualité est quasi obligatoire, seuls les mots permettent de tisser le fil qui contribue à faire lien entre les deux univers.

Un écueil inévitable

On le sait, l'éducation d'un enfant est probablement le chemin le plus accidenté qui soit. Ce qui est valable un jour doit être révisé le lendemain, en fonction de l'évolution de l'enfant, mais également du contexte environnemental. Et hormis quelques grands principes sur lesquels tout le monde s'accorde à peu près, tout est toujours sujet à caution. Déjà en vivant sous le même toit, il suffit de s'absenter quelques heures pour découvrir en rentrant qu'une nouvelle règle a été posée, parce qu'une nouvelle question a surgi. Et si les parents n'échangent pas en continu, l'enfant sera très vite perdu (ou ravi !) que Maman n'applique pas le même précepte que Papa ce matin devant la même situation.

On mesure donc combien il est difficile de se mettre au même diapason lorsque l'on ne vit plus ensemble, et qu'on est en permanence amené à faire évoluer le cadre selon la marche de la vie.

Parfois, les parents séparés ne se parlent plus : ils ne communiquent que par mail pour des éléments très factuels, voire ils ne communiquent plus du tout. Mais même lorsqu'ils sont attentifs à maintenir des liens autour de leur enfant, à partager leurs impressions et leurs expériences, il y a toujours un décalage. La meilleure volonté ne suffit pas à élaguer la diversité des points de vue. Pour peu qu'un nouveau conjoint y mette aussi son grain de sel, dans l'une ou l'autre maison, et la partie est perdue d'avance ! Il vaut mieux en avoir conscience, afin de ne pas se fixer un objectif inatteignable : la perfection n'est pas de ce monde, et elle n'est due par personne, pas même par ceux qui se sentent coupables de n'avoir pas réussi à maintenir l'harmonie familiale. En revanche, gardons à l'esprit de mettre des mots sur ce qui se joue.

Ce sont les mots qui font lien

Pour un bébé, mieux vaut parvenir à se mettre d'accord sur le rythme à respecter, afin qu'il ne soit pas nourri et couché selon des modalités complètement différentes chez sa mère et chez son père. N'oublions pas que ces repères contribuent grandement à établir une sécurité de base chez le tout-petit. Il peut ainsi être perturbé par de menus détails : par exemple un mobile différent au-dessus de son lit, qui produit une autre mélodie. Il est bon de penser systématiquement à verbaliser les éléments qui peuvent le déstabiliser dans ses habitudes : « Tu vois Léopold, Maman a choisi pour toi des papillons bleus, avec une jolie musique. Chez Papa tu t'endors avec des nuages tout blancs. Maintenant tu as deux chambres, une chez Maman et une chez Papa. Et pour dormir, il y a la musique de Maman et la musique de Papa. »

Si tous ces menus changements ne sont pas parlés, le bébé peut avoir le sentiment d'une disjonction permanente. Si le discours fait lien en continu entre ses deux parents, cela lui permet aussi de lier entre elles les perceptions qu'il a du monde qui l'entoure.

Lorsque l'enfant grandit, il aura tôt fait de pointer les différences et les divergences éducatives entre ses deux foyers. Ces disparités sont à tout âge une source de confusion, mais à partir de 3 ou 4 ans, l'enfant peut développer une compréhension du système qui lui permet d'en tirer quelques bénéfices secondaires. Si l'on peut en sourire ou penser qu'après tout, il n'est pas si mal qu'il cesse d'être le jouet de cette affaire et qu'il parvienne à en tenir les rênes, il ne faut pas perdre de vue que cela le met dans une position de maîtrise qu'il n'a pas les moyens d'assumer, ce qui peut s'avérer au final très angoissant. Ainsi, si Katia hurle et tape du pied en disant que Papa est d'accord pour qu'elle regarde l'émission de téléréalité du samedi soir, sa maman peut être tentée de céder à son tour, pensant que si la pomme a déjà été croquée, il devient inutile de s'opposer. Mais elle peut aussi expliquer à Katia la chose suivante : « Maintenant, tu as deux maisons, Katia. Et deux maisons, à deux endroits différents, avec Papa d'un côté, et Maman de l'autre, ça ne peut pas marcher exactement pareil. Ici, c'est la maison de Maman, donc c'est Maman qui décide ce que tu as le droit de faire ou pas. Et moi, je ne veux pas que tu regardes cette émission car je trouve que tu es trop petite. Je vais parler avec Papa pour lui expliquer la même chose, et je pense qu'on va arriver à se mettre d'accord. Mais si on n'y arrive pas, eh bien tant pis : il y a des choses qui sont autorisées chez Papa et pas ici, et des choses que tu peux faire ici et pas là-bas. C'est pareil avec l'école : à l'école tu n'as pas le droit de te lever de table tant que le repas n'est pas fini, alors qu'à la maison, quand tu ne veux pas de dessert, je te permets d'aller jouer dans ta chambre. » Mieux vaut s'affranchir d'emblée de cet idéal qui voudrait que tout soit homogène et cohérent pour l'enfant dans tous les lieux qu'il fréquente. C'est tout simplement impossible. Formuler les choses et intégrer la diversité des points de vue éducatifs, c'est aussi une manière d'introduire l'enfant à la complexité de l'existence. On ne se comporte pas de la même manière partout et avec tout le monde ; les codes sont différents dans le milieu scolaire, professionnel, avec les amis, avec la famille. Et l'enfant doit aussi se familiariser peu à peu avec la fluidité que cela requiert. Tant que les divergences éducatives entre les parents ne portent pas sur des points fondamentaux, il y a lieu de verbaliser la disparité, mais pas de s'en inquiéter. Si ces divergences portent sur des principes essentiels – par exemple si un garçon est encouragé à se défendre par les coups par son père, et que cela lui est interdit à l'école et par sa mère – alors il est important que les parents en parlent pour parvenir à un accord, car ce type de contradiction menace l'unité de l'enfant. Il se retrouve comme coupé en deux, entre le désir d'être adoubé par son père, et la crainte de déplaire à sa mère. À défaut d'accord possible, se ranger sous la bannière de la loi commune est le seul argument qui reste : « Tu ne peux pas taper tes copains dans la cour parce que c'est interdit, partout et pour tout le monde. Et si un copain te tape, il faut le dire à la maîtresse. Il sera puni car il n'a pas le droit de le faire. »

Le temps de la recomposition familiale

Après la séparation parentale, peut s'ouvrir la voie de la recomposition familiale. Et c'est à nouveau un événement qui constitue un bouleversement important pour un enfant.

Nous nous demanderons tout d'abord à partir de quand la perspective d'une recomposition familiale devient envisageable pour un jeune enfant. Puis nous examinerons ensuite à quel moment et en quels termes lui en parler pour le soutenir dans ce processus.

« Je veux bien me recomposer, mais pas de suite… »

Ce sont les mots de Katia, la fille d'Isabelle et Joseph, âgée de 4 ans. Une semaine après l'annonce de la séparation parentale, Isabelle a très vite souhaité introduire son nouveau compagnon auprès de ses enfants, lui-même étant père de deux garçons de 6 et 11 ans. Tout à son excitation d'avancer dans son projet de vie, elle dit avoir également pensé que les enfants seraient contents de se connaître, de jouer ensemble, et a espéré que cela ferait passer le choc de la triste nouvelle. Elle n'était pas préparée à ce qui se produisit : Léopold, très déstabilisé de voir plusieurs visages nouveaux dans son propre univers, pleura beaucoup et présenta de grandes difficultés d'endormissement pendant plusieurs semaines. Quant à Katia, elle s'interdit de se réjouir de la présence de ses deux nouveaux partenaires de jeu, trop consciente, déjà, du haut de ses 4 ans, de la douleur éprouvée par son père et de la tristesse lue sur son visage dans les moments qu'elle partageait avec lui.

Tout cela venait donc trop tôt. Les enfants qui se voient imposer la séparation de leurs parents ont le droit de bénéficier d'un laps de temps pour s'approprier cette annonce, et pour se stabiliser dans leurs repères tout neufs, avant d'envisager affronter un autre changement dans leur paysage affectif…

Mais une fois cet intervalle respecté, à quel moment aborder la question et quels mots employer ?

Quand le temps est-il venu ?

La présentation d'un nouveau compagnon ou d'une nouvelle compagne est pertinente lorsque l'adulte est assuré de son choix et de ses projets avec cette personne.

Il est en effet troublant pour un enfant de rencontrer plusieurs candidat(e)s au rôle de beau-père ou de belle-mère… Pourquoi ? D'abord parce que certains lui plairont, le temps de quelques soirées ou de quelques semaines, et s'ils s'en vont par la suite, l'enfant pensera qu'il n'a pas su les retenir. Ensuite parce que d'autres lui déplairont, et s'il se montre réservé ou désagréable, il imaginera de même qu'il les a découragés, et se sentira particulièrement coupable si son père ou sa mère sont désolés de cette déconvenue.

Enfin, dans tous les cas, la rencontre avec le futur beau-père ou la future belle-mère le place dans un conflit de loyauté avec le parent dont la place est prisée. Peut-il sourire à cette dame et l'embrasser quand sa propre mère risque de s'en attrister ? Ce conflit de loyauté est une source de souffrance pour l'enfant, mieux vaut donc qu'il n'y soit confronté qu'à bon escient, quand le projet est solide.

Comment te dire... que Paul et ses enfants vont venir habiter avec nous

Une recomposition familiale procède de plusieurs étapes, et elles sont importantes à respecter... même si les adultes ont pris un peu d'avance !

Ainsi, avant de parler d'accueillir Paul et ses enfants à la maison, encore faut-il préciser qui est Paul, quel rôle il est amené à jouer dans la vie familiale, et laisser à l'enfant le temps de se familiariser avec la personne autant qu'avec le projet. Dans un second temps, il convient d'aborder toutes les questions d'organisation concrète, et de resituer chacun à sa place afin que le tout-petit s'y retrouve.

Alors devant cette situation, quelles questions se posent à lui et comment les aborder, même si elles restent informulées par l'enfant ?

Paul, c'est qui ?

Si Paul vient tous les soirs dîner à la maison, si l'enfant le croise dans la salle de bains le dimanche matin et si l'on parle de partir en vacances avec lui, il est grand temps de dire que « Paul, c'est l'amoureux de Maman » !

Si Paul est ton amoureux, alors il est mon papa ?

Il est compliqué pour un enfant de dissocier la place et la personne. Si Paul occupe la place jusque-là dévolue à son père, le tout-petit peut en déduire qu'il est son nouveau père… Si bien qu'il est judicieux d'anticiper sur cette croyance erronée en complétant l'explication : « Paul est l'amoureux de Maman, mais il ne remplace pas ton papa. Tu n'as qu'un seul papa pour la vie, et il t'aimera toujours. »

Est-ce qu'il y a assez de place pour tout le monde à la maison ?

À l'annonce que Paul et ses garçons vont venir habiter à la maison, le tout-petit peut se sentir très ambivalent : d'un côté, il les aime bien et s'amuse au train électrique avec eux ; mais d'un autre côté, il se sent menacé. Il entrevoit qu'ils vont prendre de la place, physiquement et affectivement, et il a besoin d'être rassuré sur le fait que lui aura toujours la sienne. Il n'est donc pas absurde de lui expliquer par le menu où chacun va se nicher. « Paul va dormir avec Maman, parce que c'est la place de l'amoureux. Toi tu auras toujours ta chambre, personne ne va te la prendre. Les garçons ne seront pas tout le temps à la maison, et quand ils seront là, ils dormiront dans le bureau. » On peut même se promener avec le tout-petit dans la maison pour lui montrer les pièces. Si chacun a son lieu bien défini dans l'espace, le jeune enfant est déjà moins inquiet, car la manière dont il se représente la place de chacun dans le cœur de sa maman est très liée à la répartition topographique dans la réalité. L'attribution des espaces est donc une question à haut potentiel symbolique, et il convient de l'examiner avec circonspection. On ne se privera d'ailleurs pas de rajouter : « Notre vie va changer, bien sûr, mais toi, Katia, et toi

Léopold, vous êtes mes enfants adorés, et personne ne va vous prendre votre place ! »

Pourquoi Paul me gronde-t-il s'il n'est pas mon papa ?

L'intervention du beau-père ou de la belle-mère dans l'éducation des enfants est un sujet de tension fréquent dans les familles recomposées. Il y a ceux qui s'interdisent d'intervenir, mais alors l'enfant peut interpréter cette réserve comme une absence d'intérêt pour lui. Il y a ceux à qui les parents interdisent d'intervenir, mais alors cela place l'enfant dans un statut protégé dont il joue allègrement. Enfin, il y a ceux qui se substituent véritablement au parent absent, et cela confronte l'enfant à un conflit de loyauté qu'il gère souvent dans l'opposition et l'affrontement.

On le voit, l'équilibre est subtil à trouver. Toutefois, poser des mots sur le rôle que le beau-père est amené à jouer dans la vie familiale peut aider chacun à trouver la position juste. « Paul n'est pas ton papa, Katia. Mais il vit avec nous, à la maison, et on doit trouver une bonne entente tous ensemble. C'est ta maman et ton papa qui prennent toutes les décisions importantes pour toi, comme par exemple savoir dans quelle école tu vas aller. Mais Paul, qui est tous les jours avec toi, a le droit de te gronder si tu fais des bêtises. C'est Maman qui lui demande de le faire. »

Quand je parle de Paul à Papa, je vois qu'il est triste…

Un tout jeune enfant sent parfaitement les émotions qui habitent ses parents, mais il ne le formule pas toujours. Il craint de trahir son père s'il en dit quelque chose, ou que sa mère ne manifeste de l'agacement envers celui-ci. On peut toutefois anticiper ce malaise que beaucoup d'enfants éprouvent en le formulant. « C'est peut-être compliqué pour Papa quand tu parles de Paul. Parce que ça le rend triste d'être séparé de Maman et qu'on ne soit plus amoureux. Pour l'instant, il vaut mieux que tu parles de Paul à tes copains, à tes grands-parents. Et puis un jour, Papa sera moins triste, et peut-être qu'il aura aussi une amoureuse. Alors ce sera plus facile pour lui d'entendre parler de Paul. »

Est-ce que j'ai quand même le droit d'aimer Paul ?

Un tout jeune enfant a besoin d'entendre qu'il est autorisé à apprécier son beau-père. « Ça n'enlève rien à ton papa que tu sois content avec Paul et que tu l'aimes. Tu n'as qu'un seul papa, mais tu as de la place dans ton cœur pour aimer plusieurs personnes, chacune à sa manière. »

J'aime pas quand tu fais des câlins aux enfants de Paul !

Là encore, le jeune enfant n'exprimera pas forcément la jalousie qu'il peut ressentir à l'égard de ses « quasi-frères »[51]. Il voit que sa maman les câline, passe du temps avec eux. Elle y met même parfois une énergie toute particulière au départ, quand il s'agit d'« apprivoiser » une progéniture qui la perçoit, elle aussi, comme une rivale… Il peut alors exprimer sa souffrance en cherchant à attirer l'attention par des plaintes, des « caprices ». C'est aux adultes de mettre des mots sur ce qu'ils identifient. « Tu trouves peut-être que je passe beaucoup de temps avec les garçons, Katia. C'est qu'on a besoin de faire connaissance. Mais je n'ai qu'une seule petite fille, c'est toi. Et ce sera toujours toi. J'aime bien les garçons, mais ce sont les enfants de Paul, et ils ont leur maman à eux. Ils ne te prendront pas ta place dans le cœur de ta maman ! »

À lire avec les enfants…

Mes deux maisons, (2001), de Claire Masurel, illustré par Kady Mac Donald Denton, Paris, Bayard Jeunesse.

---

51. On appelle « quasi-frères » et « quasi-sœurs » les enfants du conjoint de la mère, ou ceux de la conjointe du père.

Camille a deux familles, (2004), de Ophélie Texier, Paris, L'École des Loisirs.

Les parents se séparent, (2011), de Catherine Dolto et Colline Faure-Poirée, illustré par Frédérick Mansot, Paris, Gallimard Jeunesse.

Maman et papa divorcent, (2012), de Edwige Planchin et Sandrine Gambart, Clermont-Ferrand, Tournez la page.

Comment te dire…
… les images qui font peur

Capucine est âgée de 3 ans. Quand Darius, son grand frère de 12 ans, regarde la télévision, elle vient s'asseoir à côté de lui, avec sa tétine et son doudou. Le problème, c'est qu'il aime beaucoup Star Wars[52] *et Harry Potter*[53]*… Et le deuxième problème, c'est qu'ensuite elle ne peut pas dormir le soir ! Elle pense que Voldemort est caché sous son lit, ou que les détraqueurs vont venir lui rendre visite…*[54] *Elle est terrorisée, et pourtant le lendemain, elle ne peut s'empêcher de retourner se blottir sur le canapé près de Darius, qui pour sa part, totalement captivé par le film, ne prête aucune attention aux frayeurs de sa sœur ! Les difficultés d'endormissement ont pris une telle ampleur que voici Capucine et ses parents dans mon bureau.*

Les relations que les enfants entretiennent avec les écrans font désormais partie du quotidien du pédopsychiatre. On pense bien sûr en premier lieu aux adolescents et à leur appétit pour les jeux vidéo et les réseaux sociaux. Mais depuis quelques années déjà, les parents des enfants les plus jeunes se posent aussi des questions. Elles concernent d'une part les effets d'une consommation trop importante d'écrans, et d'autre part la confrontation à des contenus violents.

Troubles du sommeil, agitation, phénomènes de dispersion attentionnelle et psychique : beaucoup d'enfants regardent trop

---

52. *Star Wars (La Guerre des étoiles,* en français*)* est une épopée cinématographique de science-fiction créée par George Lucas en 1977 (États-Unis), comptant aujourd'hui six films.
53. *Harry Potter* est une suite romanesque de *fantasy* en sept tomes, écrite par J. K. Rowling entre 1997 et 2007 (Royaume-Uni). Huit films à succès ainsi que des jeux vidéo et de nombreux produits dérivés ont vu le jour dans son sillage.
54. Voldemort est le principal antagoniste dans l'histoire de *Harry Potter*. Il est le Seigneur des Ténèbres, celui-dont-on-ne-doit-pas-prononcer-le-nom… Le détraqueur (*dementor* en anglais) est une abjecte créature des ténèbres, qui se nourrit de la joie des vivants et peut aspirer leur âme.

la télévision, dès le plus jeune âge, et les études montrent que les effets en sont très délétères.

Par ailleurs, nombreux sont les tout-petits qui, comme Capucine, se voient imposer les images regardées par leurs frères et sœurs plus âgés, voire par les adultes de leur entourage. Ils sont alors partagés entre le désir de suivre le mouvement des yeux, et l'angoisse qu'ils en retirent.

Ajoutons encore, et cela complique bien les choses, que les écrans sont de formidables baby-sitters ! Un enfant devant un écran, quel que soit son âge, laisse l'adulte libre de lire, téléphoner à ses amis, travailler ou faire le ménage… Du coup, si la tentation des écrans est grande pour les enfants, elle peut également être forte pour ceux qui s'occupent d'eux, au point qu'ils en oublient parfois d'être regardants sur le temps passé ou le contenu visionné.

Alors comment protéger un tout-petit des images violentes ? On pourrait penser qu'il suffit de ne pas l'y exposer. Mais c'est illusoire dans le monde dans lequel nous vivons ! Celui qui n'a pas accès à la télévision chez lui peut se retrouver devant un écran chez ses grands-parents, chez des amis, ou même dans un grand magasin, et être choqué par ce qu'il y voit.

Le respect de certaines règles de base limite évidemment le risque, et nous envisagerons tout d'abord lesquelles.[55] Mais ce sont probablement les paroles avec lesquelles l'adulte peut accompagner l'enfant qui jouent le rôle le plus important. Ainsi, après avoir délimité ce qui peut lui faire violence dans une image, nous aborderons l'attitude et les mots adéquats pour rassurer un tout-petit qui a peur devant un écran.

55. Pour que parents et enfants s'y retrouvent au mieux dans la jungle technologique de notre monde d'aujourd'hui, il existe la « Règle 3-6-9-12 », proposée par Serge Tisseron dès 2008, et qui constitue en quelque sorte une feuille de route pour un bon usage des écrans en fonction de l'âge de l'enfant. Elle est développée dans son ouvrage paru en 2013 : *Apprivoiser les écrans et grandir : 3-6-9-12* (Paris, Erès).

Pas de télé pour les bébés de moins de 3 ans !

De nombreuses études américaines ont mis à jour les risques pathologiques des écrans non interactifs, type télévision ou DVD, sur les plus jeunes spectateurs.[56] Elles nous apprennent qu'une exposition trop précoce (avant l'âge de 2 ans) ou trop intense (plus de deux heures par jour) à des écrans non interactifs, *y compris avec des programmes adaptés à l'âge de l'enfant,* pourrait contribuer à :

– entraver le développement du langage,

– favoriser le surpoids ultérieur,

– réduire les capacités d'attention et de concentration,

– et augmenter le risque d'adopter une attitude passive face au monde (par exemple être constitué en victime ou en bouc-émissaire par les camarades de classe).

Ces influences négatives persisteraient au-delà de l'âge de 10 ans, participant à réduire l'intérêt en classe et les habiletés en mathématiques.

Enfin, offrant au bébé un défilement continu d'images et de sons qui ne font pas sens et qu'il ne peut pas anticiper, la télévision pourrait engendrer chez le jeune enfant une insécurité psychique et induire des troubles du sommeil, une agitation, une difficulté dans les relations interpersonnelles avec un repli sur un modèle identificatoire exclusif.

Il en résulte que tous les experts, en Europe comme aux États-Unis, s'accordent pour recommander de ne pas exposer les enfants de moins de 3 ans aux écrans non interactifs.[57]

---

56. Serge Tisseron, (2009), *Les dangers de la télé pour les bébés*, Toulouse, Érès.
57. Jean-François Bach, Olivier Houdé, Pierre Léna et Serge Tisseron, (2013), *L'enfant et les écrans, un Avis de l'Académie des Sciences*, Paris, Le Pommier.

Alors comment dire à un tout-petit de ne pas regarder la télévision ? Eh bien probablement que la manière la plus efficace de le lui dire est… de le lui montrer ! En effet, toutes les observations l'attestent : les enfants qui regardent le plus la télévision sont ceux dont les parents regardent le plus la télévision. Le principe « Pas de télévision avant 3 ans » en implique donc un autre : « Pas de télévision pour les adultes en présence d'un enfant de moins de 3 ans ». D'une part, cela permet d'éviter à l'enfant de glisser son regard par-dessus l'épaule de l'adulte pendant que celui-ci regarde le journal télévisé, et d'y voir alors des images qui le choquent. D'autre part, le tout-petit communique et apprend principalement par imitation : c'est merveilleux par certains côtés, et très exigeant par d'autres, car cela oblige à montrer l'exemple !

J'ai 3 ans ! Je peux regarder la télé ?

Au-delà de 3 ans, on peut introduire des DVD adaptés à l'âge de l'enfant, ou lui permettre d'accéder à de petits jeux vidéo sur ordinateur ou console de salon, mais à certaines conditions. Il s'agit en particulier d'établir des règles très claires sur le temps d'écran autorisé, et de privilégier les usages collectifs des écrans.[58]

Arrête-moi si tu peux : (se) fixer un temps d'écran quotidien

C'est aux adultes qu'il incombe de (se) fixer un temps d'écran quotidien pour les enfants. Une maman élevant seule un garçon de 5 ans et écrivant par ailleurs une thèse universitaire se désolait de la forte appétence de son fils pour la télévision, et reconnaissait conjointement qu'elle lui proposait elle-même des dessins animés une bonne partie du week-end pour pouvoir avancer dans son travail…

58. *Ibid.*

Un enfant, quel que soit son âge, se plaindra rarement de trop regarder la télévision ou de trop jouer aux jeux vidéo. Les adultes doivent donc décider du temps quotidien, tous écrans confondus, qu'ils choisissent d'autoriser aux enfants selon leur âge. Ce temps doit être clairement énoncé : « Je suis d'accord pour que tu regardes un dessin animé ou que tu joues à un jeu vidéo, mais pas plus de trente minutes. Regarde sur l'horloge : trente minutes, c'est quand la grande aiguille arrive ici. » Mais cela ne suffit pas. Encore faut-il se donner les moyens de faire respecter la consigne donnée (et s'y tenir soi-même !). Si, au bout d'une demi-heure, personne ne s'inquiète de venir dire à l'enfant d'arrêter le DVD ou son jeu sur la tablette tactile, cela s'appelle un message paradoxal : c'est comme si on lui disait « Je te dis ceci, mais je te laisse faire autrement… » Quelques minutes avant la fin du laps de temps autorisé, il est indiqué que l'adulte prévienne l'enfant. Enfin, au temps donné, il donne le signal de fin, demande à l'enfant d'éteindre l'appareil s'il est assez grand, ou le fait lui-même si l'enfant est petit ou ne s'exécute pas. « C'est l'heure d'arrêter ! Regarde, la grande aiguille est tout en bas. Tu appuies sur le bouton pour éteindre ? »

À la télé, on regarde quoi ?

À présent que notre enfant a fêté ses 3 ans et qu'il peut regarder des DVD, allons-nous enfin pouvoir lui montrer le dessin animé que nous préférions lorsque nous étions petits, et que nous sommes tout émus de partager avec lui ? Tout dépend de ce dont il s'agit…

Chez un enfant de moins de 6 ans, les repères spatio-temporels, l'accès à la dimension narrative, le langage et les capacités d'attention sont en plein essor, mais ils demeurent fragiles. Cela signifie en pratique qu'il n'est pas encore à même de regarder un film comme *Shrek*[59] par exemple. Pourquoi ? D'une part parce qu'un film de plus d'une heure est trop long : l'enfant sera très vite perdu et ne saura plus ce que le personnage a fait dix minutes plus tôt. D'autre part parce que le rythme est rapide, les protagonistes et les actions sont multiples, et ses possibilités de compréhension seront rapidement mises en déroute. Enfin parce qu'un tout-petit comprend d'autant mieux un film que celui-ci privilégie les repères visuels et la mimogestualité : un film très verbal, avec du second degré, demeure pour lui totalement énigmatique.

À cet âge-là, le film idéal est donc le film à sketches, ou encore le film muet, type Charlie Chaplin ou Buster Keaton.[60]

Si Capucine insiste pour regarder *Shrek,* parce qu'elle a déjà vu son frère rire aux éclats en le visionnant, on peut lui dire qu'il y a un âge pour tout, et lui recommander avec enthousiasme un autre film : « Ce film est trop long et trop difficile à comprendre pour les enfants de 3 ans. Mais je vais te proposer quelque chose qui te plaira beaucoup plus ! Viens voir... » C'est un âge où les enfants attendent beaucoup de l'adulte, donc si celui-ci leur promet une pépite, ils seront ravis de lui emboîter le pas !

Pas tout seul devant les écrans !

Seul devant un écran, un tout-petit court le risque d'être confronté à un contenu choquant ou incompréhensible qu'il ne saura pas gérer. Il peut aussi se mettre en situation de « veille » devant un défilement d'images et de sons, comme un appareil qui attend d'être sollicité. Il est donc bon qu'un adulte se trouve à portée de voix. Il ne regarde pas forcément le programme que

---

59. *Shrek* est un film américain d'animation en images de synthèse, réalisé en 2001 par Andrew Adamson et Vicky Jenson et produit par les studios DreamWorks. Il met en scène un ogre vert malicieux qui vit en ermite dans un marais tout à coup envahi de créatures fantastiques. L'humour du film repose principalement sur un second degré verbal.

60. Sur le choix des films et des conditions de projection et d'accompagnement des enfants face aux fictions cinématographiques, on peut consulter l'ouvrage *Premières séances,* dans lequel j'ai donné une interview (2013, Tome 1 / 3-6 ans, Les Fiches du Cinéma).

visionne l'enfant, mais il passe, jette un œil, fait un commentaire, donne une explication, et peut être interpellé si nécessaire. Cela suppose évidemment que l'enfant n'ait pas, à demeure dans sa chambre, un écran qu'il puisse allumer et éteindre à l'envi – et cette recommandation vaut d'ailleurs également pour les enfants plus âgés.

Concernant les jeux vidéo, il vaut mieux privilégier les jeux sur console de salon. En effet, un enfant de 3 à 6 ans, dont les repères narratifs sont encore fragiles, joue de manière uniquement sensorimotrice lorsqu'il est seul sur une console ou sur un ordinateur. Pour éviter que cette activité ne devienne stéréotypée et répétitive, les jeux à plusieurs, au cours desquels on partage sensations et commentaires, sont plus adaptés.[61]

Danser, ramper, sauter !

Les tout-petits ont besoin de bouger pour s'approprier les images qu'ils voient : ils peuvent se lever spontanément pour danser s'ils voient le héros du film le faire, ou encore faire mine de tomber comme Charlot sur l'écran. Il est souhaitable de ne pas leur imposer l'immobilité durant une projection. Pour cette raison, la salle de cinéma n'est pas forcément intéressante avant 6 ans. Il vaut mieux privilégier les DVD, qui présentent aussi l'immense avantage de permettre de revenir sur les scènes problématiques ou mal comprises grâce à la télécommande. À la fin du film, c'est une très bonne chose que d'encourager les plus jeunes à mimer le personnage dont ils ont suivi les aventures, car avant de pouvoir en parler, c'est ainsi qu'ils s'en donneront des représentations : « Comment marche-t-il Charlot ? Tu me montres ? On le fait ensemble ? »

---

61. Jean-François Bach, Olivier Houdé, Pierre Léna et Serge Tisseron, *op. cit.*

Qu'est-ce qu'une image violente ?

Venons-en à la question de la violence de certaines images, qui constitue une préoccupation importante pour les parents. Difficultés d'endormissement, angoisse, excitation : les tout-petits confrontés de façon répétée à des images qu'ils ne sont pas à même de gérer sur le plan psychique et émotionnel sont en difficulté.

N'oublions pas que beaucoup de familles s'attablent devant le journal télévisé, et même s'ils prennent soin de placer l'enfant dos à l'écran, cela ne change pas grand-chose : il entend une bande-son oppressante à laquelle il ne comprend rien, et s'il ne se retourne pas, il lira de toute façon l'angoisse ou la préoccupation dans le regard parental lui-même rivé sur le téléviseur. C'est pourquoi nous serions bien inspirés d'éviter de regarder le journal télévisé avec les moins de 6 ans, et de respecter les âges conseillés pour les programmes. Il y a en effet bien assez de circonstances où l'on peut être confronté à des contenus problématiques sans en créer sciemment l'occasion !

Mais comment définir ce qu'est une image violente ? La question n'est pas simple, et elle croise plusieurs paramètres.

Le fond

Les images ou séquences dont le contenu est explicitement violent ont au moins l'honnêteté d'avancer à visage découvert. Scènes de guerre, d'agression, corps mutilés : si les parents s'abstiennent de regarder avec leur jeune enfant le journal télévisé, et s'ils respectent les recommandations des commissions de classification des œuvres cinématographiques et ne montrent pas à un enfant de 5 ans un film interdit aux moins de 12 ans, chacun s'en portera mieux ! Mais la question des images violentes est infiniment plus complexe.

La forme

Il y a des séquences dont le contenu n'est pas explicitement violent mais qui, du fait de la bande-son ou du montage, suscitent un sentiment d'angoisse, ou surprennent de manière agressive et désagréable.

Des images hors sens

Il y a ensuite les séquences qui font violence parce qu'elles sont *hors sens*. Et c'est une situation particulièrement fréquente pour les enfants les plus jeunes, qui ont du mal à faire le lien sur le plan narratif entre des séquences dissociées dans un film. Ils pourront ainsi trouver violent que la princesse soit empêchée de sortir de sa chambre par un garde qui tient sa mission en haute estime, s'ils ne se souviennent pas d'une scène montrée au début du film, expliquant qu'elle court en réalité un immense danger si elle s'éloigne du château. Ils peuvent même perdre totalement le fil narratif et rester simplement captivés par un défilement d'images auquel ils ne comprennent rien.

Violent pour moi, mais pas pour toi

Enfin, il y a toutes les séquences qui ne sont pas violentes pour un enfant donné mais qui le seront pour un autre, et inversement. La violence perçue dans une séquence ou une image est en effet très dépendante de l'histoire propre de chacun. Ainsi, l'impact d'une scène de dispute parentale dans un film ne sera pas le même pour l'enfant qui vit dans une famille unie, et pour celui dont les parents sont sur le point de se séparer.

Les images et leur contexte

De manière générale, l'impact des séquences violentes est d'autant moins fort qu'elles sont situées en des lieux et des temps imaginaires, totalement distincts du monde dans lequel évolue l'enfant. Plus les scènes sont réalistes, prenant place par exemple dans une école, plus l'enfant peut s'imaginer que cela le concerne ou pourrait le concerner, et plus le retentissement en est fort. Ainsi la mort de la mère de *Bambi*[62] serait insupportable pour un enfant si les personnages étaient humains ! En cela le dessin animé est un peu l'équivalent de l'espace du conte : situé par essence dans des lieux et des temps imaginaires, le conte offre à l'enfant la possibilité de retrouver des situations émotionnelles proches de celles qu'il pourrait rencontrer dans sa propre vie, mais à travers un objet distinct de lui.

J'ai trop peur !

On le voit, les possibilités offertes à un tout-petit d'être effrayé par des images sont multiples, et dépassent largement la simple question du contenu violent. Être attentifs aux programmes regardés est donc un premier pas, mais c'est insuffisant. Inviter l'enfant, dès le plus jeune âge, à parler systématiquement des images qu'il voit est le moyen le plus sûr qu'il exprime aujourd'hui que quelque chose lui a fait peur... et demain qu'il a vu sur Internet une séquence qui l'a choqué. Mais il y a des situations où l'enfant ne peut rien dire : seul son trouble est perceptible... Alors quelle attitude adopter, et quelles paroles prononcer pour rassurer un tout-petit qui a peur devant un écran ?

Respecter les émotions des enfants

Même si le motif pour lequel un enfant est terrifié ne nous paraît pas évident, ne banalisons pas et ne mettons pas en doute les émotions qu'il dit ressentir, sans quoi la fois suivante il se taira. En particulier, mieux vaut s'abstenir dans ce cas de l'obliger à regarder le film, sous prétexte que « ça ne fait pas peur ». Si l'on est

62. Long métrage d'animation, (1942), Studios Disney, États-Unis.

au cinéma, n'hésitons pas à sortir de la salle, sinon l'enfant peut se sentir prisonnier de la situation et s'angoisser. Nous l'avons vu, les raisons pour lesquelles une image peut faire violence à une personne sont très diverses, et ce n'est pas parce que l'adulte ou les autres enfants présents ne ressentent pas de peur que celui qui s'en plaint « fait du cinéma »... Faisons-lui confiance, et tentons de comprendre pourquoi.

Exprimer ses propres émotions et inviter l'enfant à faire de même

Dire à l'enfant ce qui a pu nous impressionner nous aussi dans le film lui permettra de se sentir moins seul. Si l'adulte n'accepte pas de parler tout d'abord de ses propres émotions (« c'était effrayant / ça m'a fait peur / j'ai tremblé », etc.), l'enfant peut en déduire qu'être grand c'est ne rien exprimer du tout, et il se tiendra coi à son tour pour faire « comme les grands ». Forcer un peu le trait en mimant la fuite ou la peur, en faisant semblant de se boucher les oreilles ou les yeux, facilitera la compréhension de ce que nous souhaitons communiquer, et entraînera généralement le tout-petit, qui s'exprime préférentiellement par le corps, à faire de même, et parfois à en rire. L'enfant peut d'ailleurs avoir besoin de bouger ou de mimer pour s'exprimer : il faut le laisser faire, et même le lui proposer. « Tu as vu le méchant quand il est tombé par terre ? Il a glissé sur une peau de banane !! Tu me montres ? On le fait ensemble ? » Un spectacle d'images nous touche dans nos émotions et dans notre corps, et il est fondamental de faire toute la place à cette dimension.

Ensuite, si l'enfant a déjà acquis le langage, lui demander ce qu'il a ressenti, ce qui lui a fait peur, permet de circonscrire avec des mots l'émotion qui le submerge.

Donner du sens aux images

Dans un second temps seulement, après avoir fait une place au corps et aux émotions, on peut aborder la question de la compréhension : qui sont les personnages ? Où cela se passe-t-il ? Quand cela se passe-t-il ? Et enfin que se passe-t-il ?

Il peut suffire de resituer une scène dans son contexte pour permettre à un tout-petit d'en comprendre l'enjeu et le rassurer. « Le garde ne veut pas faire mal à la Princesse. Il veut la protéger, car si elle va dans la forêt elle risque de rencontrer un loup. C'est pour ça qu'il l'attrape et qu'il l'oblige à rester dans sa chambre. Évidemment, ce n'est pas drôle de ne pas pouvoir sortir comme on veut ! Mais c'est mieux pour elle. »

Tous les adultes en position de s'occuper de jeunes enfants remarquent que ceux-ci peuvent regarder inlassablement les mêmes films, et ils se demandent pourquoi et si c'est une bonne chose. La principale raison qui pousse un jeune enfant à voir et revoir un même film est la lente appropriation de la trame narrative. Il faut beaucoup de temps à enfant de moins de 6 ans pour saisir une histoire dans sa globalité et mettre en lien des séquences disjointes entre elles. Il est donc tout à fait nécessaire de respecter ce souhait, car rien n'est plus déstabilisant pour un petit que de regarder des successions d'images sans en comprendre le sens. On peut même le lui proposer, s'il le souhaite évidemment (il se peut aussi qu'il ait eu si peur qu'il n'a pas le désir de renouveler l'expérience !). « Si tu veux, dimanche on pourra regarder encore une fois l'histoire de la Princesse, Capucine. Comme ça tu comprendras mieux. Mais seulement si tu veux. »

Faire le lien avec la vie de l'enfant

Si un enfant dont les parents se disputent souvent est effrayé parce que ceux de la Princesse se querellent, on peut lui dire : « Tu n'aimes pas voir le roi et la reine se gronder parce que Papa et Maman se grondent souvent. Je sais que ça te fait peur. Mais il peut arriver que les grands se grondent. Ce n'est pas à cause de toi. Ce sont des histoires de grands. » Cela permet à l'enfant de comprendre pourquoi une scène le touche, et peut également servir de support aux adultes pour parler avec lui d'un problème qui le chagrine dans sa propre vie.

Une image n'est pas la réalité

Il est toujours utile de rappeler à l'enfant qu'une image n'est pas « la vraie vie ». D'ailleurs, même les images qui se donnent pour réelles, comme celles du journal télévisé par exemple, sont le résultat d'un montage, d'un point de vue. « Tu sais Capucine, les images, ce n'est pas la vraie vie. Un film / la télé / un jeu vidéo, c'est comme un livre, ça raconte une histoire. »

Dire quelques mots des conditions de fabrication du film – ce que l'on appelle le *making off* –, peut être éclairant pour le tout-petit. « Tu vois Capucine, dans *La Ruée vers l'Or*[63], quand la maison de Charlot se balance d'un côté à l'autre, ce n'est pas pour de vrai. Les maisons ne se balancent pas comme ça, même quand il y a une tempête ! C'est une maison en carton, et quelqu'un la pousse. » Il n'est jamais trop tôt pour amener les enfants à concevoir que toute image n'est qu'une construction. Il y a toujours un point de vue, une forme donnée au montage, une accentuation de certains effets par la musique ou les couleurs, les comédiens jouent et ne vivent pas les choses pour de vrai... Autant de notions à installer dès le plus jeune âge pour permettre une prise de distance avec l'image, qui peut s'avérer salutaire dans notre société dominée par les écrans !

---

63. Film muet de Charles Chaplin, (1925), États-Unis.

À lire avec les enfants…

Tchoupi veut regarder la télé, (2002), de Thierry Courtin, Paris, Nathan.

Samsam regarde trop la télé, (2011), de Serge Bloch et Astrid Scaramus, Paris, Bayard Jeunesse.

Comment te dire…
… le Père Noël
(mais aussi la Petite Souris, les œufs de Pâques et les Cloches Magiques)

Il était une fois une petite fille qui s'appliquait à être sage, espérant bien que le Père Noël ne l'oublierait pas. Lorsqu'elle eut 2 ans, le Père Noël lui apporta une poupée presque aussi grande qu'elle, qui marchait, et qui parlait : « Je m'appelle Ca-ro-li-ne, disait la poupée avec une voix mécanique. Tu-veux-que-je-te-chante-une-chanson ? Au-clair-de-la-lune, mon-ami-Pierrot… » La petite fille eut peur et se mit à pleurer. Mais très vite, Caroline devint une formidable compagne de jeu. Quand la petite fille eut 4 ans, le Père Noël lui apporta une valisette pleine de vêtements pour sa poupée. Des jupes de toutes les couleurs, des écharpes de laine tricotée, un manteau avec de larges manches… Et sa marraine – qui était une fée – disait à ses parents : « J'ai pris un modèle de Chanel® pour coudre cette robe ! » Et les vêtements de Caroline passaient de main en main, et les adultes poussaient des Oh ! et des Ah ! Et la petite fille n'était même pas étonnée que sa marraine – qui était une fée – travailla pour le Père Noël à coudre des robes Chanel® pour les petites filles heureuses propriétaires de poupées Caroline. Quand la petite fille eut 6 ans, un jour caniculaire du mois d'août, elle demanda à sa grand-mère si le Père Noël ne pourrait pas penser à apporter aussi un maillot de bain pour sa poupée Caroline, qui avait bien chaud dans sa robe haute couture. Alors la grand-mère, qui était pourtant une très gentille grand-mère, lui dit : « Mais ma chérie, il n'existe pas le Père Noël ! C'est ta marraine qui fabrique les vêtements pour Caroline ! Bien sûr tu peux lui demander un maillot ! » Alors la petite fille eut un grand, un immense chagrin. Comme si elle avait perdu un être cher. Et il lui semble aujourd'hui, en écrivant ces lignes, que ce chagrin n'est pas si loin…

Que les enfants qui n'ont pas versé une larme en apprenant que le Père Noël n'existait pas lui jettent la première pierre ! Que les adultes qu'ils sont devenus et qui ont oublié cette émotion lèvent la main... Il n'y a pas beaucoup de cailloux lancés, ni de mains levées. Car la vérité sur le Père Noël est l'une des grandes désillusions de la vie enfantine. Certains enfants réagissent à cette nouvelle par de la colère, sans qu'on sache très bien s'ils en veulent aux adultes de leur avoir menti ou de leur avoir finalement dit la vérité.

On pourrait en dire presque autant de l'histoire de la Petite Souris, ou de celle des Cloches de Pâques. Mais nous nous attacherons de plus près au Père Noël, car c'est à la fois la plus emblématique et la plus universellement partagée de toutes les mystifications racontées aux tout-petits.

Pour ou contre le Père Noël ?

Dans l'Hôpital de Jour pour Enfants dont je suis le médecin directeur[64], l'habitude voulait que nous fêtions Noël avec les enfants dans la plus grande tradition. Un éducateur déguisé en Père Noël – mais cependant bien reconnaissable – descendait par la lucarne de la salle de psychomotricité avec une hotte pleine de cadeaux. Mais un jour, cela suscita une controverse au sein de l'équipe. Les partisans du Père Noël exaltaient la magie de ce moment, et aussi son inscription dans une coutume sociale plus large, qui dépassaient les murs de l'hôpital. Les détracteurs arguaient du potentiel anxiogène de la scène pour des enfants souffrant de troubles envahissants du développement, et ayant de la peine à distinguer le réel de l'imaginaire. L'affaire fut conclue :

64. Hôpital de Jour pour Enfants du CEREP-PHYMENTIN, Centre André Boulloche, 75010 Paris.

les adeptes du Bestiaire Magique remisèrent leur tenue rouge et blanche au placard, et l'institution se rangea sous la bannière de la rationalité.

Dans son très beau texte, « Le Père Noël supplicié »[65], l'ethnologue et anthropologue Claude Lévi-Strauss rapporte une histoire qui résonne avec la nôtre. Le 24 décembre 1951, une effigie du Père Noël fut pendue sur les grilles de la Cathédrale de Dijon, puis brûlée par le feu. Les autorités ecclésiastiques condamnaient en effet l'importance prise par ce personnage païen dans une fête originairement religieuse. Un communiqué publié à l'issue de l'exécution disait notamment : *« (...) le mensonge ne peut éveiller le sentiment religieux chez l'enfant et n'est en aucune façon une méthode d'éducation. Que d'autres disent et écrivent ce qu'ils veulent et fassent du Père Noël le contrepoids du Père Fouettard. Pour nous, chrétiens, la fête de Noël doit rester la fête anniversaire de la naissance du Sauveur.* » Le lendemain, le Père Noël ressuscita à l'Hôtel de Ville de Dijon, convoqué par les autorités civiles... On assistait donc à un affrontement symbolique entre le Clergé d'une part, curieusement érigé en esprit critique avide de rationalité, tandis que les esprits d'ordinaire cartésiens emboîtaient le pas de la superstition.

Parmi les parents d'aujourd'hui, ou les professionnels s'occupant de jeunes enfants, les avis sont pareillement divisés, entre ceux qui jouent le jeu avec un souci confondant d'organisation du mensonge, et ceux qui font le « service minimum ». Mais avant de donner notre avis sur l'attitude et le discours qui nous paraissent les plus adaptés à la psychologie et au développement de l'enfant, interrogeons-nous tout d'abord sur la fonction du Père Noël pour les petits, et pour les adultes qui l'ont inventé.

65. Claude Lévi-Strauss, (1952), « Le Père Noël supplicié », *Les Temps Modernes*, Pin Balma, Sable, 2003.

Père Noël, d'où viens-tu ?

Si le lieu d'habitation du Père Noël et de ses rennes est très discuté (plusieurs pays nordiques revendiquent en être le refuge, de la Norvège à la Laponie, en passant par la Sibérie), la trajectoire historique du Père Noël est mieux connue.

Des rituels ancestraux existent en Europe du Nord à l'approche de l'hiver. La tradition du Père Noël y trouve son origine, mais c'est au XIXe siècle aux États-Unis qu'elle est popularisée. Son apparence est depuis toujours celle d'un vieil homme rondouillard et jovial, portant barbe blanche, vêtu de bleu ou de rouge, avec une large ceinture de cuir. En 1931, la marque Coca-Cola® le représente dans une campagne publicitaire : le rouge est mis, et si Coca-Cola® n'a pas inventé le Père Noël, la marque a largement contribué à en fixer l'image universellement partagée aujourd'hui.

Le Père Noël arrive donc en France au lendemain de la Seconde Guerre mondiale, avec le Coca-Cola® et le plan Marshall !

Jacques Marette, ministre des PTT, crée en 1962 le « Secrétariat du Père Noël », chargé de recevoir les lettres des enfants et de leur répondre. Et la « secrétaire du Père Noël », qui cette même année rédige la première carte-réponse, n'est autre que… Françoise Dolto, la célèbre pédiatre et psychanalyste, sœur du ministre ! Ou comment une histoire de lutin devient un mensonge d'État…

Père Noël, à quoi sers-tu ?

Qu'est-ce qui pousse la plupart des adultes à raconter la fable du Père Noël, avec plus ou moins de conviction, et les enfants à la croire dans tous les cas ?

On l'a vu, le Père Noël fait son apparition en France dans un pays qui a envie de rêver à des lendemains meilleurs, au cours d'une période de forte expansion économique. Cependant, cela ne suffit pas à expliquer pourquoi, à titre individuel et à l'échelle d'une société, chacun s'accroche à cette histoire et la colporte.

Claude Lévi-Strauss s'interroge sur la « catégorie » dans laquelle il convient de ranger le Père Noël : *« Ce n'est pas un être mythique, car il n'y a pas de mythe qui rende compte de son origine et de ses fonctions ; et ce n'est pas non plus un personnage de légende puisqu'aucun récit semi-historique ne lui est attaché. »*[66] Selon Lévi-Strauss, le Père Noël appartiendrait plutôt à la famille des divinités…

Un rite de passage

Ce qui caractérise le Père Noël, c'est que les enfants y croient, tandis que les adultes les y encouragent sans y adhérer eux-mêmes. Lévi-Strauss écrit : *« C'est la divinité d'une classe d'âge de notre société (…). Le Père Noël est donc, d'abord, l'expression d'un statut différentiel entre les petits enfants d'une part, les enfants plus grands, les adolescents et les adultes de l'autre. À cet égard, il se rattache à un vaste ensemble de croyances et de pratiques que les ethnologues ont étudiées dans la plupart des sociétés, à savoir les rites de passage et d'initiation. »*[67]

Un rite de passage inscrit le changement de statut social d'un individu. À ce titre, il est à la fois un marqueur de la différence entre deux groupes, et un marqueur de la temporalité. Les plus jeunes sont dans une position d'asservissement et d'obéissance aux aînés et, à propos du Père Noël, ils peuvent en effet entendre tout au long de l'année : « Attention, si tu n'es pas sage, il ne t'apportera pas de cadeaux ! » Puis le temps passe et l'enfant grandit. En abandonnant la croyance au Père Noël, autour de 6 ans, il sort du statut de « petit enfant » pour agréger le groupe de *ceux*

66. *Ibid.*
67. *Ibid.*

qui savent. Il va à son tour pouvoir entretenir la fable auprès de sa petite sœur, marquant par là qu'il n'appartient plus à la même confrérie qu'elle.

Ainsi, le Père Noël, la Petite Souris ou les Cloches de Pâques sont les prétextes à la mise en scène d'un rite social de la désillusion.

L'attrait de la magie

Le psychologue suisse Jean Piaget (1896-1980), qui travaillait sur le développement de l'intelligence chez l'enfant, a mis en évidence le stade de la pensée magique, entre 3 et 6 ans. La représentation du monde se fonde à cette période sur plusieurs principes.

1) L'adualisme, qui correspond à une indifférenciation entre ce qui est Moi, et ce qui est extérieur. Ainsi le petit enfant pense que ses rêves viennent de la chambre où il dort, et que la sorcière qu'il imagine peut se trouver derrière le rideau.

2) L'animisme, c'est-à-dire le fait de prêter des caractéristiques humaines aux objets et aux événements – des intentions, des sentiments, des humeurs, une conscience... Le tout-petit peut ainsi imaginer que la table souffre si on y plante un clou.

3) L'artificialisme, qui attribue l'existence des éléments et autres phénomènes naturels à l'action d'un être humain. Ainsi l'enfant voit le Mont Blanc comme une construction de l'Homme.

4) Le finalisme, par lequel tout phénomène naturel a un but précis. Le soleil est là pour nous réchauffer, et la nuit pour nous permettre de dormir.

5) Et enfin la causalité morale, qui assimile les lois physiques à des lois morales : par exemple, l'orage gronde parce qu'il est en colère...

Le jeune enfant croit en outre pouvoir changer le cours des choses par des pratiques magiques : par exemple, s'il marche sur les carreaux blancs de la cuisine à l'exclusion des noirs, alors ses parents divorcés vont se remettre ensemble…

Cette pensée magique favorise grandement la croyance à des histoires diverses, du Père Noël à la Petite Souris, même si elles sont pleines d'incongruités. Ainsi, un tout-petit n'a pas de regard critique sur le fait que le Père Noël livre les cadeaux à tous les enfants à travers le monde le même jour, ou que la Souris est bien petite pour transporter des pièces de monnaie… Les incohérences ne le frappent pas.

Une participation à la vie sociale

Au mois de décembre, dans les cours de récréation, on ne parle que du Père Noël ! C'est également un pont entre l'enfance des parents et celle de leurs petits, les adultes reprenant goût, à travers leurs enfants, à cette fête de Noël qui était pourtant devenue pour certains un véritable *pensum* familial. Y croire, c'est donc être *avec* les autres, parmi eux. Les grandes mythologies de l'illusion infantile sont des éléments culturels partageables et jouent le rôle d'un facteur de cohésion groupale, à la crèche ou à l'école pour les tout-petits, et entre les générations.

« Croire au Père Noël »

Chez les adultes, l'expression : « Il croit encore au Père Noël ! » désigne le fait d'avoir des espoirs peu fondés. Et si les parents invitaient leurs enfants à « croire au Père Noël » parce qu'ils ne se résolvent pas à y renoncer totalement eux-mêmes ? Chaque nouvelle élection d'un Président de la République n'est-elle pas l'occasion pour certains de « croire au Père Noël », ne serait-ce que l'espace de quelques mois ?

Pas de dette envers les parents !

Enfin, le Père Noël permet aux enfants d'être couverts de cadeaux sans rien devoir à leurs parents… On ne peut pas leur reprocher leurs bêtises ou leur excitation en soulignant qu'ils nous devraient la sagesse et la gratitude avec ce beau train électrique qu'on leur a offert… puisque c'est le Père Noël qui est censé l'avoir apporté ! C'est peut-être pour cette raison que certains font un peu de zèle et prolongent cette croyance plus que de raison : pour ne pas se sentir en dette.

Il était une fois…

Nous l'avons vu, pour un faisceau de raisons, tant individuelles que sociétales, il est difficile de ne pas faire allégeance à la fable du Père Noël… Alors comment en parler aux plus jeunes ? En mentant corps et âme ? En y introduisant un peu de distance ? Et que dire quand la croyance tombe ?

Situer le Père Noël dans l'espace du conte

Tout porte les plus jeunes à adhérer pleinement à la légende, celle du Père Noël en premier lieu – car il y a tant à y gagner ! –, mais aussi ses petites cousines, de la Souris qui collecte les dents de lait et les compense en monnaie sonnante, aux Cloches Magiques qui, au moment de Pâques, apportent les œufs symboles de renaissance. Alors inutile pour l'adulte d'en rajouter, et d'inventer mille rationalisations à toutes les incohérences de l'affaire. Racontons ces histoires comme des contes, avec toutes les locutions d'usage.

« Il était une fois, il y a très longtemps, dans un pays très froid et très lointain, un vieil homme tout habillé de rouge… » Il ne s'agit pas en effet de faire du Père Noël un personnage réel que l'on va inviter à sa table : il doit rester là d'où il vient, c'est-à-dire au pays des contes et des légendes.

Si l'enfant pose des questions, on se gardera d'y répondre en présupposant la véracité de l'histoire. Si par exemple il demande : « Il a quel âge le Père Noël ? », on s'abstiendra de lui attribuer un âge déterminé. On peut dire : « Moi je n'en sais rien. Je ne l'ai jamais vu. Et personne ne l'a jamais vu d'ailleurs. On raconte qu'il est très très vieux. » Cela permet de décaler le discours de l'adulte… et le regard de l'enfant. De la même manière qu'un comédien doit savoir incarner un rôle en y introduisant un tout petit décalage – il *joue* un personnage mais il n'*est* pas cette personne –, le discours de l'adulte doit laisser à l'enfant le choix de croire au Père Noël, ou pas. Et on peut même formuler clairement cette possibilité : « Le Père Noël, tu sais, personne ne l'a jamais vu. On peut y croire si on veut, mais il y aussi des gens qui pensent qu'il n'existe pas. » Bien sûr le tout-petit fera le choix d'y croire, car tout l'y pousse : le besoin de rêver, sa propension à la pensée magique, le désir de souscrire à la parole de l'adulte, de partager cette histoire avec son entourage. Mais ne le ligotons pas dans les mailles du filet que nous lui tendons, en parlant du vieil homme barbu comme d'une réalité. Autrement dit, laissons-le aller et venir à sa guise entre l'espace du conte et celui du quotidien, et gardons-nous de l'enfermer dans l'un ou dans l'autre.

Éviter de rationaliser les incohérences

Une fois la légende du Père Noël racontée, la suite n'est qu'une kyrielle d'invraisemblances. Comment le Père Noël peut-il se trouver chez tous les enfants au cours d'une seule et même nuit ? Par où entre-t-il dans ma maison puisque j'habite un appartement où il n'y a pas de cheminée ? Pourquoi les cadeaux sont-ils disséminés chez tous les membres de la famille ? Pourquoi les choisit-on parfois dans les catalogues d'une grande enseigne de jouets ? Pourquoi y a-t-il autant de Pères Noël dans les rues et les magasins de la ville, avec leurs costumes si peu rutilants ?

Inutile de s'évertuer à dissiper ces incohérences. C'est une très bonne chose qu'il y ait des failles dans le système, et qu'il soit donné à tout moment à l'enfant le choix de suivre ou d'abandonner cette histoire. Alors comment répondre d'une manière qui respecte le souhait du tout-petit d'adhérer à la croyance, et ne fasse pas pour autant de l'adulte un fieffé menteur ?

On peut systématiquement commencer en saluant la finesse de l'enfant : « Tu as raison, c'est bizarre. Moi aussi, je me demande bien comment il peut faire tout ce travail en une seule nuit ! » Puis on peut demander à l'enfant ce qu'il en pense, et il aura sûrement beaucoup d'idées ! On se gardera de les trancher, on se contentera de le féliciter pour sa créativité et les solutions qu'il apporte. S'il n'a pas d'idée, on peut suggérer des pistes, sans rien fermer par une réponse univoque, en le laissant choisir… et douter. « J'ai entendu beaucoup d'histoires à ce sujet : on dit qu'il se fait aider, qu'il a des assistants qui travaillent avec lui, tout comme ta maîtresse se fait aider par Nadia dans la classe. On raconte aussi que ses rennes sont très rapides. J'ai même entendu dire que la nuit de Noël était très longue pour lui laisser le temps de faire son travail. Mais je suis d'accord avec toi, je ne sais pas comment c'est possible. »

Françoise Dolto rapporte ainsi un échange avec son fils, alors qu'il était à l'école maternelle et s'étonnait de tous ces Pères Noël croisés dans la ville.[68] Elle commença par nommer toutes ces personnes qu'elle reconnaissait sous leur déguisement, indiquant lequel était le pâtissier et lequel était le vendeur du magasin de jouets. Alors le petit Jean lui dit : *« Mais alors, le vrai ? »* Et elle répondit : *« Le vrai, il n'est que dans notre cœur. »*

Quand la croyance tombe

Arrive effectivement un moment où l'enfant ne croit plus : trop de bizarreries qui lui apparaissent soudain comme des énormités, des copains ou des grands frères mieux informés, des parents qui, les années passant, tiennent de moins en moins à ce rituel et ne font plus d'efforts pour maintenir le rêve éveillé…

68. Françoise Dolto, (2007), *Lorsque l'enfant paraît,* Tome 1, Paris, Seuil, Coll. Points Essais.

C'est le temps de la désillusion, à la fois triste et structurant. Le tout-petit entre dans le monde des grands enfants, une page se tourne, laissant aux adultes comme aux plus jeunes un petit goût de nostalgie.

Nul besoin d'anticiper cette révélation : l'enfant y vient de lui-même, et s'il tarde un peu, c'est qu'il n'est pas encore prêt à accomplir le rituel de passage. Ce moment est une belle occasion de lui expliquer la différence entre le monde réel et le monde des légendes, entre les vraies personnes et les personnages imaginaires. Dolto précisa ainsi à son fils : *« Le Père Noël, il n'est pas né, il n'a pas eu un papa, une maman. Il n'est pas vivant (…). »*[69]

L'enfant demande alors généralement qui apporte les cadeaux si le Père Noël n'existe pas. S'il ne pose pas la question, c'est qu'il n'a pas envie de le savoir pour l'instant ; mieux vaut alors attendre qu'il la formule. On peut répondre : « Ce sont tous les gens qui t'aiment qui apportent les cadeaux : ta maman, ton papa, ta mamie, ton papi, ta marraine, ta cousine Roxane… » Et à présent qu'il est passé dans l'univers de *ceux qui savent,* lui aussi va pouvoir être le Père Noël de quelqu'un ! « Tu sais, cela fait très plaisir de recevoir des cadeaux, mais c'est aussi un grand plaisir d'en apporter. Moi, j'aime beaucoup faire semblant d'être le Père Noël, et mettre des cadeaux pour toi et pour papa sous le sapin. Si tu en as envie, tu vas pouvoir le faire, toi aussi. Par exemple, mettre des dessins dans les petits souliers de Maman et Papa. Toi aussi tu vas pouvoir jouer au Père Noël ! »

---

69. *Ibid.*

Table des matières

Composition et mise en page :
Olivier Teneul

Achevé d'imprimer par
l'imprimerie France Quercy, 46090 Mercuès
N° d'impression : 32022/

Dépôt légal : septembre 2013